リットの人間学と教育学
――人間と自然の関係をめぐって――

宮野安治

溪水社

　　　　　　は　じ　め　に

　現代という時代をいかに呼ぶべきであろうか。「国際化の時代」「情報化の時代」「高齢化の時代」等々、実に様々な呼称が存在する。けれども、「国際化」「情報化」「高齢化」といったことも、つまるところ「科学技術」の発展に大きく負っていることを考えれば、現代はまず何にもまして、やはり「科学技術の時代」と称されなければならないであろう。が、「科学技術の時代」というこの月並みな規定の内にこそ、現代という時代が抱えている最大級の深刻な葛藤が包含されているのである。
　確かに、近代以降の科学技術の進歩は、現代においてこれまでにない加速を経験しているように思われる。科学技術は、かつて科学的ユートピアンが描いた夢を次々と現実化し、われわれ人間に未曾有の恩恵を施しつつある。科学技術の発展がこのまま進行するなら、いずれその内には、たとえばワープ航法が開発されて、宇宙空間を自由に駆け巡ることもできるかもしれない。科学技術という辞書には、不可能という文字はないように見える。
　だが他方では、いわゆる環境問題に現れているように、また核の脅威や遺伝子操作の恐怖が物語っているように、科学技術は悪夢を生み出しつつもある。科学技術の世界は、ユートピアの世界であるよりも、むしろアンチ・ユートピアの世界である。その近代における誕生以来、科学技術に対してはつねに批判や反対が向けられてきたが、ある意味では、現代ほど科学技術に対する反撥の強い時代もないといえるのである。
　とはいえ、われわれは科学技術以前の時代に逆戻りするわけにはいかないし、またそうすることは事実できないだろう。科学技術抜きに現代という時代は存立しない。科学技術と手を結んだ者は、その絆を、たとえ緩めることはできても、断ち切ることは不可能である。切断はその者の死を意

味するであろう。幸と不幸、夢と悪夢の両方をもたらす、そして、断ち切りようにも断ち切れない、そこに科学技術という魔の本性があり、そこに科学技術に魅入られたわれわれの深い葛藤が存している。

　しかしながら、考えてみれば、科学技術に振り回されているわれわれ人間ではあるが、このモンスターをつくり出したのは、実はわれわれ人間自身にほかならない。だとすれば、ここで改めて問わなければならないだろう。そもそもそうした人間とは何者か。世界における人間の地位はいかなるものか。ことに自然に対する人間の関係はいかにあるべきか。さらには、科学技術時代における人間の形成あるいは教育はどうでなければならないか、と。

　こうした問いに直面した場合、そこにおのずから浮かび上がってくるのが、20世紀ドイツの代表的な哲学者・教育学者テーオドール・リット (Theodor Litt, 1880年～1962年) の名であろう。本書は、リットの晩年の思想において展開されている人間学および教育学を、とりわけ人間と自然の関係を軸にしつつ取り上げたものである。本書が、21世紀の人間および教育の基本的な在り方を考える際に、何らかの示唆を与えることにでもなれば、筆者にとっては幸甚のいたりである。

　2006年7月

　　　　　　　　　　　　　　　　　　　　　　　宮　野　安　治

凡　例

　リットの著作からの引用に際しては、以下のようなその著作の省略記号と頁数を引用末に直接示すことにする。

GL　: Geschichte und Leben (1918), 3.Aufl. Leipzig/Berlin 1930.
IG　: Individuum und Gemeinschaft (1919), 3.Aufl. Leipzig/Berlin 1926.
P　 : Pädagogik, in: Die Kultur der Gegenwart, hrsg. von Paul Hinneberg, 3.Aufl. Leipzig/Berlin 1921.
EL　: Erkenntnis und Leben, Leipzig/Berlin 1923.
PhG : Die Philosophie der Gegenwart und ihr Einfluß auf das Bildungsideal (1925), 3.Aufl. Leipzig/Berlin 1930.
MG　: Möglichkeiten und Grenzen der Pädagogik, Leipzig/Berlin 1926.
EN　: Ethik der Neuzeit (1926), München 1968.
FW　: Führen oder Wachsenlassen (1927), 13.Aufl. Stuttgart 1967.
RK　: Religion und Kultur, in: Die Erziehung, 2, 1927.
WBW : Wissenschaft, Bildung, Weltanschauung, Leipzig/Berlin 1928.
KH　: Kant und Herder als Deuter der geistigen Welt (1930), 2.Aufl. Heidelberg 1949.
EPh : Einleitung in die Philosophie, Leipzig/Berlin 1933.
SG　: Die Stellung der Geisteswissenschaften im nationalsozialistischen Staate, Leipzig 1933.
SM　: Die Selbsterkenntnis des Menschen (1938), 2.Aufl. Hamburg 1948.
DCh : Der deutsche Geist und das Christentum (1938), Leipzig 1997.
AA　: Das Allgemeine im Aufbau der geisteswissenschaftlichen Erkenntnis (1941), 3.Aufl. Hamburg 1980.
SMR : Die Sonderstellung des Menschen im Reiche des Lebendigen, in:Geistige Gestalten und Probleme. Eduard Spranger zum 60.Geburtstag, hrsg. von Hans Wenke, Leipzig 1942.
BA　: Berufsbildung und Allgemeinbildung, Wiesbaden 1947.
MW　: Mensch und Welt (1948), 2.Aufl. Heidelberg 1961.

DS : Denken und Sein, Stuttgart 1948.
StS : Staatsgewalt und Sittlichkeit, München 1948.
WM : Die Weltbedeutung des Menschen, in: Zeitschrift für philosophische Forschung, 4, 1949.
NM : Naturwissnschaft und Menschenbildung (1952), 5.Aufl. Heidelberg 1968.
LP : Der lebendige Pestalozzi (1952), 2.Aufl. Heidelberg 1961.
NuM: Naturwissnschaft und Menschenbildung, in: Die Sammlung, 7, 1952.
H : Hegel (1953), 2.Aufl. Heidelberg 1961.
SS : Sachbemeisterung und Selbstbesinnung, in: Studium generale, 6, 1953.
BK : Das Bildungsideal der deutschen Klassik und die moderne Arbeitswelt (1955), 7.Aufl. Bochum o.J.
WB : Die Wiedererweckung des geschichtlichen Bewußtseins, Heidelberg 1956.
TM : Technisches Denken und menschliche Bildung (1957), 4.Aufl. Heidelberg 1969.
BFM: Berufsbildung, Fachbildung, Menschenbildung (1958), 2.Aufl. Bonn 1960.
WO : Wissenschaft und Menschenbildung im Lichte des West-Ost-Gegensatzes (1958), 2.Aufl. Heidelberg 1959.
FP : Die Freiheit der Person und die Lebensordnungen, in: Erziehung zur Freiheit, hrsg. von Albert Hunold, Erlenbach-Zürich/Stuttgart 1959.
FL : Freiheit und Lebensordnung, Heidelberg 1962.
PK : Pädagogik und Kultur, Bad Heilbrunn 1965.

目　　次

　　はじめに　i
　　凡例　iii

序　論　リット研究の視座………………………………………3

第1部　哲学的人間学の構想と展開

第1章　リット哲学的人間学の成立過程………………… 15
　第1節　「人間の自己問題性」と哲学的人間学の成立　15
　第2節　人間の自己認識　20
　第3節　ペスタロッチの人間学　25
　第4節　生物界における人間の特殊地位　31

第2章　「人間の世界意義」への問い ………………… 38
　第1節　人間学をめぐる知の状況　38
　第2節　人間の非全体性　42
　第3節　人間と世界の相互性　46
　第4節　「精神」概念とゲーレン人間学批判　52

第3章　自然との関係における人間の自己生成 ……… 62
　第1節　人間と自然の関係　62
　第2節　対象としての自然と自己生成　65
　第3節　印象としての自然と自己生成　68
　第4節　意味の担い手としての自然と自己生成　70

第4章　人間存在の両義性……………………………………… 78
　第1節　人間世界における両義性　78
　第2節　自然との関係における両義性　81
　第3節　両義性と自由　88
　第4節　両義性の克服　94

第5章　人間と思考……………………………………………… 100
　第1節　『人間と世界』と『思考と存在』　100
　第2節　科学的思考の段階構造　103
　第3節　形成力としての思考——思考照明説批判　108
　第4節　思考の自立——思考存在様態説批判　112

第6章　人間学としての科学論………………………………… 119
　第1節　自己認識と哲学的人間学　119
　第2節　認識論と科学論　122
　第3節　精神論的省察　126
　第4節　科学論の陶冶論的意義　130

第2部　人間陶冶論の新構築

第1章　フマニテート理念と近代世界………………………… 139
　第1節　ドイツ運動とフマニテート理念　139
　第2節　フマニテート思想家たちの文化批判　142
　第3節　ゲーテにおける人間と世界の関係　145
　第4節　フンボルトにおける人間と世界の関係　149

第2章　人間陶冶の二律背反…………………………………… 154
　第1節　リットと弁証法　154
　第2節　調和 vs 二律背反　160

第3節 「二律背反」概念の特徴　165
第4節 二律背反の自覚——リットと田辺元　169

第3章 自然科学と人間陶冶 …………………………… 175
第1節 現代文化における自然科学　175
第2節 自然科学批判の諸相　179
第3節 方法と陶冶価値　184
第4節 ラサーンのリット批判をめぐって　190

第4章 技術と人間陶冶 ……………………………………… 198
第1節 技術の光と影　198
第2節 自然科学と技術　202
第3節 技術の陶冶価値と手段の魔力　206
第4節 技術時代における「注意深さへの教育」　211

第5章 職業・専門陶冶と「合理化」の問題 ……………… 218
第1節 職業陶冶と一般陶冶　218
第2節 専門陶冶と人間陶冶　222
第3節 合理化とラティオの監視　225
第4節 「合理化」「理性」論議にかかわって　229

あとがき………………………………………………………… 235

リットの人間学と教育学
―― 人間と自然の関係をめぐって ――

序論　リット研究の視座

　今日リットは、教育学説史的には、ノール（Herman Nohl）やシュプランガー（Eduard Spranger）等とともに、「教育学の特殊ドイツ的な形式」[1]と称されるいわゆる「精神科学的教育学」（Geisteswissenschaftliche Pädagogik）の代表者の一人と目されている。この「精神科学的教育学」は、ディルタイ（Wilhelm Dilthey）の「精神科学」（Geisteswissenschaft）の影響下に、一方では実証主義的に定位づけられた教育学に、他方ではヘルバルト派や新カント派の教育学に対抗して登場し、かのヴァイマル期に発展を遂げ、第2次世界大戦後のある時期までドイツ教育学の支配的地位にあったものである。わが国では、この立場はかつて「ディルタイ派の教育学」あるいは「文化教育学」として紹介され、そのように論じられたことがあったが、精神科学的教育学をたとえば「文化教育学」に限定することは、狭い見方といわなければならない。というのも、精神科学的教育学には、単なる文化教育学的な次元を越える諸側面が含まれているからである[2]。このことは、ノールやシュプランガーのみならず、リットにも妥当することである。

　ところでリットは、1880年12月27日に、ライン河畔のデュッセルドルフで生を受けた。地元のギムナジウムを卒業後、1899年から1904年までボン大学とベルリン大学で古典語や歴史や哲学を学び、1904年にボン大学で学位を取得した。1904年から18年までの間、ボンの古典語ギムナジウムとケルンのフリードリヒ・ギムナジウムで教職活動に従事した後、19年に「大学教員資格取得」なしにボン大学の員外教授に迎えられた。この年には、リットの名を不朽にした『個人と共同体』（Individuum und Gemeinschaft）が公刊されているが、彼はすでにその前年に最初の大著『歴

史と生』(Geschichte und Leben) を世に送っていた。

著作の上では、1910年代に入る以前に書かれたものは、数も少ないし、また後に展開される彼の思想と内容的に直結してもいない。リットの本格的な学的営為の文字通りの出発点をなす著作ということになれば、1916年に『教育学新年報』(Neue Jahrbücher für Pädagogik) に掲載された「歴史教授と言語教授」(Geschichtsunterricht und Sprachunterricht) と題された論文をやはり挙げるべきであろう。後に『歴史と生』に付録論文として再録されることになるこの著作は、ギムナジウム教師時代に、しかもギムナジウム教師としてのみずからの体験に深くかかわって執筆されたものであるが、そこにはリット特有の問題設定や思考様式をすでにはっきりと見て取ることができる。たとえば、リットにおいて終始一貫して認められる「弁証法的思考」は、いまだ十分に自覚されていないとはいえ、この論文でも現れているといえる。すなわち、「歴史教授」と「言語教授」という対立的な契機が、その対立性において浮き彫りにされると同時に、それぞれの契機の意義と限界が明らかにされ、したがって、一方の契機の絶対化が否定され、両者が相互補完の関係においてとらえられ、こうした相互対立的・補完的関係において精神の陶冶がはじめて可能になるとされているのである。

また、ある種の教育学上の問題が、「究極的なものを解明する考察、したがって哲学的考察において獲得された原理」(GL,S.218) にまでさかのぼって究明されていることも看過できない。とりわけ「哲学」ということでこの時点でリットの念頭にあったのは、ディルタイ、ジンメル (Georg Simmel)、トレルチ (Ernst Troeltsch)、シュプランガーに代表される「文化哲学」(Kulturphilosophie) である。つまり、文化哲学に基づいて教育学的問題を考察するということが、すでにこの論文において表明されているのである。これは、当然のことながら、教育学を「文化哲学」に依拠した「文化教育学」(Kulturpädagogik) として構築するという後のリットの構想につながってくる。いずれにせよ、「歴史教授と言語教授」というこの論文は、リットの最初の教育学的著作である。けれども、その背後に一定の文化哲

学的・文化教育学的基盤が存在するとはいえ、この論文はあくまで教育学上の特殊問題を取り上げたにすぎず、そこにリット教育学の全体的なプログラムを看取することはまだできない。

　ところで、このようにリットを哲学的・教育学的思索へと駆り立てたのは、断じてギムナジウム教師としての個人的な体験だけではなかった。当時ドイツはすでに世界大戦の渦中にあった。世界大戦によって招来されたヨーロッパ共同体の破局および国民形成の危機ということが、リット思想成立の重要な契機となったことはいうまでもない。先に挙げた『歴史と生』は、そうした危機意識のもとに筆が執られたものである。この大戦の最中の 1917 年 5 月に、プロイセン文部省はベルリンで「大学における教育学教授の課題と方法」というテーマで会議を開催したが、リットも、トレルチの推薦もあって、この会議に参加する機会を得た。この教育会議の参加を機縁に、翌年に危機意識のペンでもって著された「教育学の改造」（Eine Neugestaltung der Pädagogik）という論文、この論文こそがリット教育学の本格的成立となるものなのである[3]。

　この論文でリットは、そもそも「教育」は決して真空の中で行われるのではなくて、「文化」によって制約され、それに必然的に結びつけられていることを強調している。この文化が単純で、文化と教育が調和しているような時代にあっては、その時代の文化理想が教育理想に無意識的に顕現していて、そこに葛藤や軋轢が生じることはない。ところが、文化が複雑化し、錯綜すれば、文化と教育の間に裂け目が生じることになる。リットの見るところでは、現代はまさに「前代未聞の文化危機」の時代であって、したがって、「国民文化の生きた全体」を解明し、それと教育の間を取り結ばなければならない。そこで、こうした課題の解決のために要請されるのが、「文化哲学」によって基礎づけられた教育学の新しい形式、つまり「文化教育学」にほかならないとされるのである。

　だが、文化教育学については、「根のないこと」と非難されたり、「侵入者」として排斥されたり、「イデオロギー的突飛」として、「時の意見への軟弱な迎合」として責められたりするかもしれない。リットは、「文化教

育学がこのような反対を武装解除し、研究と形成の世界の中で一つの場を勝ち取ることができるかどうかは、それがなす業績にかかっているであろう」(PK,S.11) と述べて、みずからを文化教育学に賭けようとするのである。

かくして、「リットが最初に彼の頭に浮かんだ文化教育学のプログラムを定式化している論文」[4]と評されるこの「教育学の改造」は、リットの「文化教育学宣言」であると同時に、文字通り彼の「教育学宣言」となった。これ以降、いわゆるヴァイマル期におけるリットの思想的展開は、「文化哲学・文化教育学」という枠組みにおいて遂行される。リットは、一方では、『個人と共同体』とか『認識と生』(Erkenntnis und Leben) といった労作において文化哲学的基盤を掘り下げるとともに、他方では、「教育学」(Pädagogik)、『教育の可能性と限界』(Möglichkeiten und Grenzen der Pädagogik)、『指導か放任か』(Führen oder Wachsenlassen) 等においてみずからの文化教育学を具体的に開陳しようと試みる。ただし、方法論的にいえば、1920年代後半あたりから、ヘーゲルへの接近によって「弁証法」への自覚が強まるが、まだその段階では「文化哲学・文化教育学」という枠組みは堅持されていたと考えてよい。

ところが、1930年代に入るとリットの思想に新しい関心が芽生える。哲学的には、シェーラー (Max Scheler) によって礎石が置かれた「哲学的人間学」(Philosophische Anthropologie) がリットをとらえた。とりわけナチス期は、彼に単なる「文化危機」を越えた「人間存在そのものの危機」を痛感させ、彼を人間学的反省へと導いた[5]。著作の上では、すでに1931年に「哲学的人間学の問題」(Das Problem einer philosophischen Anthropologie) と題した論文が物されており、1942年には「生物界における人間の特殊地位」(Die Sonderstellung des Menschen im Reiche des Lebendigen) が書かれている。が、1948年に刊行された『人間と世界』(Mensch und Welt) において、リットの哲学的人間学はその全貌を現すことになるのである。

また、ナチズム体験とともに、科学技術の発展およびこれによってもたらされた労働世界の変質ということも、リットをして哲学的・教育学

的な問題枠組みを改めて検討させることになった。文化と教育の関係という問題よりも、近代合理主義を背景とした科学技術や労働世界における、すなわち「……われわれがそもそも人間であり続けることができるかという問いが決定されるところの場」(NM,S.6)における「人間陶冶」(Menschenbildung) の問題が、リット教育学の根本テーマとして浮かび上がってくる。1950年代に入って陸続と現れることになる『自然科学と人間陶冶』(Naturwissenschaft und Menschenbildung) とか、『ドイツ古典主義の陶冶理想と近代の労働世界』(Das Bildungsideal der deutschen Klassik und die moderne Arbeitswelt) とか、『技術的思考と人間陶冶』(Technisches Denken und menschliche Bildung) といった著作群は、そうしたリットの新しい関心の現れにほかならない。そしてその際、こうした「人間陶冶論」がベースにしていたのが「哲学的人間学」である。このことは、「どの陶冶論にも、意識的にせよ無意識的にせよ、言明されているにせよ言明されていないにせよ、人間の本質に関するある特定の見解が根底にある。概念的な形式で展開されれば、この見解は哲学的人間学と呼ばれる」(BK,S.6) とするリット自身のことばに明確に示されている。

このように見てくれば、ナチス期を挟んでヴァイマル期と第2次世界大戦後とでは、リットの思想に大きな変化が認められるのは明白であろう。もちろん、「……弁証法的思考に対する決心は問題そのものによって要求されているという確信を私はますます強くした」(MW,S.298) とする『人間と世界』での言から明らかなように、たとえば「弁証法的思考」という方法論的観点からすれば、リットは一貫しているといえる。しかし、当初の「文化哲学・文化教育学」という枠組みは後退し、後年にはそれに代わって「哲学的人間学・人間陶冶論」という新しい枠組みが立ち現れてくる。したがって、リットの思想行程を、ナチス期を過渡期として、大きく「前期」と「後期」とに分けてみることができるのである。

リット研究において、この点をいち早く指摘したのはシュレムパー (Hans-Otto Schlemper) であろう。すなわち彼は、『反省と形成意志——テーオドール・リットの著作における陶冶理論、陶冶批判および陶冶政策』

(Reflexion und Gestaltungswille.Bildungstheorie, Bildungskritik und Bildungspolitik im Werke von Theodor Litt) というリット没後の間もない時期に著されたリット研究書において、次のように述べたのである。「リットの陶冶理論は不変ではなかった。特にその哲学的刻印づけに関しては、陶冶理論が走り抜けた変遷が、すでに最初のひと目できっぱりと術語的に示される。陶冶理論は、リットがその陶冶理論を携えてはじめて世に出た第1次世界大戦後では、広く彼の『文化哲学』に符合しているが、彼が陶冶理論を弁証法的な意味で『完成』してしまった後、つまり第2次世界大戦後では特に……『哲学的人間学』という『人間学』から彼は陶冶理論を得ている。リットの陶冶理論の2つの発展段階は別々に追求されるべきである。というのは、そのときにのみ、リットの陶冶批判および彼が陶冶論ならびに陶冶政策の範囲で出している諸々の要求が理解されるからである」[6]。

また、ニコーリン（Friedhelm Nicolin）も、「テーオドール・リットの晩年の仕事では、思想的発展が変化した方向を指し示している」[7]とし、「第1次世界大戦後の文化教育学的——そして文化哲学的——問題提起は、50年代の晩年の著作では遠く置き去られてしまった」[8]と語っている。とはいえ、たとえばフシュケ・ライン（Rolf Bernhard Huschke-Rein）のように、晩年の「段階理論」を文化哲学的な「構造理論」の継続と解して、「リットの晩年の仕事は、以前に、特に1918年から1928年の時期に下された基礎的決断の首尾一貫した仕上げにほかならない」[9]とし、リット思想の連続的一貫性を強調する向きもある。が、少なくとも、「文化哲学・文化教育学」から「哲学的人間学・人間陶冶論」へという根本的な枠組みの転換から見れば、ナチス期を境に、リット思想全体を「前期」と「後期」に二分し、その間にある意味で質的な非連続性がまた存在することを認めざるをえないのである。

したがって、リットの思想を一律にとらえ、彼の教育学を「文化教育学」としてのみ規定することはできない。冒頭でも触れたように、後期リットにおいては、文化教育学の地平を越える新しい次元が切り開かれている。日本では、リットはシュプランガーとともに、ディルタイ派の文化教

育学者として、長田新や入澤宗壽等によってかなり早い時期に紹介され[10]、1928年には村上俊亮と海後宗臣によって『リットの文化哲学と文化教育学』と題した書が刊行された[11]。また、第2次世界大戦後には、杉谷雅文や石原鉄雄等によってリット研究が新たに開始され、杉谷の『現代哲学と教育学』（1954年）ではリットの文化教育学についての立ち入った究明が試みられ[12]、同じく杉谷の手になる『リット』（1956年）においてリットの全体像が描きだされた[13]。他方、『近代の倫理学』(Ethik der Neuzeit)、『指導か放任か』、『科学・陶冶・世界観』(Wissenschaft, Bildung, Weltanschauung)、『生けるペスタロッチ』(Der lebendige Pestalozzi)、『ドイツ古典主義の陶冶理想と近代の労働世界』、『技術的思考と人間陶冶』等の著作の邦訳もなされてきた[14]。しかしながら、同じ精神科学的教育学の中でも、とりわけシュプランガーあたりと比べると、日本でのこれまでのリットへの取り組みは不十分だといわざるをえない。特に後期リットについては、近時ようやく関心が寄せられつつあるとはいえ、『人間と世界』や『思考と存在』(Denken und Sein)といった哲学的主著をも含み入れた全体的で本格的な研究、つまり「哲学的人間学・人間陶冶論」という根本的枠組みの詳細な研究はまだなされてはいないといってよい。

　前期リットと後期リットを対比させた場合、今日的には、やはり後期リットに注意はおのずから向くであろう。シェーラーに端を発し、今日改めてその重要性が再認されているかの「哲学的人間学」にリットがいかに関与しているのか、またその内容がいかなるものであるのか、という問題は興味深い。とりわけ、リットの哲学的人間学において主題的に究明されている「人間と自然の関係」の問題は、この問題がいわゆる地球環境問題とかかわって焦眉の問題となっていることを考えれば、無視することはできないし、この問題の究明をベースにして展開されている科学技術や労働世界における「人間陶冶」の問題は、現在のわれわれの問題でもある。限界や不十分さはあるにしても、後期リットの思想は、人間と教育をめぐるわれわれの論議にある種の刺激なり示唆を与えてくれると思われる。本書は、後期リットに照明をあて、その哲学的人間学およびそれに基づいた人間陶

冶論の内容を、とりわけ「人間と自然の関係」という問題関心を軸に明らかにし、そこに生じている問題について検討を試みることをねらいとしているのである。

―――――――――――――――――

注

(1) Wolfgang Brezinka: Von der Pädagogik zur Erziehungswissenschaft (1971), 2.Aufl. Weinheim 1972, S.Ⅶ.
(2) 精神科学的教育学を「ある特定の歴史的現象」としてとらえ、その範囲をヴァイマル期の「文化教育学」に限定するボルノー（Otto Friedrich Bollnow）は、たとえばシュプランガーの「覚醒」概念やノールの「教育関係」理論に文化教育学的なレベル、したがって精神科学的教育学の次元を越える側面を見ている。このボルノーの精神科学的教育学の範囲規定は狭いといわざるをえないが、しかし、精神科学的教育学の中に文化教育学に吸収されない側面があることの指摘は重要である。Vgl. Otto Friedrich Bollnow: Die geisteswissenschaftliche Pädagogik, in: Richtungsstreit in der Erziehungswissenschaft und pädagogische Verständigung, hrsg. von Hermann Röhrs/Hans Scheuerl, Frankfurt am Main 1989, S.53ff.
(3) リット教育学の成立については、次の拙論を参照されたい。宮野安治著「リット教育学の成立について」大阪教育大学教育学教室『教育学論集』第22号、1993年9月。
(4) Luise Räuchle: Geisteswissenschaft als Realwissenschaft. Zum Problem des dialektischen Prinzips im Frühwerk Theodor Litts, München 1982, S.2.
(5) ナチス期のリットについては、とりわけ次の書が詳しい。Wolfgang Matthias Schwiedrzik: Lieber will ich Steine klopfen. Der Philosoph und Pädagoge Theodor Litt in Leipzig 1933-1947, Leipzig 1997. Carsten Heinze: Die Pädagogik an der Universität Leipzig in der Zeit des Nationalsozialismus 1933 – 1945, Bad Heilbrunn 2001. Heidi Bremer: Theodor Litts Haltung im Nationalsozialismus, Bad Heilbrunn 2005.
(6) Hans-Otto Schlemper: Reflexion und Gestaltungswille. Bildungstheorie, Bildungskritik und Bildungspolitik im Werke von Theodor Litt, Ratingen 1964, S.14.
(7) Friedhelm Nicolin: Nachwort des Herausgebers, in: PK, S.104.
(8) ibid., S.109.
(9) Rolf Bernhard Huschke-Rhein: Das Wissenschaftsverständnis in der geisteswissenschaftlichen Pädagogik. Dilthey — Litt — Nohl — Spranger, Stuttgart 1979, S.208.
(10) かつて筆者は、1970年代までの日本におけるリット研究の状況の歩みについて、整理を試みたことがある。Yasuharu Miyano: Der Prozeß der Littrezeption in Japan（日独教育研究協会『文化と教育』第5号、東洋館出版社、1983年3月）
(11) 村上俊亮／海後宗臣著『リットの文化哲学と教育学』目黒書店、1928年。

⑿ 杉谷雅文著『現代哲学と教育学』柳原書店、1954 年。
⒀ 杉谷雅文著『リット』牧書店、1956 年。
⒁ 石原鉄雄訳『科学・教養・世界観』関書院、1954 年。関雅美訳『近世倫理学史』未来社、1956 年。柴谷久雄／杉谷雅文訳『生けるペスタロッチー』理想社、1960 年。石原鉄雄訳『教育の根本問題』明治図書、1971 年。荒井武／前田幹訳『現代社会と教育の理念』福村出版、1988 年。小笠原道雄訳『技術的思考と人間陶冶』玉川大学出版部、1996 年。なお、本書の校正の段階で、次のような邦語のリット研究書が出版されたので、ここで追記しておきたい。西方守著『リットの教育哲学』専修大学出版局、2006 年。

第1部　哲学的人間学の構想と展開

第1章　リット哲学的人間学の成立過程

第1節　「人間の自己問題性」と哲学的人間学の成立

　1927年4月、『倫理学における形式主義と実質的価値倫理学』(Der Formalismus in der Ethik und die materiale Wertethik) の大著をはじめとした一連の著作により哲学者としての名声をすでに不動にしていたシェーラーは、カイザーリング伯 (Graf Hermann Keyserling) の創設になるダルムシュタットの「知恵の学園」(Schule der Weisheit) において、「人間の特殊地位」(Die Sonderstellung des Menschen) と題した講演を行い、そこでかねてより抱懐していた「哲学的人間学」の構想を開陳した。その問題意識の新鮮さと論理の深遠さによって聴衆を魅了したこの講演は、早速同学園の年報『燭台』(Der Leuchter) 第8巻に掲載され、翌28年には加筆されて、『宇宙における人間の地位』(Die Stellung des Menschen im Kosmos) という書名のもとに単行本として公刊されるに及んだ[1]。もっとも、この書はあくまでもシェーラーの哲学的人間学の大要を示したものにすぎず、彼自身は近い将来にこのテーマに関する浩瀚な著を出版するつもりでいた。ところが、残念なことに、この「一代の鬼才」[2]は、28年5月に望みを遂げずに急逝してしまうのである[3]。

　ところで、奇しくも同じ1928年には「哲学的人間学入門」(Einleitung in die philosophische Anthropologie) という副題を付したプレスナー (Helmuth Plessner) の『有機的なものの諸段階と人間』(Die Stufen des Organischen und der Mensch) が上梓されることになる[4]。シェーラーと同様にケルン大学で活動し、しかも年長であった彼から一定の影響を受けたとおぼしきプレスナーは、そのゆえに、哲学的人間学の構想をめぐってシェーラーとの関連が取り沙汰されたりするが、彼の構想はシェーラーの

それとは別途に成立したとひとまず見ることができる[5]。ともあれ、この1928年という年をもって、ここに20世紀における「哲学的人間学」の思想運動の幕が切って落とされたわけである。そして、この運動はその後ゲーレン（Arnold Gehlen）、ラントマン（Michael Landmann）、ロータッカー（Erich Rothacker）、ヘングステンベルク（Hans Eduard Hengstenberg）といった人々によって継承され、現代哲学の一つの潮流を形成するにいたるのである[6]。

　それでは、なぜこの時期に哲学において文字通り「人間」そのものが根本関心となり、「哲学的人間学」なるものが誕生したのであろうか。哲学的人間学の成立理由はどこにあったのか。これについては、まず定礎者シェーラー自身は次のように語っている。「哲学的人間学の諸問題が、今日、まさしくドイツにおけるあらゆる哲学的問題性の中点になったこと……このことを私は満足して確認してよい。しかし、それにもかかわらず、現代において人間の自己問題性は、われわれが知っているすべての歴史の中で最大限に達したのである。人間とは何かについて厳密な知識を以前にもましてもっていず、この問いに対するいかなる解答の可能性ももはや人間を驚かせないこと、このことを人間が告白したときに……真実性の新しい勇気もまた彼に宿ったように思われるのである」[7]。「人間にかかわり合うますます増大する特殊科学は、どれほど価値があるにしても、人間の本質を解明するよりも、はるかに覆い隠している。……歴史のいかなる時代にあっても、現代におけるほど、人間が自分にとって問題的となってしまったことはない、ということができる。それゆえに、私は最も広い基礎に立脚して、哲学的人間学の新しい試みをなそうと試みたのである」[8]。これを要するに、シェーラーは哲学的人間学の成立の理由を「人間が自分にとって問題的となってしまったこと」、つまり「人間の自己問題性」(die Selbstproblematik des Menschen) に求めているわけである。このような理由づけは、哲学的人間学に批判的なハイデガー（Martin Heidegger）によっても採用されている[9]。

　ところが、このような見解に対して異論を唱えたのが、かのボルノー

第1章　リット哲学的人間学の成立過程

(Otto Friedrich Bollnow)である。すなわち彼は、「なぜ哲学的人間学がまさしくこの時代に、つまり今世紀の20年代の終わりに成立したのかという理由は、もちろん、いまだ未解決のままである」[10]と述べ、シェーラーおよびハイデガーによって示された理由を説得力がないとして斥けた。というのも、ボルノーの見るところによれば、人間が自分にとって問題となり、人間がみずからの本質を問うということは、何も真新しい出来事ではなく、それよりはむしろ、哲学的人間学の成立を哲学内部の事情、具体的には「認識論の崩壊」との関連で根拠づけるのが重要だからである。認識論は、20世紀のはじめにあっては、まだ哲学の根本部門の座を維持していたが、しかるに、認識は決して宙に浮いた営為ではなく、人間の生のより深い基層に根ざしており、かつそこから把握されなければならないことが明白になるにつれて、認識論がそれまで占めていた座は揺るがされ、ついにその失墜を招くに及んだのである。こうして、「……従来の認識論から地盤が奪われたのであり、単なる認識関係の背後にさかのぼって、より根源的な生連関、つまり人間存在の全体へと差し戻された。……これによって、従来の認識論から内的必然性でもって人間の全体考察、すなわち哲学的人間学へと通じる道に標識がつけられているのである」[11]。確かに、ボルノーがいうように、哲学的人間学の誕生に哲学内部の事情があずかっていたことは、ある意味では否定できないかもしれない。けれども、そうした内部事情を唯一ないしは決定的な原因としてしまうことはどうであろうか。なぜならば、そのような理由づけだけをもってすれば、哲学的人間学がその後哲学の領域を越えて広く諸科学を刺激し、「生物学的人間学」「医学的人間学」「教育人間学」等の様々な「領域人間学」を誘発させたことの説明がつきにくいからである。

これに対して、先に名を挙げたラントマンは、「今世紀の20年代は、『人間学的転換』をもたらした。すなわち、あらゆる哲学の部門が『人間学』に収斂するように思えた」[12]とし、このような「人間学的転換」を促したモティーフとして、「形而上学的」「超越論的」「存在論的」「精神科学的」「世界観的」の5つのものを挙げた。この内「超越論的モティーフ」とい

17

うのは、要するにボルノーのいう「認識論の崩壊」のことであり、また「世界観的モティーフ」というのは、シェーラーの語った「人間の自己問題性」をさしている。事実、この世界観的モティーフの説明に際しては、はっきりとシェーラーの名が引き合いに出されている。「人間への問いは、最も深くは、哲学でもなく科学でもなく、時代の苦境から生じた。……人間は、シェーラーがいったように、かつてなかったほど自己問題的となった。人間はもはや彼が何であるかを知らず、彼がそれを知らないことを知っている」[13]。

おそらく、ラントマンの指摘通り、哲学的人間学の成立を可能にした動因は決して単一ではなかったであろう。しかしながら、そうだとしても、そうした諸々の動因の中で、シェーラーが掲げ、ラントマンが再度取り上げた「人間の自己問題性」という理由は、やはり他を圧して際立っていたのではないだろうか。なるほど、みずからの危機を深く自覚した人間が、自己の本質への問いを発することは、それまでの歴史において幾度となく見受けられはした。けれども、20世紀の20年代およびそれに続く時期における人間の危機およびその危機の意識は、過去のいかなる時期のそれらから決定的に区別されてしかるべきである。哲学的人間学に対しても一定の寄与をなしたブーバー（Martin Buber）は、人間精神の歴史を「住処ある時代」（die Epochen der Behaustheit）と「住処なき時代」（die Epochen der Hauslosigkeit）とに区分し、後者の時代にあって深き人間学的思想が出現すると主張したが[14]、哲学的人間学の登場の時代はまさに「住処なき時代」の最たるものといってよく、人間が世界における王座を揺るがされた、それどころかそれを失ってしまった以上、シェーラーやゲーレンの人間学的著作の表題がいみじくも象徴的に示しているように、「世界における人間の地位」が改めて問われざるをえなくなったのである。哲学的人間学が第1次世界大戦の敗戦国ドイツのいわゆる「ヴァイマル期」の混沌とした思想状況の中で誕生したのは、それなりの理由をもっていたといわなければならないのである。

さて、時代の問題と思潮につねに敏感であったリットが、1930年代以降、

それまでの文化哲学的地平を脱して「哲学的人間学」へと向かい、ついにはこれにみずからの哲学の根本関心を見いだしたのは、当然の成り行きといえよう。今、哲学的人間学への彼の関与を通観すれば、シェーラーとプレスナーの先駆的著作が現れた翌1929年に、すでに彼はライプニッツ記念祭において、「哲学的人間学の問題」（Das Problem einer philosophischen Anthropologie）という講演を行っている。その2年後には、同じタイトルの論文が『研究と進歩』（Forschungen und Fortschritte）誌に発表され、過ぎて42年には、シュプランガー60歳記念論文集に「生物界における人間の特殊地位」が寄せられる。後者の論文は、第2次世界大戦後の1948年に単行本として出版されることになるが、この年にはリットの哲学的人間学の主著たる『人間と世界』が公刊されている。また、同年に開催されたマインツ哲学者会議では、「人間の世界意義」（Die Weltbedeutung des Menschen）が報告の題目として選ばれ、この報告は加筆されて翌年に『哲学研究誌』（Zeitschrift für philosophische Forschung）に掲載され、さらに56年には、「哲学的人間学と現代物理学」（Philosophische Anthropologie und moderne Physik）なる論文が物されている。以上は哲学的人間学に直接関係した講演や報告や著作をざっと年代順に並べたまでであるが、これらのみならず、リットの哲学的人間学への関心は、後期の彼の学的営為の随所に認めることができるのである。

　では、リットを哲学的人間学へと駆り立てたのは何であったのか、と問うならば、その最大のモティーフとしてわれわれは躊躇なく「世界観的モティーフ」、つまり「人間の自己問題性」を挙げてよいだろう。このことは、『人間と世界』における彼自身の次の言によって証せられる。「今日の人間は、確かさの安心感から突然引き抜かれてしまったので、彼の実存の由来と行方について説明し、そのような運命が発しえた出所である前提を究明し、そのような在り方をした現存在に開かれている見込みを見積もるという、押さえることのできない欲求をふたたび感じている。休むことのない探究や研究が起こったのであり、こうした探究や研究は、伝来のいかなる答えも見過ごさないが、しかし、それらの答えのいかなるものも解決策と

して進んで受け入れない。『人間学』は、人間とは何かという問いを総じてめぐる多くの思想的努力に対する合言葉となってしまったのである」(MW,S.11)。察するところ、「人間の自己問題性」をまだ痛感していない1930年代以前のリットであれば、人間をめぐる諸問題は、文化哲学的立場からすべて解決されることができた。ところが、爾後に生起した未曾有の非人間化の過程に直面して、わけてもナチスの暴挙や科学技術によって招来された労働世界の変質等の体験を通して、それまでの自明の前提であったオプティミスティックな文化哲学的人間観は突き破られ、より包括的な観点から人間の存在価値を問い直さざるをえなくなった。この間の経緯をシュレムパーはこう説明している。「究極的にいまだ疑問とならない文化の生成と存在にもともとかかわっていた『文化哲学』は、人間が人間として、つまり精神的存在者としていまだ原則的に疑わしくなっていなかった時代においてのみ……可能であった。だが、とりわけ『第三帝国』や跋扈する国家権力や近代の労働世界の体験は、端的な人間の無力、カオスや虚無によって絶えず脅かされていること……こうしたことの体験となる。このようにして今や——しかもリットにとってだけではないが——個人的主観性と理念的客観性の優位の問いではもはやなく、世界における人間の地位へのより原則的な問いが問題となるのである」[15]。かくして、リットにとっては、「人間学は現代の哲学的テーマを意味する」(MW,S.5)こととなり、そして、この新たな哲学的な根本問題を彼は、後に取り上げるように、「人間の世界意義」(die Weltbedeutung des Menschen)への問いとして定式化したのである。

第2節　人間の自己認識

　すでに触れたように、リットの哲学的人間学の主著は1948年に刊行された『人間と世界』であるが、この書の序言で、彼はこの書の成立について次のように述べている。「この序言は、私が1939年の半ばに完成し、大

第1章　リット哲学的人間学の成立過程

戦がはじまる少し前に出版社に手渡した草稿の冒頭にくる。急に雷雨が起こったとき、私には出版の時期が適当でないと思われ、そして次の時代には、外的さらには内的な周知の困難が印刷を不可能にした。それでももと公にされるはずの時点より9年遅れて労作は出版されている。しかし私はこの延期を嘆くべきだとは思わない。私が人間の本質についての私の見解を、人類をそのように根本的に自分自身について啓発した出来事に即して確かめざるをえなかったのは、悪いことではなかった。しかもまた、思想的‐言語的形式に、私の望み通りに、再度の仕上げが役立った。ここで問題である諸々の問いが、複雑な性質をしており、その上限りない激論によって覆われているので、最終的に考えられたことを完成して、自分の意図を現実的に満たす表現様式にすることは、しばしば長い骨折りの後でのみうまくいくのである」(MW,S.6)。このリットのことばに基づくなら、彼の哲学的人間学の全体構想はすでに1930年代の後半には出来上がっていたと見ることができる。とはいえ、最初の草稿はナチス期に徹底的に推敲され、文字通り完成された形で出版されたのは1948年であるから、この年をもってやはりリットの哲学的人間学が本格的に成立したと考えるべきであろう。この最初の草稿については、現在のところ手にすることはできないが、1930年代の後半から『人間と世界』の出版までに公刊されたリットの著作を通して、彼の哲学的人間学の成立過程をある程度跡づけることは可能であると思われるのである。

そこで、こうした成立過程を追うにあたって、まず最初に取り上げなければならないのが、1938年に『人間の自己認識』(Die Selbsterkenntnis des Menschen)と題して刊行された書であろう。この時期になぜリットが「人間の自己認識」というテーマに関心を寄せたかについては、この書における「人間の自己認識」の成立に関する彼の説明そのものからこれを読み取ることができる。「自分自身を『うまく扱おう』とする骨折りが人間にはじまるところならどこでも、またそうしたところでのみ、われわれは自己認識への衝動が目覚めるのを見る。この点で、反省は……現実の素朴で疑いなく信じられていた『意味』が疑わしくなりはじめ、それゆえにま

た、かの意味によって包まれ、かの意味によって正当化されていると感じていた自我も、自分自身、つまり自分の存在と行為の正しさがわからなくなる点で起こるのがつねである、という事実以上に教訓的なものはない。この困窮、地盤が動揺して自分の立場の強固さを失ってしまった者の困窮——これこそが、まなざしを内へと引き寄せるものである。存在の『自明性』(Selbstverständlichkeit) がなくなった場合に、『自己理解』(Selbstverständnis) が求められるのである。そして、この自己理解を懸命に求めようとする情熱は、内的困窮の圧力をはかるための最も信頼できる測定器である。このことを今日生きている者以上によく知っている者はいないのである」(SM,S.8)。要するに、意味秩序や存在秩序の動揺、こうした秩序に身を置いていた人間の地盤喪失、つまりは「人間の自己問題性」が、人間をして「自己認識」へと目覚めさせ、それへと駆り立てるというわけである。1936年にみずから退職申請書を提出し、翌37年10月1日でもってライプツィヒ大学を予定より早く退職し、ナチス政権下において苦難の道を歩みつつあったリットにとって、人間存在の危機についての意識はますますもって深刻なものとなっていたにちがいない。

　リットは、こうした「自己認識」をとりわけ「他者認識」(Fremderkenntnis) と対比させながら、その論理的構造を明らかにしようとする。では、「自己認識」と「他者認識」とでは、その論理的構造においていかなる相違が存するのか。人間が自分の外にある他者を認識する場合には、認識される客観は、まさに「対象」(Gegenstand) として、認識する主観から明確に分離されている。しかもその際、この客観は、認識されようとされまいと、また正しく認識されようとされまいと、その本質を変えることはない。つまり、認識そのものはその対象に影響を及ぼすことはないのである。これに対して、「自己認識」にあっては、たとえそこに主観と客観との対峙が見られるとしても、認識する主観と認識される客観とは同一の存在である。したがって、主観と客観とが一体となっているので、主観によって客観が認識されるかどうか、またいかに認識されるかは、客観にとってどうでもよいことではない。主観の認識のいかんは客観の在り方を

規定する。つまり、主観は客観に対して傍観者的にふるまうのではなく、形成的に介入するのである。「私が、現にあるものとして認識しようとするものは、まさに私がそれを認識しようとすることによって、違ったものになる」(SM,S.28)。自己認識は、他者認識とは違って、存在を単に模写するのではなく、存在を形成しもするのである。

このように人間は自己を認識しつつ自己の存在を形成するのであるが、ここに「自己認識」、あるいは「自己反省」(Selbstreflexion) という事態を通して、人間の存在様式と動物の存在様式との決定的な相違が浮かび上がってくる。すなわち、動物の場合には、「類の型の制限に縛られて……矛盾なく完結した現存在形式を忠実に守る」(SM,S.31) だけであって、そのかぎりにおいて、動物は自己を認識すべくもないし、また自己を認識する必要もない。しかるに、「人間の生の形式は、絶えず開かれている形式であると同様に絶えず再接合を求める」(SM,S.32) がゆえに、人間には自己認識が可能であるとともに、自己認識が必要でもある。だとすれば、「自己認識」「自己反省」は、人間をしてまさしく人間たらしめている本質的なメルクマールの一つということになろう。「自己反省は人間の世界内存在の根本カテゴリーである。それで、自己反省は人間学的カテゴリーとして言い表されることができる。自己反省は、人間をして動物を越えさせる『カテゴリー的新事実』である」[16]。リットは、こうした人間の自己認識を、「個人」の自己認識から「共同体」の自己認識を経て「人類」あるいは「人間一般」の自己認識へと段階的に進行して行くものとしている。

ところで、リットによれば、そもそもわれわれの「知」(Wissen) は段階的に2つの位相に区分される。そのまず第1は、通常レベルにおける対象についての知である。この知をリットは「第1段階の知」(das Wissen ersten Grades) と名づける。ところが、思考が対象世界から方向を転じて、対象を認識する自分自身の活動を反省するやいなや、そこには新しい知の次元が開示される。そこで得られる知は、もはや対象についての知ではなくて、対象についての知についての知、つまり第1段階の知についてのメタ・レベルにおける知にほかならない。この知は、第1段階の知の本質や

業績や限界を示すことを内容とするものであって、そのことによって第1段階の知の制限を越えている。リットはこれを「第2段階の知」(das Wissen zweiten Grades) と命名する。

こうした知の段階は、他者認識においても、自己認識においても、等しく見られるものである。しかし、知の段階的進行は自己認識において一種独特の様相を呈することになる。「……第2段階の知で起こるような自己認識の吟味は、それ自身またもや全面的に——自己認識である。すなわち、この吟味がその認識可能性を問うところの対象への根本的寄与である」(SM,S.80f.)。第2段階の知は、第1段階の知の「制限」(Schranke) を明らかにするものであったが、このような「制限についての知」の演ずる機能は、他者認識と自己認識では本質的に相異なる。すなわち、他者認識の場合には、「制限」は認識が甘受しなければならない停止の指示を意味しており、制限についての知は、対象に介入することもなければ、制限そのものを緩和することもない。制限は制限としてそのままの状態で厳然として存在し続けるのである。これに対して、それ自身がまたもや自己認識でもある自己認識の第2段階の知は、先に指摘したような主観と客観の同一性に基づく客観への形成的介入によって、制限を撤廃することはできないにしても、ある意味で制限を克服することができる。「ヘーゲルとともにいえば、制限としてそもそも知られるだけでなく、その必然性において知られる制限は、この知において——確かに抹消されていない、つまり消されていないが、『止揚』されている。沈んだ気分の心の状態の圧迫下やあるいは自己矮小化への傾向からただあまりにもしばしば起こるような、人間の『有限性』が何らかの意味で悩ませる人間学的反省は、この真理を忘れるべきではないだろう。自分の『有限性』を反省する、つまり自分の『有限性』について知る者は、なるほどこの有限性を自分の自己存在から抹消してしまってはいないが、その自己知においてこの有限性を超越してしまっているのである」(SM,S.83)。

重苦しい雰囲気が支配し、とりわけ人間の「有限性」を強調する実存哲学的な人間観がクローズ・アップされざるをえないこの時期にあって、お

そらくリットは、「人間の自己認識」というテーマと取り組むことを通して、人間をめぐる閉塞的な状況を、非合理的な力に訴えるのではなく、知の自覚的遂行によって打開しようとしたのであろう。かくして、人間の「認識」や「知」という問題が、また人間の「有限性」やその克服という問題が、再度「哲学的人間学」の枠組み全体の中で究明されなければならないことになるのである。

第3節　ペスタロッチの人間学

　『人間の自己認識』を上梓した年にリットは、ブレーメンで開催された「プロテスタント協会」(Protestantenverein)の会議で講演を行い、翌年この講演に手を加えて『プロテスタンティズムの歴史意識』(Protestantisches Geschichtsbewußtsein)という著を公刊した。この著は、後に「プロテスタンティズムの歴史意識の表現としてのペスタロッチの人間学」(Pestalozzis Anthropologie als Ausdruck protestantischen Geschichtsbewußtseins)と改題されて、リットのペスタロッチ論文集『生けるペスタロッチ』(Der lebendige Pestalozzi)に収められることになるが、この改題されたタイトルから推察されるように、そこでテーマとなっているのは、いわゆる『探究』(Nachforschungen)において展開されたペスタロッチの人間学思想である。この著が、『探究』に注意を促すことによって、当時にあってペスタロッチ研究の新機軸を打ち出したことは、周知のところである。と同時に、この著においては、ペスタロッチ人間学の解釈を通して、リット自身の人間学思想のある局面をすでに垣間見ることができる。あるいはむしろ、「『探究』で展開されたペスタロッチの人間の見方が、いくつかの本質的な根本特徴において、リット自身の人間学に入り込んだ」[17]というべきかもしれない。

　この著でまずリットが描出しているのは、プロテスタンティズムが直面している問題状況である。すなわち、プロテスタンティズムは、ドイツ観

念論におけるように、歴史に神の支配を見ることによって、この世界に重要な意義を認めるか、それとも、このような解釈に対して弁証法神学が論じ立てたように、歴史やこの世界に重き価値を置かず、あくまでも彼岸を唯一決定的なものと考えるか、つまり「現世の美化」(Weltverklärung)か「現世の空虚化」(Weltentleerung)か、という二者択一に直面している。が、リットの見るところによれば、このような二者択一は誤っており、この点をまさしく克服しようとしたのが、『探究』におけるペスタロッチにほかならなかったのである。

　リットは、ペスタロッチの人間学の特質の解明にあたって、この人間学がある根本的な特徴においては、つまり「弁証法的思考」(das dialektische Denken)という点においては、ドイツ観念論と軌を同じくしているとまず指摘している。「『弁証法的』思考は、『悟性』が正しく評価することのできない対立や矛盾を把握することが重要な場合にいつも始動させられる。それはこの悟性の思考形式と正反対に展開する。……弁証法的思考の責務は、永久に分離されかつ互いに閉ざされた審級または領域に分けられるのではなく、その矛盾性を損なうことなく、それ自身において緊張を保った統一へと一つになる矛盾を把握することである。それは、相反するものを、こわばって近づけない状態で別々にしておくのではなく、内的克服によって互いへと移す対立について知っている。それは、対立するものの硬直した状態を、一方および他方を自分へと含み入れる運動の流れの中で緩める。それは、否定を優越的に肯定的なものの力によって『止揚』へともたらす。……ところでわれわれは、この弁証法の精神によって、ペスタロッチの作品が……規定され、支配されているのを見る」(LP,S.36f.)。実際、『探究』にあっては、たとえば「自然的」(natürlich)、「社会的」(gesellschaftlich)、「道徳的」(sittlich)という人間の3状態が、その対立性において、しかも、外的に分離され硬直化した関係ではなく、相互の絡み合いの関係において文字通り「弁証法的」に把握されているのである。

　だが他方でリットは、ペスタロッチは、その根本的な歴史観・人間観においては、ドイツ観念論と見解を決定的に異にしているとして、この相違

をとりわけ「否定的なもの」(das Negative) のとらえ方そのものに求める。すなわち、ドイツ観念論にあっては、否定的なものは、ヘーゲルにおいてそうであるように、究極的には「和解」(Versöhnung) へともたらされるのに対して、ペスタロッチの場合には、それは決して和らげられたり、止揚されることはない。そして、ここでリットは、ペスタロッチの人間学全体を覆っている人間存在の「両義性」(Zweideutigkeit) を指摘するのである。この「両義性」なる概念は、後に詳しく取り上げるように、リット人間学の根本概念でもあり、また彼の後期思想全体を特徴づけている極めて重要な概念でもある。リットにおいて「両義性」概念は、たとえば「国家暴力」(die staatliche Gewalt) の「両義性」として、「公民教育の哲学的基礎」(Die philosophischen Grundlagen der staatsbürgerlichen Erziehung) 等のヴァイマル期の著作にすでに見いだせるものの[18]、彼が文字通り人間存在の「両義性」について本格的に語るのは、この1939年のペスタロッチ論が最初であろうと判断される。

　しかも、リットの人間学において繰り返し強調される、両義性と「自由」(Freiheit) とは表裏一体であるというテーゼが、たとえば次のように、ここですでに先取りされて述べられている。「ある態度が『自由だ』と称されてよいための条件とは何か。この態度は、すでにそれ自身その方向が一義的に定められているのではなく、したがって、『別様にもありうる』意志の決断から生じなければならない。意志が別様にもありえないならば、それはどうして自由だと称してよいだろうか。意志が、個々の場合に、よきもの、価値あるもの、規範に合うものに向けられているにしても、この態度が『自由な』決断の貸方に記入されてよいのは、悪しきもの、価値に背くもの、規範に合わないものも決断の地平に競争目標として見えることができたという前提においてのみである。……それゆえに、人間について次のことがいえる。『人間は、その意志によってものが見えるが、またその意志によってものが見えない。人間は、その意志によって自由であり、またその意志によって奴隷である。人間は、その意志によって正直であり、またその意志によって悪党である』。この意味において、『両面性』『両義性』

は、端的に、人間が意欲し行為する主体として投げ置かれている状況の本質をなしている」(LP,S.43f.) [19]。

こうした「両義性」は、リットによれば、ペスタロッチにあっては特に「社会的状態」において顕著に看取されている。つまり、「ペスタロッチは……あらゆる人間的なものの両義性をわけても国家的－社会的現実の領域で追ったのである」(LP,S.44)。すなわち、ペスタロッチは一方では、「現世に密着したリアリズム」(ein erdnaher Realismus) に立って、国家的・社会的秩序の必要性を認めつつも、他方ではこの秩序が裏面をもつことを容赦なく指摘している。「彼（ペスタロッチ——引用者注）は、財産や社会的影響や権力によって優遇された者がさらされている心の緩みや誘惑を見る。彼は、広範囲にわたる意のままにする権力を享受する状態に人間があるところならばどこでも現れる悪用や思い上がりへのそそのかしを見る。彼は、死物あるいは人間以下の生物に対してだけでなく、同胞に対しても何らかの意味において権力をもっている者を特に、どのような誘惑が脅かすかを見る。彼は、人間を支配している者をそそのかして、その者に服従している者に自分の優位を徹底的に思い知らせることをさせるかの欲望のぞっとするような暴力について知っている」(LP,S.42)。ペスタロッチにとって、こうした誘惑等は、単なる表面的な現象ではなく、人間存在のまさに本質に根差しているのであって、それゆえに彼は、「人間性の根本は、社会生活のあらゆる事態において、いつも同一のものであり続ける」といって、「人間的迷妄の恒常的同一性」について語ったのである。

このような人間存在の両義性は、社会的状態にとどまらず、芸術や学問、道徳や宗教においても見受けられることになる。いわゆる「道徳的状態」においても、人間は両義性から免れることはできないのである。ゆえに、「……両義性の領域から免れているように思われる人間の態度ですら、極めて矛盾に満ちた仕方で、この領域に陥っていることが示される。デモーニッシュな自己転倒の可能性からそれ自身守られているような人間の態度のいかなる形式も様態も全く存在しない」(LP,S.46)。ペスタロッチも、ドイツ観念論も、同様に人間存在の中に「否定的なもの」を見ているのであ

るが、後者がそれを和らげ、止揚しようとするのに対して、前者にあっては、「間違いや悪や破壊的なものは、その全き暗黒や敵意の状態にとどまり続ける」(LP,S.46)。だからリットは、「精神の傷は、傷痕を残さずに治る」というヘーゲルのことばは、ペスタロッチには絶対書けなかったであろうという。同じ弁証法といっても、人間存在の両義性が決定的であることを強調することによって、ペスタロッチはドイツ観念論とは全く違った行き方をするのである。「ペスタロッチの思考は、その形式に従って『弁証法的』と名づけられたのであるが、この思考は、弁証法の形態において、歴史として実現される『理念の自己運動』を見させることは断じて目当てとはしなかった。……一度『人間的迷妄の恒常的同一性』を確信した者は、もはや精神の進歩的自己浄化への信仰に余地を与えることはできない。その者にとっては、歴史は『精神が繰り広げる悲惨と幸福、賢明さと愚かさ、妄念と大いなる上昇によって編まれた花輪』なのであり、またそれであり続けるのである」(LP,S.46f.)。

かくして、ペスタロッチの人間学は、ドイツ観念論の人間観から袂を分かつことによって、キリスト教の、特にプロテスタンティズムの世界理解の表明であることが判明する。「……あらゆる人間存在の本質的で永久的で克服できない両義性や誘惑可能性についてのペスタロッチの確信は、普遍キリスト教的であるだけでなく、実にプロテスタンティズム的である」(LP,S.50)。しかし、リットの理解するところによれば、本来プロテスタンティズムは人間の未完成のために現世拒否に陥ることはしない。「……地上の空間でなされるあらゆる努力の未完成性への洞察と、有限な力がとにかくなすものをこの空間で改善し、実行し、創造しようとする決意、というこの外見上は互いに矛盾するものを、分離できない状態にまで一つにすることが、何といってもプロテスタンティズム的である」(LP,S.53)。と同様に、ペスタロッチも現世での努力を無益とは考えてはいない。「彼（ペスタロッチ——引用者注）は、『社会的状態』に、この状態に本質的に付着し、かつ決して抹消できない疾患を診断するのであるが、彼はまさにこの疾患の重さから、原則的に可能なものの枠内で、この疾患の軽減と浄化に対し

て、とにかく人間の力でできることをなすべきだという人間の良心への訴えを取り出す」(LP,S.52)。したがって、プロテスタンティズムにとって、「現世の美化」も、「現世の空虚化」も、いずれもその本来の意図よりすればふさわしくなく、ペスタロッチの人間学は、このような二者択一を克服しているという点において、まさしく「プロテスタンティズムの歴史意識の表現」なのである。

　リットのこのペスタロッチ論の最大の力点は、1939年という時期を考えると、「社会的状態」における人間存在の両義性に置かれていたと思われる。おそらく彼は、こうした両義性の指摘を通して、ナチズムの権力構造を批判しようとしたのであろう。だが当時にあって、そうした批判をストレートに表現することはできなかった。リットは46年に再度ペスタロッチ論を著すことになるが、そこでは人間存在の両義性、とりわけ政治における両義性が正面切って論じられているのである[20]。

　もっとも、先に触れたように、政治における両義性については、国家暴力の両義性として、ヴァイマル期の国家論ないしは公民教育論において問題とされてはいた。そこではリットは、国家を、マキアヴェリ的に「暴力」の面からと、グロティウス的に「法」の面からの両面からリアルにとらえ、したがって、暴力を国家の本質契機と見なし、この国家暴力にかかわって、「暴力は、法に仕えて、精神的財世界の保持のために行使されるところでも、危険で誘惑の多い両義性を有した行為であって、それを使う者をつねに新たに、もはや精神に仕えない衝動性への転落でもって脅かしている」(MG,S.79)と指摘している。こうした国家暴力の両義性についての思いは、ナチス国家体制において決定的に強まったにちがいない。国家暴力の問題は、1942年に執筆され、48年に出版された『国家暴力と道徳』(Staatsgewalt und Sittlichkeit) で主題的に論究されることになる[21]。

　と同時に、このペスタロッチ論においては、両義性が、政治的領域を越えて、人間存在のあらゆる領域に見られるものとされている。後の『人間と世界』にあっては、「人間存在の両義性」が、「我と汝」関係、言語、客観的精神、共同体間の関係等において広く考察されるのみならず、さらに

それを越えて「自然との関係における両義性」についても論議が試みられ、哲学的人間学全体がいわば「両義性の人間学」として構築されることになるのであるが、そうしたことの礎石はこのペスタロッチ論において置かれたと見ることができる。ともあれ、ペスタロッチ解釈およびナチズム体験を踏まえて、人間存在における「両義性」という問題が、リット自身の人間学へと流れ込んで行くのである。

第4節　生物界における人間の特殊地位

　1940年代に入ると、リットは講演等の公的活動を禁止され、公刊される著作の数も減少する。ますますもって危機的様相を深めて行く時代状況の中で、42年にリットは、すでに触れたように、シュプランガー60歳記念論文集に「生物界における人間の特殊地位」と題した論文を寄稿した。実は、前々年の40年にゲーレンの人間学的大著『人間』(Der Mensch)が刊行されたのであるが、このことがこの論文の執筆の契機の一つとなったと思われる[22]。既述のように、『人間と世界』の最初の草稿は39年に一応完成されていた。したがって、ゲーレンの書は最初の草稿の完成直後に現れたことになる。この書を早速読んだリットは、ゲーレンによって代表される生物学的人間学に、一方では問題意識の共通性を看取するとともに、他方では思想内容の根本的相違を認識し、みずからの立場をより明確にすべく筆を執ったものと想像される。この論文は、執筆の動機からして、またそのタイトルからして、文字通り純然たる人間学的著作、しかもある意味ではリットの最初の公となった本格的な人間学的著作であって、彼の人間学の成立過程において極めて重要な位置を占めるものといえるのである。

　この論文でまずリットは、これまで人間学的思考を悩ましてきたいわゆる「心身問題」(das Leib-Seelen-Problem)が、機械主義から「生命主義」(Vitalismus)へと方向を転じた最近の生物学によって、またこれと連動し

た新しい「生命」(Leben)概念に定位づけられた人間学、とりわけゲーレンの人間学によって、ある種の解決にいたったという事態を指摘している。実際、こうした方向においては、空間的-外延的な「身体」と非空間的-内包的な「心」とは、非空間的な「生命」原理によって統一され、両者の深い溝は埋められているのである。ところが、ここで新しい問題が生じる、とリットは考える。というのも、一切が「生命」概念に包摂されれば、人間を他の動物から決定的に画してきた「精神」(Geist)概念が画面から消えざるをえないからである。もしそうならば、人間は他の動物と同一平面に置かれ、人間をしてまさに人間たらしめる本質特徴は見失われてしまうことになる。「生命」対「精神」という新たな問題が生じる中で、リットは改めて「生物界における人間の特殊地位」について問おうとするのである。

ところで、心身問題が解決を見たとするならば、問題の重心は、生命体内部での関係から、生命体と生命体外部の「世界」との関係へと移ることになる。事実、旧来の機械主義的生物学においては、生命体の外界関係は第一次的に問われることはなかったが、しかるに、新しい「生命」概念に基づいた生命主義的生物学にあっては、まさしく生命体と世界との関係が根本関心となっている。しかも、「精神」概念を拒絶したこの新しい生物学は、人間の本質特徴を人間の世界関係の中に探り出そうとしている。ここに人間と世界との関係という大テーマが掲げられることになるが、リットによれば、こうしたテーマを提出したところに、新しい生物学、ならびにそれに依拠した人間学の功績が存在する。「人間学は、人間を世界に結びつける関係の編み細工の中にのみ、人間を区別し、際立たせるものを見いだすのを予期することができたのである」(SMR,S.225)。

そして、生命体と世界との関係の問題に対して一石を投じたのが、ユクスキュル(Jacob von Üxküll)のかの「環境世界」(Umwelt)理論にほかならない。この理論に基づけば、それぞれの動物にはそれに応じた環境世界が取り巻いており、しかもこの環境世界は、動物にとって単に外的条件の複合体として存在しているだけでなく、動物によって何らかの仕方によっ

て体験されるとともに、動物をいわば器のごとく宿命的に閉じ込めている。このように環境世界というものがそれを体験する動物によって相違するのであれば、これまで前提とされていたような唯一絶対の世界なるものの存在は疑わしくなり、したがって、人間の環境世界も、その絶対的卓越性を奪われて、他の動物の環境世界と同じレベルに並べられることになる[23]。

　ところで、新しい人間学、とりわけゲーレンの人間学においては、人間の「本能」が他の動物のそれと比べてはるかに劣っている点が強調されている。このことは当然不利を意味する。が、本能による確固たる導きがないということは、他方では、「より大きな広さとより大きな弾力性という長所」を意味している。「人間は、本能の手引き紐にしっかりつなぎとめられていないために、またあらゆる生命的必要から完全に解かれて、世界にまなざしを向けることができるのであり、またそのために、彼の生の地平は、彼を少しも生命利害に縛りつけないような事実と事態に対して余地を残す。人間は、他のいかなる存在よりも、世界に対して開かれており、そして世界は、他のいかなる存在に対してよりも、人間に対して開示される」(SMR,S.229f.)。生命利害を越えることができる人間は、同時に、自らを閉じ込めている環境世界の枠を脱することができる。シェーラーの有名な図式的表現を用いるなら、動物は「環境世界」に縛られたままであるのに対して、人間は「世界」に開かれているというわけである。

　ここに動物の環境世界と人間の環境世界との決定的な相違が明らかになる。すなわち、動物の環境世界は環境世界以上ではないが、人間の環境世界は環境世界であると同時に環境世界以上である。「動物の環境世界は、いかなる前進も勧めない、あるいはそれを許しさえしない自足に閉じ込められ、固定されている。これに対して人間の環境世界は、その内容的存立物に従って現にあるものであるだけでなく、方向上、それ自身いまだないものに開かれている。……人間の環境世界はいわば越えられることを切望している」(SMR,S.233)。人間が環境世界を超越する存在であることは、彼の環境世界研究そのものにおいて最も顕著に現れている。「人間は、自分自身の環境世界について知るとともに、他の生物の環境世界についても

知り——この知によって自分自身の環境世界を越える生物である。動物は、自分自身の環境世界について知らないとともに、なおのこと他の生物の環境世界についても知らず——この無知性によって自分自身の環境世界に永遠に閉じ込められている生物である」(SMR,S.236)。

　このようにリットは、シェーラーと同様に、環境世界の呪縛を打破し、世界へと超越しうるところに人間の特殊性を求めるのであるが、しかし、この超越をめぐって2つの解釈が分かれてくるとする。すなわち、一方の解釈は、人間は生命装置において他の動物に劣っているので、生命を維持するために、環境世界の束縛を振りほどくと考え、他方の解釈は、人間はもともと生命利害を越えていると考える。「かの場合には、人間はいかなる本能ももたないために、彼は思考を必要とするといえる。この場合には、人間は思考をもつがために、いかなる本能も必要としないといえる。……かの場合には、苦境を越えて助けるものをその必要性から生み出すべきものは、根源的な欠陥であり——この場合には、苦境を助けもするものをその余剰から与えるのは、根源的な豊かさである」(SMR,S.238)。ゲーレンに代表される人間学が、前者の解釈に立つことはいうまでもない。けれども、リットはこうした解釈は挫折せざるをえないと断ずる。というのも、欠陥の指摘は、欠陥の除去に必要な手段がいかなるものでなければならないか、またそれがどこで講じられなければならないかについて示すことはできるが、そうした手段を生み出す力が存在し、その力が現実的に働くということを解明することはできないからである[24]。そこでリットは、このような力の存在を可能にする、「人間のこの最も内的で最も本質的なもの」を名づけるのに「精神」という語以上にふさわしいものはないとして、新たな「精神」概念の導入を結論として取り出すのである[25]。

　以上のような新しい生命主義的な人間学、とりわけゲーレンの人間学との対決は、その後さらに押し進められ、『人間と世界』に添えられた付録論文「A．ゲーレンの人間学に寄せて」(Zur Anthropologie A.Gehlens) となって結実する。ともあれ、以上のように、純粋理論的には、人間の自己認識の論理的構造の解明、ペスタロッチ人間学の研究、ゲーレン人間学に

対する批判等を通して、また歴史現実的には、時代の危機的動向、とりわけナチズムとの対決を通して、リットの哲学的人間学がより確固たる輪郭を描いて行ったことは、ここに明らかであろう。そして、こうした理論的努力の中で獲得された「知」あるいは「認識」、「両義性」や「自由」、「世界関係」とか「精神」といった諸問題ないしは諸概念が、いわば根本カテゴリーとして、哲学的人間学へと受け入れられ、その統一的全体において位置づけられることになるのである。

―――――――――

注

(1) Vgl. Max Scheler: Die Stellung des Menschen im Kosmos (1928), 6.Aufl. Bern/München 1962.
(2) 生松敬三著『人間への問いと現代』日本放送出版協会、1975 年、96 頁。
(3) シェーラーの哲学的人間学に関しては、たとえば次の書を参照されたい。金子晴勇著『マックス・シェーラーの人間学』創文社、1995 年。
(4) Vgl. Helmuth Plessner: Die Stufen des Organischen und der Mensch. Einleitung in die philosophische Anthropologie (1928), 3.Aufl. Berlin/New York 1975.
(5) シェーラーが、彼と哲学的人間学の先行性を競いうるような同じ企てに対して、いかに敏感に反応したか、またそれゆえに、プレスナーにいかなる態度をとったかについては、プレスナーみずからが自伝の中で述べている。Vgl. Helmuth Plessner: Selbstdarstellung, in: Helmuth Plessner. Gesammelte Schriften Ⅹ, Frankfurt am Main 1985, S.328ff.
(6) Vgl. Arnold Gehlen: Der Mensch. Seine Natur und seine Stellung in der Welt (1940), 9.Aufl. Frankfurt am Main 1971. Michael Landmann: Philosophische Anthropologie (1955), 4. überarbeitete und erweiterte Aufl. Berlin 1976. Erich Rothacker: Philosophische Anthropologie, Bonn 1964. Hans Eduard Hengstenberg: Philosophische Anthropologie, Stuttgart 1966. 哲学的人間学に関する邦語の研究書としては、すでに数多のものが刊行されているが、ここでは特に次の一書を挙げておきたい。奥谷浩一著『哲学的人間学の系譜』梓出版社、2004 年。
(7) Max Scheler: Die Stellung des Menschen im Kosmos, S.6f.
(8) ibid., S.9f.
(9) ハイデガーは、「現存在の分析論」(Analytik des Daseins) が「哲学的人間学」に先行するとしつつも、「哲学的人間学」の成立にかかわって次のように述べている。「今日の時代ほど、人間について多くのことを、そして様々なことを知っていた時代はない。今日の時代ほど、人間についての知識を迫力ある魅力的な仕方で表現した時

代はない。今日の時代ほど、この知識を迅速かつ容易に提示することができた時代はこれまでにない。だがまた、今日の時代ほど、人間とは何であるかを知らなかった時代もない。われわれの時代ほど、人間が疑わしくなってしまった時代はないのである」(Martin Heidegger: Kant und das Problem der Metaphysik (1929), 4. erweiterte Aufl. Frankfurt am Main 1973, S.203)。

(10) Otto Friedrich Bollnow: Die anthropologische Betrachtungsweise in der Pädagogik, Essen 1965, S.24.

(11) ibid., S.27f.

(12) Michael Landmann: Philosophische Anthropologie, S.37.

(13) ibid., S.40f.

(14) Martin Buber: Das Problem des Menschen (1943), 4.Aufl. Heidelberg 1971, S.22.

(15) Hans‐Otto Schlemper: Reflexion und Gestaltungswille. Bildungstheorie, Bildungskritik und Bildungspolitik im Werke von Theodor Litt, S.34.

(16) Ursula Bracht: Zum Problem der Menschenbildung bei Theodor Litt, Bad Heilbrunn 1973, S.63.

(17) Wolfgang Klafki: Die Pädagogik Theodor Litts, Königstein 1982, S.297.

(18) この点については、次の拙論を参照されたい。宮野安治著「リット政治教育思想の研究(Ⅱ)——ヴァイマル期の公民教育論——」『大阪教育大学紀要』第Ⅳ部門第45巻第1号、1996年9月。

(19) ペスタロッチー著、虎竹正之訳「探究」長田新編『ペスタロッチー全集第6巻』平凡社、1959年、91頁参照。

(20) ペスタロッチ生誕200年を機縁に書かれた「ペスタロッチ」(Pestalozzi)と素朴に題された論文で、リットは、「われわれが、彼(ペスタロッチ——引用者注)が最悪の逸脱の根源をまさしく、その火山のような爆発がわれわれ今日の者を打ち砕いたところの人間行為の領域、つまり政治の領域にいかに見いだしているのかを聞くならば、一人の予言者が語るのを耳にするようにわれわれは思う」(LP,S.66)と述べ、政治における人間の自己転倒について詳論している。

(21) この『国家暴力と道徳』については、次の拙論で詳しく取り上げておいた。宮野安治著「リット政治教育思想の研究(Ⅴ)——国家暴力と道徳——」『大阪教育大学紀要』第Ⅳ部門第53巻第1号、2004年9月。

(22) ゲーレンはライプツィヒ大学でドリーシュ(Hans Driesch)とリットに学ぶが、1933年にナチスに入党し、翌年にはライプツィヒ大学の哲学の教授になり、その後38年にケーニヒスベルク大学、40年にはヴィーン大学に移ることになる。

(23) ユクスキュル／クリサート著、日高敏隆／羽田節子訳『生物から見た世界』岩波文庫、2005年参照。

(24) ロート(Heinrich Roth)のかの『教育人間学』(Pädagogische Anthropologie)においてこの2つの解釈が触れられている。Vgl. Heinrich Roth: Pädagogische Anthropologie, Band Ⅰ: Bildsamkeit und Bestimmung (1966), 3.Aufl. Berlin/Darmstadt/Dortmund 1971, S.149.

(25) 後にも見るように、リットの「精神」概念は極めてヘーゲル的である。リットは、「生物界における人間の特殊地位」を発表した年に『国家暴力と道徳』を執筆しているが、そこで「精神」概念について次のように指摘している。「今日『精神』という概念を取り扱う者は、この概念が19世紀の経過中に、その古典的な擁護者ヘーゲルによって添えられた、無限に多くの豊かな意義を失ってしまった、ということを理解しなければならない。ますますもってひとは、この概念の中に、人間個人において生起する心的事象のある種の範囲に対する表示以上のものを見いださないことに慣れてしまったのである」(StS,S.59)。

第2章 「人間の世界意義」への問い

第1節 人間学をめぐる知の状況

　前章で明らかにしたように、「人間の自己問題性」を決定的なモティーフとして、人間の本質究明のために知的努力が、「人間学」のスローガンのもとに積み重ねられることになったのであるが、リットの哲学的人間学も、当然のことながら、こうした当時の知の状況の内に位置づけられなければならない。だが、「人間学」をめぐるこの知の状況については、『人間と世界』の「序論」でリット自身がこれを描出しているので、リットの哲学的人間学を内容的に見るにあたって、まず彼のこのスケッチを通観することからはじめたい。というのも、このスケッチにリット人間学の根本問題や根本契機がすでに包含されていると判断されるからである。

　さて、リットがみずからの哲学的人間学を展開するに際して、その出発点に据えているのは、キリスト教的な人間理解である。彼がキリスト教的な人間理解に大いなる関心を寄せていたことは、前述のペスタロッチ論においても明らかであった。なぜキリスト教的な人間理解がさほどまでに決定的に重要であるかといえば、「キリスト教が世界に出現して以来、西洋では、キリスト教的思想世界の影響を全く受けないままであるような人間の現存在の本質や価値についての思索は一つもなかった」（MW,S.11）からである。つまり、西洋においては、人間にかかわる論議は、キリスト教的な人間理解を土台にして展開されてきたのであって、したがって、キリスト教的であるにせよ、あるいは反キリスト教的であるにせよ、とにかくキリスト教への関係において完全に中立的な人間理論は存在しなかったのである[1]。そこでリットは、キリスト教的な人間理解を「キリスト教的人間学」（die christliche Anthropologie）と名づけ、これをあらゆる人間学

の原点として、これに反キリスト教的な「フマーンな人間学」（die humane Anthropologie）なるものを対置させる。この場合、「キリスト教的人間学」とは、人間の無力さと他者（神）への依存を力説する人間解釈を、「フマーンな人間学」というのは、人間の自足と自由を礼賛する人間中心的な解釈を、それぞれ意味している。「前者（キリスト教的人間学——引用者注）の場合には、神への信仰があり、神は彼の堕落した似姿を身にあまる慈悲で罪の深淵から救い出し、浄福へと解脱させる。後者（フマーンな人間学——引用者注）の場合には、人間への信仰があり、人間は自分の力から完成をめざして自分を高めようと奮闘し、世界を彼の精神の表現へと形成する。前者の場合には、抗議は人間を神性へと高める不遜に向けられている。後者の場合には、抗議は人間を自己放棄にまで下げる奴隷根性に向けられている」（MW,S.12）。要するにリットは、人間学をめぐる知の状況を、「キリスト教的人間学」と「フマーンな人間学」という「一つの支配的な対立」に従って概観しようとするのである。

　リットの見るところによれば、このような「支配的な対立」はとりわけ「諸科学」と「弁証法神学」との対立において現れている。すなわち、人間を神へのあらゆる関係から解放し、徹頭徹尾内世界的に説明しようとする「諸科学」は、キリスト教信仰に敵対する者の兵器庫となっており、なかでも「生物学」は人間の存在様態と行動様式の究明に多大の寄与をなしている。これに対して、人間のキリスト教的解釈の徹底化も、なかんずく「弁証法神学」によって遂行されている。「危機神学」とも称されるこの立場は、人間をこれまで以上に「罪あるヒト」（homo peccator）としてとらえ、人間の神への絶対的帰依と神による人間の救済を決然と主張している。「この人間学は、人間の存在の本来的で究極的なものが理解される点を、人間自身の内部ではなく、つまり人間の世界的現存在と作用の領域内ではなく、人間自身および世界にとっては『彼岸のもの』の内に見いだすのである」（MW,S.13f.）[2]。

　こうした人間の本質をめぐる論議に「哲学」も参加していることは、「哲学的人間学」のプログラムが立案され、それが具体化されてきたことから

明らかである。リットの評価に従えば、「哲学的人間学」は、「ひとが以前人間の研究に着手した際に陥った一面性から解放された人間の理論——人間を身体からでも心からでも精神からでも説明しようとしないで、人間の実存のあらゆる側面、あらゆる『層』にその本分を与え、その際何といっても、一連の個別的なデータに散乱してしまうのではなくて、あらゆる特徴を一つの現実的な全体像へと組み合わせる理論」(MW,S.14) を展開している。それなら、「哲学的人間学」は「キリスト教的人間学」と「フマーンな人間学」のいずれの陣営に属することになるのか。一見したところ、哲学的人間学は、「人間の本質をもっぱら自分自身にのみ義務づけられた思考の力から、したがって、あらゆる超越的解明を度外視して理解し、解釈する」(MW,S.14) ことを原則としている以上、「フマーンな人間学」の側に組み入れられるかのように思われる。

しかし問題は、「フマーンな人間学」といわれる場合の「フマーン」(human) という語の意味である。「フマーン」という語でもって、哲学的人間学がその対象、つまり人間に取りかかる精神的態度だけが言い表わされているのであれば、哲学的人間学の企図は「フマーン」と名づけられてよい。けれども、「フマーン」という語はそれ以上のことを、すなわち「人間の『プロメテウス的な』自己意識を表現するとともにこの自己意識を支えるのに役立つかの人間の全体把握」(MW,S.15) を意味することもありうる。その場合には、「フマーン」という語によって、対象探究の「態度」ではなく、対象探究の「成果」が述べられている。だから、「フマーン」という語は、「態度」としての意味と、「成果」としての意味との、二重の意味を有する。しかも、前者と後者とは必ずしも直線的につながってはいない。「語の第1の、形式的‐方法論的意味で『フマーン』に着手する思考が、語の第2の、内容的な意味で『フマーン』と名づけられうる成果に必然的に到達しなければならないことは断じてない」(MW,S.15)。フマーンな態度によって、つまり脱宗教的になされた人間についての哲学的探究が、全くフマーンでない、つまり人間を反プロメテウス的に蔑する成果にいたる可能性も存在するのであって、それゆえに、哲学的人間学を「フマー

第2章 「人間の世界意義」への問い

ンな人間学」として簡単に性格づけることはできないのである。

　ここでリットは、哲学における人間の反プロメテウス的解釈の典型として、かの「実存哲学」（Existenzphilosophie）を持ち出すのである。「前期」段階のリットに大きな影響を与えたコンテンパラリーな哲学が「生の哲学」や「新カント派の哲学」であったとするならば、「後期」段階の彼に大いなる刺激を与えたコンテンパラリーな哲学は、一つには「実存哲学」であり、もう一つにはハルトマン（Nicolai Hartmann）に代表される「存在論」であったといってよい。とりわけ「実存哲学」は、まさに人間存在の深淵を暴いてみせたという点で、文化哲学的な地平を突き破ろうとするリットにとって避けることのできないものであったと考えられる。それどころか、彼の哲学的人間学は実存哲学との対決を最大のモティーフとしているといっても過言ではない[3]。ともあれ、この実存哲学も人間を中心テーマとし、このテーマの取り扱いにおいてはフマーンな態度をとっていることは確かである。ところが、この哲学が語ることといえば、「有限性」「限界」「不安」「責」「挫折」「死」等であり、このことからして、実存哲学的な人間理解はむしろキリスト教的な人間理解に通じる側面をもっている。したがって、「われわれは、この哲学の根本思想や根本気分から影響を受けるやいなや、フマーンな現存在理解よりも、キリスト教的な現存在理解に本質的により近くあるのを覚える」（MW,S.16）。実存哲学の源流とされるキルケゴールが、同時に弁証法神学の祖となったという事実が、両者のつながりを何よりも雄弁に物語っているのである。

　しかしながら、後に詳しく考察するように、リットは実存哲学から刺激を受けながらも、それに甘んじることはなかった。彼は実存哲学的な人間観を越えて、さらに次のような問を発するのである。「人間が彼の実存を省察するところの思考は、この実存に添えられた付録でしかないのか——その脱落が実存において本質的なものを何ものも変えないような付録でしかないのか。あるいは、思考はこの実存そのものにとって何かを、すなわち、実存が自分自身を思考するという一般的な可能性をもつのみならず、いつかそのことを避けられない強制として感じることを意味するのか。も

しかすると全く、この自分自身を思考することにおいて、そこからこの実存の全体が単に透視的となるだけでなく、その究極の可能性へと完成されるところの点がはじめて達成されているのではないか」(MW,S.18)。つまり、ここでリットは「思考」(Denken) というものの人間学的意義を強調しようとするのである。というのも、実存哲学といえども、もし自分の思考に嫌疑をかけるならば、そのことは同時に自分の思考の成果をも疑問することになるからである。かくして、「思考」はフマーンな側面を示しているがゆえに、哲学、そして哲学的人間学は、「フマーン」な自覚と連帯することになる。「哲学的人間学はその信頼を——なるほど、人間の全体性ではないが、けれども、思考する自己探究においてこの全体性を確かめる人間の能力に置く」(MW,S.16)。ある意味では、「思考」こそは人間の究極の本質をなすものであり、リットによれば、この「思考」の本質や形式等を比類なく洞察したのが、ほかならぬ「ドイツ観念論」なのである。

　以上、リットがスケッチした人間学をめぐる状況について概観したのであるが、これは単に当時の思想的状況の客観的な整理であるにとどまらずに、そこにはすでにリット自身の哲学的人間学のアウトラインが暗に描かれていると見ることができる。すなわち、リットが企てる哲学的人間学は、「キリスト教的人間学」と「フマーンな人間学」の両面を、具体的にいえば、「キリスト教神学」「実存哲学」「ドイツ観念論」のそれぞれを契機として含んでいるのである。そして、こうした契機は、以下に取り上げる「非全体性」「両義性」「思考」といったリットの哲学的人間学の根本カテゴリーと対応してもいるのである。

第2節　人間の非全体性

　シェーラーの哲学的人間学がそうであったと同様に、世界における人間の位置規定、これがリットの哲学的人間学の根本課題でもあった。そして、すでに触れたように、彼はこの課題を「人間の世界意義」への問いとして

第 2 章 「人間の世界意義」への問い

定式化して述べたのである。この場合いうところの「人間の世界意義」への問いとは、「人間が、世界全体の連関において、世界全体の関係において、どのような価値を、どのような意義を自分に置かなければならないかという問い」(MW,S.184)、もしくは、「人間が、彼として、この彼をかぎりなく凌駕していると称される機構に対して何を意味するのか」(DS,S.217) という問い、簡明にいうなら、「世界との関係において人間に帰する意義」(WM,S.199)への問いのことである。時として、「世界重要性」(Weltwichtigkeit)、「世界本質性」(Weltwesentlichkeit)、「世界使命」(Weltmission)という語が用いられるものの、これらは「世界意義」とほぼ同義と考えてさしつかえないであろう。

リットの語るところによれば、こうした「人間の世界意義」への問いは、人間が自分自身について思索を開始して以来、つねに人間をとらえてはなさなかったが、この問いに寄せられた答えを整理すれば、そこから 2 つの極端な対立する人間観を析出することができる。すなわち、一方は、「人間は全世界現実の頂点であり、完成である」(WM,S.184)として、世界意義を高調する見解であり、他方は、「人間は世界現実の中心から離れた隅にあるどうでもいい虚無である」(WM,S.184)として、世界意義を根本的に否定する見解である。いわば、オプティミスティックな人間解釈と、ペシミスティックな人間解釈の二様の人間観が取り出せるというわけである。人間が自己問題化した今においては、「振り子はまたしても極めて強く否定極の側に向かって傾いている」(WM,S.184)のであって、それがために、世界意義への問いはまさに焦眉の問題となっているのである。

ところで、この問いを究明するに際してリットが採る方法は、たとえばシェーラーのそれとはいささか趣を異にしている。シェーラーの場合、人間の世界意義を摘出する作業は、生命体の構造を分析することから出発した。これに対してリットは、最初から人間を世界に突き合わせ、これら両者を結びつけている「関係」(Verhältnis)に、しかも、自然存在としての人間とそれに対応する環境世界との関係ではなく、「人格的自己としての人間によって意識的に体験され、自発的に形成される関係」(MW,S.48)

に注目する。だから、リット人間学の主著は、「宇宙における人間の地位」でもなければ、「世界における人間の地位」でもなく、文字通り「人間と世界」と題されているのである。ただし、人間に立ち向かう世界といっても、諸々の位相があり、リットにあってはそれが、「対象」(Gegenstand)あるいは「認識された現実」(die erkannte Wirklichkeit)としての世界、「印象」(Eindruck)あるいは「体験された現実」(die erlebte Wirklichkeit)としての世界、「意味の担い手」(Sinnträger)あるいは「形態化された現実」(die gestaltete Wirklichkeit)としての世界、これら三者に類別されている。そして彼は、このような人間と世界との根本関係を「相互関係」として把握し、それを「人間が世界を頼りとしているように、世界も人間を頼りとしている」(WM,S.187)という命題で表現するのである。

　この命題の前半部、すなわち「人間が世界を頼りとしている」という部分に関しては、それを了承することはそれほど困難ではないだろう。もっとも、「他者」(das Andere)の意義を否認もしくは過小評価して人間の自己完結性を強調し、もって「全体性」(Ganzheit)に人間の本質を求める考え方がないではない[4]。けれども、人間と世界との関係を「我と汝」「個人と共同体」「主観的精神と客観的精神」「人間と自然」、これらいずれの関係として思い浮かべようとも、それらの関係において、人間がつねに「他者」に依存していることはやはり容認せざるをえない。人間におけるこの「自給自足」(Autarkie)の否定は、彼の存在様式を動物のそれと比較することにより、一層際立ってくる。多くの人間学者が指摘しているように、またリット人間学でも言明されているように、動物はその存在の建築設計図をあらかじめ自分の内にそなえ、世界と接触するにしても、その設計図が前もって描いていたものだけを実行するだけでよく、したがって、「動物はまるで完璧も同然の完結性をした現存在形式を享受している」(MW,S.95)。これとは逆に人間は、ニーチェの表現を借りれば、「いまだ確定されていない動物」(das noch nicht festgestellte Tier)であって[5]、その非確定性のゆえに、自分の存在を形成するために「世界」との結合を余儀なくされる。「人間は、この世界と意識的に結合することにおいての

み——人間となることができるために、動物よりもはるかに世界に開かれ、世界を頼りとし、世界を必要としている」(WM,S.189)。ここに、「全体性」をメルクマールとする動物との対比において、「非全体性」(Unganzheit) というリットの人間の本質規定の一つが浮かび上がってくる。と同時に、人間が世界、つまり他者を頼りとしていることの強調に、「キリスト教的人間学」の契機を認めることができるのである。

　しかしながら、動物が自己完結的であることは、見方を変えれば、動物がその「環境世界」にはめ込まれ、それから脱却できないことを意味している。そのかぎりにおいて、動物はみずからの生命利害に縛られたままである。これに反して、環境世界の桎梏を打破し、生命利害を超越しうる人間は、シェーラーの有名な定義に従えば、「限りなく『世界開放的』(welt-offen) に態度をとることができるX」[6]にほかならない。この点でリットも、「人間の本質は世界に対する開放性である」(MW,S.95) と明言している。人間の「非全体性」と「世界開放性」(Weltoffenheit) とは表裏一体となっているわけである。けれども、このような人間の「非全体性」や「世界開放性」に着眼するかぎり、そこに「世界意義」を見いだすことはいまだ不可能である。

　これに対して、前記命題の後半部、すなわち「世界が人間を頼りとしている」という部分はどうであろうか。一見したところ、この部分は「怪奇な幻想」のように映るかもしれないが、人間と世界との関係を、たとえば、「我と汝」「個人と共同体」「主観的精神と客観的精神」との関係として考えるなら、要するに、人間に立ち向かう世界を「人間世界」と解するなら、さして抵抗なく受け入れられよう。しかし、こと関係が「人間と自然」との関係を意味するにいたれば、この部分命題はただちに肯定されるわけにはいかない。それどころか、自然という広漠たる空間に比するなら、人間の存在はまことに取るに足りない点のごときものであり、したがって、「たとえ生意気な観客にして受益者たる者が世界から姿を消そうとも、世界の機構はちゃんと同じ歩みを守るであろう」(MW,S.140)。言い換えれば、人間が世界を認識するにせよ、体験するにせよ、はたまた表現するにせよ、

それら出来事は、人間内部の「単に内的な要件」(die bloß innere Angelegenheit)にとどまるかのように見える。それで、人間の世界意義を明らかにするためには、「世界が人間を頼りとしている」というテーゼを是非もって証明しなければならない。そしてその証明は、先に挙げた人間と世界との3つの根本関係のそれぞれに即して、当然なされる必要があるだろう。リットの哲学的人間学の力点の一つはこの証明に置かれているといえるのである。

第3節　人間と世界の相互性

　人間と世界との関係をイメージした場合、近代以降のわれわれにとってまず思い浮かぶのは、特に科学技術に媒介された合理的な関係であろう。リットも人間と世界との関係について論じるにあたって、やはりこの関係を第一に取り上げている。そこで、世界との関係から見れば、人間はまず「思考」能力により世界を対象化し、それを「認識する」存在ということになる。そもそも「認識」の本質をめぐっては、古来2つの有力な対立し合う説がある。一方は、認識を客観的実在の模写と見る「模写説」であり、他方は、認識を主観の能動性に基づく構成と見る「構成説」である。これら両説の内の「模写説」に関しては、リットは、人間と世界との認識関係の極致とも称すべき「数学的自然科学」を手がかりに、自然の数学化は何ら自然そのものの模写ではなく、かえって思考する精神の措定であるとして、これを批判している。「自然認識は見いだされたものの反映以上である。というのも、自然認識は構成的形成だからである」(WM,S.192)。だとすれば、構成説が全面的に勝利を収めたことになるのか。だがリットは、認識する主観の能動性を認めつつも、認識される対象も一方的に主観の形式を押しつけられる材料ではなく、「独自の規定性」(die eigene Bestimmtheit)を有するとして、構成説に制限を加えている。つまりは、「模写説」か、あるいは「構成説」か、という二者択一は挫折せざるをえないわけである。

第2章 「人間の世界意義」への問い

　認識が主観の構成という要素を内蔵するとともに、客観的実在の反映という要素も含みもつことは、それが人間の「内的な要件」ではないことを意味する。人間が世界を認識することは、とりもなおさず、世界が人間の認識作用を受け入れ、そのことによって世界自身の要求を実現することにほかならない。その意味で、人間の世界認識は決して世界にとってどうでもいい瑣末事ではないのである。「人間は、自然現実の部分として、かつ対象的な自然把握の目でもって見れば、彼から世界意義への要求を取り去るように思える虚無性へと収縮するかもしれないにせよ、この評価が暫定的であることを証明するためには、人間が——まさに彼をそのように低くする自然認識の創造者として成し遂げたもの、このものの指摘で十分である。なぜというに、この創造でもって彼は単に、すでに存立している世界現実に、うまく行けば現にあるものの歓迎すべき増大として記帳されてよい何ものかを添えただけではないからである。……かの精神的な創造においては、そこで自然世界がその世界に内在する規定の一つが満たされているのを見いだすところの何かあるものが実現されている。……世界がそのように自分へと目覚めさせられるためには、世界によって包括されつつも、自己性と自由を闘いとる使命と力をもつ、そうした優越した存在が必要だったのである」(MW,S.177f.)。こうしてリットによって、まず世界を認識する人間に「世界意義」が与えられることになる。
　がしかし、人間は世界を認識するだけではない。発生論的に見れば、こうした認識関係は、人間と世界との今一つの関係、つまり「体験関係」より発展したものである。往々にして、「認識関係」と「体験関係」とは根源的に異次元のものとしてとらえられ、したがって、両者は非連続的に対立させられる傾向にあるが、リットはこれら関係の連続的なつながりを強調する。ということは、これら関係の一方のみを真の関係と見なす見解は彼によっては支持されないことを意味してくる。ともあれ、この体験関係においては、人間は世界から「話しかけられ」(angesprochen werden)、その「印象」を受け取る存在である。その際、この関係を説明するのに一見好都合に思えるのが、いわゆる「感情移入理論」(Einfühlungstheorie)

にほかならない⁽⁷⁾。この理論に基づけば、人間が世界から話しかけられるといっても、それはあくまで詩的比喩にすぎず、その実は、人間が想像力によって彼の気分を世界に投じたまでで、したがって、世界体験で人間に生起することは、断じて主観性の圏域を出ないことになる。けれども、このような感情移入理論的解釈は、リットの見解によれば、動物の世界結合性との対比を通して難点が暴露する。

　容易に推察されるように、今問題の体験関係は、人間と世界の関係の内で最も動物の世界結合性の関係に類似している。が、この体験関係も「人格的自己としての人間によって意識的に体験され、自発的に形成される関係」(MW,S.46)である以上、両者の関係はその本質を決定的に異にする。「動物は、本能によって教えられることにより、自己維持あるいは種維持にとって本質的と見なすものにのみ開かれていることをわれわれは知っている。これに対して人間は、彼の生命的実存に役立ったりあるいは有害になるものについての可能な知とは無関係に、無限に多くのものが、したがって、生命的観点ではどうでもいいものも場を見いだす視界が与えられている。生命的な展望を全く度外視して世界に感銘を受けることが人間にはできる」(MW,S.180f.)。たとえ根源的な生統一の状態で世界と結ばれていようとも、認識関係におけると同様に、この結合関係にあっても、人間はやはり世界から「距離を置く存在」であって、そのことによって生命的拘束を突破している⁽⁸⁾。だから、「生命欲求の夫役から放免された心が満たされている世界の心像を、自由な裁量に従って所与の材料に『魂を吹き込む』ところの『構想力』の創造物と見なすならば、事態は全くねじ曲げられている」(MW,S.187)といわなければならない。それゆえに、人間が世界から呼び出したものは、決して彼の想像力の産物などではなく、世界そのものが真実語りかけたものであり、また逆にいえば、人間のこうした解放行為がなければ、世界は未来永劫に黙したままである。「人間が世界を『体験する』ことは、彼が自分が世界によって話しかけられているのを感じること、すなわち、訴えかけ、要求し、刺激し、興奮させる対話のパートナーとして世界が彼に迫ることを意味する。この要求性格の中に、世界が人間、

つまり語りかけられた者に印象を授けるのは偶然で、付随的にすぎないのではなく、世界が人間を必要とし、人間を頼りとしており、もし人間が世界を拒むならば、つまり人間が世界の呼びかけを聞き入れないのなら、世界の本質的なことは不当にも知らされないだろうということが含まれている」(WM,S.196f.)。したがって、この体験関係においても、同様に人間の「世界意義」が承認されるわけである。

ところで、先に触れたように、人間と世界との認識関係は、自然を数学化する「数学的自然科学」において極点に達する。その場合、自然の数学化とは、別言すれば、自然を「数学式」(die mathematische Formel) へと濃縮することである。それなら「式」(Formel) とは何か。「式とは感覚的形式における非感覚的内容の描出のことをいう」(WM,S.194)。すなわち、式にあっては、感覚的に知覚可能な形成物と、この形成物で表現される非感覚的内容、つまり「意味」(Sinn) とが一つになっており、その内の感覚的に知覚可能な形成物が、これまた「世界」に属しているのである。ここに「人間と世界との間の一つの新しい、つまり第3の根本関係」(MW,S.72) が姿を現す。この根本関係では、世界は人間に対して「意味の担い手」として立ち現れ、また、人間はそうした世界を形態化するのである。発生論的にいえば、この「形成関係」も、認識関係と同じく、体験関係を母胎とするが、ただ、後者では体験された印象が無化されるのに反して、前者ではそれが完成されるのである。

リットに従えば、こうした形成関係の範例が、「世界開示と世界形態化の雄大な器官」(MW,S.191) である「言語」(Sprache) にほかならない。もっとも、言語の本質に関しては諸説が乱立状態にあるが、ある種の言語観によれば、言語は人間が世界という自己完結的なテクストに加えた注釈、テクストを解読する者にとっては重要であるにしても、テクストそのものには何ら影響がない注釈とされる。そうであるなら、言語、そして総じて人間の世界形成的活動は、人間の単なる内的な要件に終始せざるをえない。しかし、リットはこうした見解を難じ、人間が世界を形態化するだけでなく、それに対応した世界もみずからを表現するとして、形成関係において

も人間と世界の相互性を押し出す。「言語においては、自己が明瞭に音を発するのと同じように、かついよいよもって、世界が明瞭に音を発することが完成される。言語によって、ひたすら観照することで開示され覚醒された現実が、確固とした形態の宇宙へと継続して高めて形成される。この宇宙は、世界の内に据え置かれているものを表明することによって、その据え置かれているものを完成する。この宇宙においては世界の子や被保護者だけでなく、この宇宙においては世界そのものが語る。……話す人間において、世界が自分自身と話すのである」(MW,S.191f.)。結局のところ、「注釈と称されるのはテクストそのものに移し入れられる」(WM,S.195) のであり、したがって、形成関係にあっても、人間の「世界意義」は否定し去ることはできないのである。

　以上、リットが人間と世界の相互関係を通して、いかにして「人間の世界意義」を証明しているかについて明らかにした。ことばを変えて今一度いえば、「人間が世界の助力なしには語の完全な意味で人間でありえないように、世界も全くそれ自身でありうるためには、人間の解放する行為を頼りとしている」(MW,S.195) というわけである。人間と世界の相互性を強調するこうしたリットの思想は、ある意味では、近代以降の哲学的考察に方向転換を迫るものであるといえるかもしれない。というのも、デカルト以来、しばしば、人間は世界から切り離され、世界も人間的要素を捨象されて、それぞれ孤立的に考察されてきたからである。けれども、世界における人間の地位を究明しようとする哲学的人間学は、まず何よりも、人間と世界とを結びつけている「関係」を注視し、しかもこの関係が一方的ではなく、相互的であることを明らかにしなければならない。この点では、「世界」概念に深い検討を加えようとしたレーヴィット (Karl Löwith) も、リットと同様に、次のように指摘している。「人間は、全体に対する関係において真なる均衡状態にある自分を認識するためには、自分自身を越えて問わなければならない。ところでわれわれは、存在者の全体を一般に世界全体もしくは世界とよぶ。人間と世界との関係へのこの包括的な問いとともにはじめて人間学は哲学となる。ただし、この世界関係は人間の世界

へのかかわりという一面的な関係に還元できない。なぜなら、そういう一面的な関係は、人間は世界関係に対して尺度を与えるが世界はそうではないということを、前提としているであろうからである」[9]。

では、こうしたリットの「人間の世界意義」に関する所論は、人間に関する哲学的な論議においていかなる位置を占めることになるのか。このことにかかわって特に注目に値すると思われるのが、ブリューニング（Walther Brüning）がその著『哲学的人間学』（Philosophische Anthropologie）で示したリットの位置づけであろう。この書でブリューニングは、哲学的人間学を「客観的秩序への結合」「主観的要因の反対運動」「秩序と構造の解体」「形式と秩序の再建」の4類型に分け、それら類型間に存在している内的連関を取り出そうとした。この内、まず第1の「客観的秩序への結合」の類型は、人間を既存の客観的秩序への依存においてとらえようとするもので、新スコラ主義や実在論の人間理解がそれを代表している。この類型に真っ向から対立する形で次に登場するのが、第2の「主観的要因の反対運動」の類型であって、これは人格主義や実存哲学に典型的に看取されるものである。この反対運動が極端化したのが、生の哲学をはじめとした非合理主義的人間学に現れた「秩序と構造の解体」の類型にほかならない。これに対して、こうした解体を越えて今一度秩序の建設を志向するのが、第4の「形式と秩序の再建」の類型で、プラグマティズム、超越論的哲学、客観的観念論がその代表例である。そしてブリューニングは、こうした客観的観念論の代表者として、シュプランガーとならべて、しかもこの書の一番最後で、ポジティヴに見れば、哲学人間学の究極形態として、リットの名を記しているのである。

ブリューニングは、リットについて、「シュプランガーとともに、リットも、個人と一般的文化との生きた緊張統一を強調している」としつつも、「彼はこの対立を、人間と世界というもう少し広い対概念のもとでとらえようとしている。なぜならば、人間によって創造された文化のみならず、自然も本質的に人間に関係づけられているからである。両者の間には、弁証法的、客観的観念論的にとらえられる統一が存立している」[10]という。

そこで、この弁証法的な統一関係を説明するのに、ブリューニングは、先に引いた「人間が世界の助力なしには語の完全な意味で人間でありえないように、世界も全くそれ自身でありうるためには、人間の解放する行為を頼りとしている」というリット人間学の根本テーゼをそのまま引証している。ただし、リットが客観的観念論者であるにしても、徹底したそれでないことは、彼が人間的主体を客観的世界に解消してしまうのではなく、逆に、「人間の世界意義」を力説しているところから明白であって、その点ではブリューニングも、リットを含めて、「極端な客観的観念論へと突き抜けるのはただまれにしか起こらないことが現代では特徴的である。なるほど、ドイツ観念論、とりわけヘーゲルにおける多くのことが結びつけられているが、ヘーゲルの場合なされたように、個別的主体の意義が非常に弱められることはほとんどない」[11]と指摘している。ともあれ、ブリューニングがリット人間学を「形式と秩序の再建」の人間学として性格づけたことは、極めて的を射た評価と称してよいであろう。だとすれば、このような新しい秩序の構築へと向かう人間学は、当然のことながら、人間の「教育」や「陶冶」に関する理論にも影響をおよぼさないではおかないであろう。

第4節 「精神」概念とゲーレン人間学批判

リットにとっては、人間と世界とは、「人間が世界を頼りとしているように、世界も人間を頼りとしている」のであって、両者は、互いから独立しつつも互いに依存し合う「パートナー」として、弁証法的に交差し合っている。そこでリットは、「人間と世界とが相互に頼りにしていることを表現するのに類なく適した語」（MW,S.197）として、「精神」（Geist）という概念を提示する。もっとも、「精神」という概念は極めて多義的であるが、現代においては、精神を自然からの「発展の所産」としてとらえようとする「進化論的導出」が優勢を占めている。この立場に従えば、人間が発生

的に前段階の生命形態から進化したからには、人間において実現される「精神」も自然の産物にほかならず、そのために、「この地上の多くの被造物の中の一つに生存するようになる際にもたされた持参金の一部」(MW,S.210) にすぎないとされる。しかし、リットはこうした精神概念を批判し、精神の自立性と独立性を強調する。「精神は自分自身から、また自分自身によって精神そのものであるか、あるいは——精神はそもそも存在しないか、のいずれかである」(MW,S.151)。この点で、リットの「精神」概念は、「『精神』概念は、それが引き寄せられる場合、その最も深遠な擁護者ヘーゲルにあって規定されたように、つねに包括的な広がりにおいてのみ理解されるべきであろう」(FW,S.117) という言からもわかるように、明らかにヘーゲルの「精神」概念の後裔であるといえるのである。

　リットの「精神」概念がヘーゲル的であるとしても、リットは決してヘーゲルの「精神」概念を全面的に受け入れているわけではない。しかしながら、精神が精神以外の他のものから導き出されることができないということ、つまり「精神の導出不可能性」ということにおいては、リットはヘーゲルと完全に一致している。精神は、独自の原理として、自分自身から、したがって、世界を越えて存在し、決して人間の属性のごときものではない。むしろ、人間こそが「精神の担い手」(der Träger des Geistes) である。人間は、なるほど生命体としては動物界の一員に、それゆえに「世界の一部分」にすぎないが、「精神の担い手」としては、世界を越えており、そのために「世界生起の中の飛領土」(MW,S.195) なのである。

　だが、こうした精神の導出不可能性は、かの人間の「非全体性」と矛盾するのではないか、という疑問が当然生じてくる。いかにも一見すれば、精神が導出されえないことは、精神が自己完結的で、自足していることを意味するかのようであるが、リットにいわせれば、「導出不可能性」がそのまま「全体性」に直結することにはならない。この「導出不可能性」という思想において否認されていることは、あくまで精神が精神以外のものから発展するということであって、精神が精神以外のものと交渉をもたないということではない。このニュアンスの違いをリットは、「精神は非精

神『から』(aus) 成長するのではない。精神は非精神に『触れて』(an) 成長するのである」(MW,S.152) と説明している。むしろ精神は、自分を形成し、発展させるために、つねに非精神、つまり世界を必要とし、このために「精神の担い手」としての人間は、依然として非全体的であり、世界との交渉を余儀なくされているのである。

　と同時に、逆に世界も、それ自身となるために、精神の働きに依存している。「精神は世界を迂回してはじめて精神となり、世界は精神を通り抜けてはじめて世界となる」(MW,S.199)。リットはこうした精神の機能を、ヘーゲルにならって、精神の「包越する」(übergreifend) 機能と呼ぶ。「精神は自分自身のもとにあり、他者を『包越する』。精神がそれをなすことによって、他者は『精神の』他者になる」(MW,S.212)。「包越者」(das Übergreifende) としての精神、まさにこれが他者、つまり世界を包越する精神の本領である。「『他者』は自分自身のもとにもなければ、精神を包越しもしない。他者は自分自身のもとにはない。なぜならば、精神が他者をはじめて自分自身へともたらすことを他者は頼りとしているからである。そしてさらに、他者は精神を包越しない。なぜならば、精神によって把握されることが、逆にまさに他者の規定だからである」(MW,S.212)[12]。ここに「精神の担い手」としての人間の「世界意義」が文字通り明らかになる。こうしたことから、リット自身は、「人間という概念は精神という概念によって包括されている」(MW,S.245) として、生物学的に響く「人間」概念より、人間の本質を的確に表現する「精神」概念を上位に置いているのである。『人間と世界』が「精神の哲学の輪郭」(Grundlinien einer Philosophie des Geistes) という副題をもつ所以である。

　かくして、後期リットにおいては、その哲学的人間学が「精神の哲学」の立場より構築され、したがって、「精神」概念が極めて重要な位置を占めることになるのであるが[13]、このことは、いわゆる「生の哲学」(Lebensphilosophie) に対するリットの批判が決定的となったことを意味している。ここで、この「生の哲学」に対するリットの批判について触れておく必要があるだろう。というのも、『歴史と生』や『認識と生』といった

書名から察知できるように、初期のリットにあっては、「生」(Leben) という概念が重きをなしており、その意味で、「生の哲学」からの強い影響が見受けられるからである。リットが時代の子として、人間をその生ける全体においてとらえるこの哲学にみずからの思想の原点を見いだしたとしても、何ら不思議はないだろう。とりわけディルタイからの影響は、「体験」「理解」「構造」といった問題への沈潜が明確に示しているように、顕著であったといえる。けれども、他面、リットは当初より語の正確な意味で決して「生の哲学者」ではなかったし、それどころか、特に1920年代後半以降は、ヘーゲルへの接近に反比例して、「生の哲学」に対する批判を強く打ちだすことになる。そして、こうした批判が最初に本格的に展開されたのが、1925年の『現代哲学と陶冶理想へのその影響』(Die Philosophie der Gegenwart und ihr Einfluß auf das Bildungsideal) にほかならない。

この書は哲学と教育学の関係を論じたものであるが、ここでリットは、その関係の度合いにより諸々の教育学説を2つの対極的なグループに区分けしている。すなわち、グループの一方は、両者の関係を断ち切り、教育学を哲学から解放するものであり、他方は、これとは全く逆に、教育学を徹底的に哲学に依存させるものである。前者は、いわゆる「実証主義」に立脚し、その典型例は実験心理学を教育学に導入することを企図する「実験教育学」である。これに対して後者は、ナトルプ (Paul Natorp) に見られるように、全体としての哲学を教育学の根本学とし、教育学を具体的哲学として性格づけようとする。リットは、前者は時間的な「プシュケー」(Psyche) を、後者は超時間的な「ロゴス」(Logos) を核心としているところから、各々を「心理主義」(Psychologismus)、「論理主義」(Logizismus) と名づけている。そして、この両者の対立を総合しているように思われるとされるのが「生の哲学」なのである。

リットに従えば、生の哲学は、一面では機械主義や決定論への、他面では合理主義や形式主義への反対運動として登場し、必然性には自由を、分裂には全体性を、永遠回帰には創造性を、概念的図式主義には豊かな形態を対抗させている。そのために、この哲学は心理主義ならびに論理主義の

前提を否定することになるが、まさにこの否定によって両主義は接近し、総合への準備がなされる。現実と理念、プシュケーとロゴスは「生」において止揚されるかのごとくである。だがリットは、生の哲学は心理主義と論理主義の対立を完全に克服するにはいたっていないと主張する。なぜならば、「生の哲学は、支配しようとする反定立にいまだ部分的にとらわれたままであり、矛盾の克服者にふさわしいよりも、対立内部のいまだ党派」(PhG,S.45) だからである。すなわち、心理主義の重点が時間につながれた現実連関に、論理主義のそれが時間を越えた理念連関にあるとすれば、生成、発展、変化等を原理とする生の哲学は「心理主義」に近く位置している。このために、理念は独立の基盤を奪われて生に従属し、一切の価値や真理は生の流れの中に解消されてしまう。要するに、生の哲学へのリットの不満はその内在性に向けられているといってよいであろう。

　こうした生の哲学からのリットの乖離は、人間学思想において決定的となる。確かに、「人間の本質を……あらゆる超越的解明を度外視して理解し、解釈する」(MW,S.14) ことに哲学的人間学の原則を見るかぎり、生の哲学の要素は含まれているかもしれない。しかしながら、すでに触れたように、ここでは「生」という概念は退色してしまっており、それに代わって「精神」という概念が首座についている。したがって、「精神の哲学」として構想された人間学からすれば、「生の哲学」は批判の対象とならざるをえないが、リットはこの批判をゲーレン人間学への論駁をよってなそうとする。というのも、リットにとっては、ゲーレン人間学は「生の哲学の後裔」[14]にほかならないからである。

　ところで、1942年の「生物界における人間の特殊地位」が、ゲーレン人間学との対決を根本契機としていたことについては、すでに触れた通りである。この論文で示された対決姿勢をさらに押し進め、ゲーレン人間学を文字通り真正面から取り上げて、これに批判を加えようとしたのが、『人間と世界』に付録論文として添えられた「A. ゲーレンの人間学に寄せて」である。この論文においてリットは、ゲーレンの『人間』を「類似した問題提起と探究方向をもった浩瀚な作品」(MW,S.281) と評し、みずからの

人間学との共通性をまず告白している。とりわけ、動物との比較によって人間の本質を解明しようとすることは、リット自身も企てているところである。けれども、こうした一致にもかかわらず、ゲーレン人間学の「最も重要な敵手の一人」[15]であるリットは、「全体的見解において極めて決定的な対立が存立している」(MW,S.281)として、人間の第一課題を生命維持に求めるゲーレンの「人間生物学的」(anthropobiologisch)な思考法に対決点を見いだす。この思考法では、人間の身体活動のみならず、人間を動物から区別する精神活動も、すべて一律に生命維持の相のもとに見られるが、これは「生命維持の課題による精神の差し押さえ」(MW,S.283)を意味する。このために、精神は自然の産物と見なされ、両者の本質的な区別が解消されてしまうことになり、「精神の導出不可能性」を説くリットからすれば、このような一元論的把握が許容しがたいのはいうまでもない[16]。

ことにリットが槍玉にあげるのは、「発生的考察」(die genetische Betrachtung)である。「人間生物学は、『外的なもの』から『内的なもの』へ、基本的なものから複雑なものへ、『より低いもの』から『より高いもの』へと進む。人間生物学はそれでもってまたより早いものからより遅いものへと進む。人間生物学が人間的実存の全体構造をわからせようとするのは『発生的』考察である」(MW,S.285)。リットの見るところによれば、このような発生的考察は自己撞着に陥らざるをえない。彼はこれを「概念」(Begriff)というものの本質の規定という、いささか込み入った例に即して説明しようとする。「概念」の本質を規定するに際して決定的に重要なことは、そのことがやはり「概念」によって行われなければならないということである。つまり、概念が「概念把握される」(begriffen werden)のである。それで、概念を概念把握しようとする者は、概念に対して二重の関係に立つ。すなわち、その者は規定されるべき「概念」のみならず、また規定すべき「概念」にも関係している。この２つの概念は、当然別個ではありえず、概念の本質を規定しようとするやいなや、概念を用いることによって概念を規定してしまっているという具合に、交差し合っている。こ

れは避けられない循環である。したがって、「この概念把握しようとすることにおいて前提とされているものがまず反省され、自分自身について解き明かされ、次いで、概念把握されうるものの核心として承認され、投入されるという仕方でなければ、概念の本質は概念把握されることはできない」(MW,S.287)。概念はそれ自身として解明されるべきであり、それ以前のものから演繹できないのに、しかるに、発生的考察はそれを取り違えて、これより規定しようとするものをすでに規定してしまっているという矛盾を犯し、もって、自分から基盤を奪っている。リットにいわせれば、こうしたことは「言語」「思考」「認識」等といった精神活動一切にあてはまるのである。

　このように、高次のものは低次のものから発生したのではなく、それ自身権利を有しているとすれば、「精神」が「生命」(あるいは「生」)から由来するのではないのは明らかである。両者を画然と区別し、生命維持の次元を越えた精神活動を認容することは、人間生物学とても同意せざるをえないであろう。リットは、ゲーレン人間学と生の哲学との類似を意識して、次のようにいっている。「今日まで、当時リッカートが『生の哲学』に提示した論証は何らその重要さを失っていない。その論証とは、『より以上の生』『より高い生』『高められた生』『生の上昇発展』等についての一切の話は、それ自身ふたたび生でないもので生がはかられるときにはじめて、不確かさが取り除かれるということである。この生を越えた尺度を承認することを、ごく最近の生の哲学といえども拒むことはできない。というのも、この生の哲学はこれらの尺度でもって自分自身を否定するだろうからである。この生の哲学は、自分自身の無用を証明するつもりがないなら、生に役立たない人間の業績をも単に許すだけでなく、肯定しなければならない」(MW,S.295f.) [17]。要するにリットは、ゲーレンの人間生物学、さらにはその先駆者である生の哲学を、「精神の哲学」の名において批判しているのである [18]。

　リットのこの精神概念は、彼自身表明しているように、ヘーゲル的に刻印づけられている。しかし、このことはヘーゲル哲学への無条件の回帰を

第2章 「人間の世界意義」への問い

意味するものではない。リットにとっては、ヘーゲルの精神概念をそのまま全面的に受け入れることはできない[19]。特に絶対者としての精神の発展運動の結果、その執行者である人間から「有限性のあらゆる困窮、不確かさのあらゆるためらい、拒否のあらゆる苦悩」（MW,S.17）が奪われ、その完全性のゆえに人間は神となってしまっていることに関しては、リットははっきりとヘーゲルと袂を分かっている。人間神化はあまりにも楽天的であろう。だから、「キルケゴールが、そして彼に従ってプロテスタント神学や実存哲学が……この論理的‐形而上学的な楽天主義に反対して持ち出したことは、もはやほとんど揺るがせられえない」（MW,S.326）。ここに、リット人間学と実存哲学との接触が生じることになるが、この点については後に取り上げることになるであろう。

注

(1) リットは1938年に『ドイツ精神とキリスト教』（Der deutsche Geist und das Christentum）と題したナチズム批判の書を著すが、ここにおいても、ドイツ精神がいかにキリスト教によって浸透されているかを、たとえば次のように指摘している。「われわれは今日、ドイツ精神は、それが観照し、行為し、形成することにおいてキリスト教的信仰世界に背を向け、内世界的な努力に完全に没頭していたときにも、いかにしばしば、その根源がキリスト教的信仰経験の領域にあるような刺激によって振動させられ、そのような閃きに開かれていたか、ということを知っている」（DCh, S.73）。なお、いわゆる「出会い」（Begegnung）論を含んだこの書については、次の拙論を参照されたい。宮野安治著「リット政治教育思想の研究（Ⅳ）──ドイツ精神とキリスト教──」『大阪教育大学紀要』第Ⅳ部門第50巻第1号、2001年8月。

(2) 「弁証法神学」の代表者としては、バルト（Karl Barth）、ゴーガルテン（Friedrich Gogarten）、ブルンナー（Emil Brunner）、ブルトマン（Rudolf Karl Bultmann）、トゥルナイゼン（Eduard Thurneysen）等が挙げられるが、リットが弁証法神学的な「キリスト教的人間学」が範例的に表明されているケースとしてとりわけ持ち出しているのがブルンナーの『矛盾における人間』（Der Mensch im Widerspruch, 1937）である。Vgl. MW,S.298.

(3) リットの「実存哲学」への言及は、1933年に出版された『哲学入門』（Einleitung in die Philosophie）にすでに見ることができる。Vgl. EPh,S.322ff.

(4) リットにとっては、この他者の意義を否認あるいは過小評価する見解の代表的なものが、同時代的にはナチズムであり、歴史的には、後に詳しく見るであろうように、

フンボルト的な新人文主義である。
(5) ニーチェ著、木場深定訳『善悪の彼岸』岩波文庫、1970年、96頁等参照。
(6) Max Scheler: Die Stellung des Menschen im Kosmos, S.40.
(7) ここにいう「感情移入」概念は、「『感情移入』という概念は、すでにヘルダーに見受けられるが、特にTh.リップスの美学によって有名になった」（MW,S.306）とリット自身も注記しているように、とりわけリップス（Theodor Lipps）に由来するものである。
(8) リット人間学でも重要な役割を演じている「距離」（Distanz）概念を文字通り根本概念としているのが、ロータッカーの哲学的人間学である。Vgl. Erich Rothacker: Philosophische Anthropologie, S.61ff.
(9) レーヴィット著、高橋昭二訳「哲学的人間学の問題によせて」ガーダマー／フォーグラー編『哲学的人間学』（講座現代の人間学第7巻）白水社、1979年、12－13頁。
(10) Walther Brüning: Philosophische Anthropologie, Stuttgart 1960, S.178.
(11) ibid., S.18.
(12) Übergreifen という語は、一般的には、越えて広がる、上にかぶさる、不当に干渉するという意味であるが、ここでは「包越」と訳してみた。ヘーゲルは、たとえば自我について、「自我は自我自身であり、かつみずからにおいて止揚されたものとしての客体を übergreifen し、関係の一側面でありつつ関係の全体であって――みずからおよびさらに他者を顕示する光である」（Georg Wilhelm Friedrich Hegel: Enzyklopädie der philosophischen Wissenschaft im Grundrisse III, Frankfurt am Main 1986, S.199) と述べている。このように、みずからを越えて他者へと広がり、他者におおいかぶさるとともに、他者を包み、両者の全体を照らし出すことが Übergreifen なのである。
(13) リットの「精神」概念の立ち入った論議についてはとりわけ、Vgl. Regina Johann: Geist und Pädagogik. Theodor Litts Geist-Begriff in einer systematischen Analyse unter philosophischem und pädagogischem Aspekt, Phil. Diss., Bonn 1983.
(14) Hans‐Otto Schlemper: Reflexion und Gestaltungswille.Bildungstheorie, Bildungskritik und Bildungspolitik im Werke von Theodor Litt, S.37.
(15) Peter Jansen: Arnold Gehlen. Die anthropologische Kategorienlehre, Bonn 1975, S.7.
(16) ゲーレンは『人間』を「より高次の哲学は自然と精神の結婚を論じる」というノヴァーリス（Novalis）のことばでもって結んでいる。Vgl. Arnold Gehlen: Der Mensch. Seine Natur und seine Stellung in der Welt, S.404.
(17) Vgl. Heinrich Rickert: Die Philosophie des Lebens, Tübingen 1920.
(18) リットのゲーレン人間学批判を取り上げた邦語の研究として次のものがある。岡谷英明著「リットとゲーレンの哲学的人間学」小笠原道雄監修、林忠幸／森川直編『近代教育思想の展開』福村出版、2000年、234－248頁。
(19) リットの「精神」概念がヘーゲル的であるといっても、それは決して形而上学的なものではない。この点に関してレブレ（Albert Reble）は次のように指摘している。「『精神』ということで意味されているのは、リットの場合、断じて形而上学的存在、

あるいは特に厳粛に考察されなければならない最も尊敬すべき根源現象ではなく、単に、人間であることである。ないしは、人間的実存に向けられた、人間的・精神的世界を分析しようとする哲学的考察である」(Albert Reble: Theodor Litt, Bad Heilbrunn 1995, S.30)。

第3章　自然との関係における人間の自己生成

第1節　人間と自然の関係

　リット哲学的人間学の特色の一つは、人間をいわば「関係の相のもとに」考察することにあった。我と汝の関係であれ、個人と共同体の関係であれ、主観的精神と客観的精神の関係であれ、また人間と自然の関係であれ、とにかく人間は、ライプニッツの窓なき孤立したモナドのようなものではなく、世界との「関係」の内に生きているのである。この点でリットは、「人間」という概念に関して、「人間という概念は、必要な用心深さで導入され、規定されないのなら、決定的な関係をまさしく見えなくする地平の収縮を引き起こすことがありうる」（MW,S.5）と述べている。この文章が意味することは、「人間」概念は、それ自身孤立的に提示されるべきではなく、「世界」概念との相関において導入、規定されるべきであって、さもないと人間を本質的に規定している「決定的な関係」が見失われてしまうことになる、ということであろう。したがって、リットの確信によれば、世界との関係から切り離して、それ自身独立的に無世界的に人間の本質をとらえることはできないのであって、まさに人間は世界との関係において「自己となる」（Selbstwerden）のである。

　ここでリットのいう「自己となること」、つまり「自己生成」のメカニズムについて立ち入っておこう。人間存在の究極の根拠を動物的存在を越えたところに求めようとするリットは、人間の人間である所以を、自分に対して「私」（Ich）ということができる権利と能力を有していることに、つまり「自己」（Selbst）でありうることに置いている。といっても、このような「自己」への本能のようなものが人間にあらかじめあって、これによって人間がおのずと自己であるというのではない。「人間は変化なき宿

第3章　自然との関係における人間の自己生成

命として現にある存在へと確定されているのではなく、彼自身の存在において変わることができると同様にそのことを使命としている。この使命に従うことによって人間は『自己』となる」(MW,S.22)[1]。約言すれば、人間は自己で「ある」のではなく、自己と「なる」のである。それなら、この「自己生成」はいかにして生起するのか。

リットにとっては、人間は、彼自身を包むとともに彼自身の内にはない他者、つまり「世界」を自分から分離することによって自己となる。「人間が自己へと成熟すればするほど、それだけくっきりと人間は彼に固有であるものを彼に属さないものから区切る。こうして、自己から区別され、自己に対立する『世界』の現出が自己への集中に呼応する」(MW,S.22)。動物は環境世界にあまりにも密接に縛りつけられているために、自己への集中も、世界からの分離も知らないのであるが、これに対して人間は、自己となることによって、世界との間に分割線を引き、世界と対峙する。「自己存在は、一面から見れば、世界からの分離を意味している。自己であることは、自分と世界との間に鋭い分割線を引き、自身の中心のまわりに自分を『小世界』へと組織化することを成し遂げる存在にのみ許されている」(MW,S.96)。自己となるということは、「マクロコスモス」からみずからを画して「ミクロコスモス」となるということにほかならない。

けれども、ここで注意しなければならないのは、世界からの分離は決して世界からの遮断を意味するものではないということである。すでに述べたように、人間は深い意味において世界を必要とし、世界に向かって自分を開き、これと結合している。「ミクロコスモス」としての自己は、「マクロコスモス」としての世界にみずからを開き、それと結びついてのみ「コスモス」でありうる。それで、「この世界開放性は自己性の必然的な相関概念を形づくっている」(MW,S.95)。ゆえにこのことから、リットにあっては、人間の自己生成は世界からの「分離」と世界との「結合」のこの両者を契機としていると解することができる。しかも、これら契機は、無関心に並立するのではなく、相即するものとして、リットの表現を用いれば、「分離と一致の、疎遠と同化の相入 Ineinander」(MW,S.90) としてとらえ

63

られなければならない。要するに、世界に対する、分離しつつ結合し、結合しつつ分離する関係において、人間は自己となるのである。

　ところで、自己として人間に立ち現れる「世界」であるが、リットにあってこの「世界」は、かなり幅広く考えられている。もう一度繰り返していえば、この「世界」は、人間の存在次元に応じて、「汝」の世界として、「共同体」の世界として、「客観的精神」の世界として、そして「自然」の世界として立ち向かう。が、前三者の世界が人間的要素をもった世界であるとすれば、要するに、世界は大きくは「人間世界」(menschliche Welt) と「自然世界」(natürliche Welt) の二局面において現れることになる[2]。この内「人間世界」との関係は、前期段階、つまり文化哲学的段階において、『個人と共同体』等の著作によって、すでにリットが取り上げ、詳論を試みたテーマである。『人間と世界』の「第１版への序」で彼が、「哲学的人間学のテーマは、以下において、その全範囲が論じられるのではない。そのことが差し止められたのは、著者がすでに以前の出版物の中でこの対象に対して意見を述べてしまっており、繰り返しを避けることを望んだという理由からである」(MW,S.5) といっているのは、そうしたことと関連していると考えられるし、事実、『人間と世界』においては、「我と汝」とか「個人と共同体」とかについては、簡単に触れられている程度である。

　これに対して、人間と「自然」との関係は、「リットの文化哲学がまだ知らない視点」[3]であるといえる。おそらく、前期段階にあっては、リットが世界という場合には、「人間世界」が意味されていたと思われる[4]。ところが、後期段階に入って、リットの「世界」概念は拡大を経験することになる。「リットが第２次世界大戦前の著作で『世界』について語ったときには、つねに社会的に刻印づけられた、歴史的世界が意味されていた。……第２次世界大戦後世界概念は重要な拡大を経験する。リットは今よりは人間を取り巻く世界が２つの大きな契機に分けられるのを見るのである」[5]。ここに、人間を「人間世界」との関係のみならず、「自然世界」との関係において考察し、人間が「人間世界」との関係においてのみならず、「自然世界」との関係においても「自己となる」ことを明らかにする

という新しい課題をリットは自覚することになる。

　リットにこの課題との取り組みを促したのは、すでに指摘したことでもあるが、人間と自然の関係が科学技術によって変質させられ、危機に陥っているという憂慮すべき事態についての認識であったと判断される。そして、この危機がさらに深刻化し、今日の人類が直面している最大の問題の一つを形成していることは、周知の通りである。その意味で、自然との関係を抜きにして人間の問題を論ずることはできないとするリットの先見性は、大いに評価されてしかるべきであるし、リットの哲学的人間学のもつ現代的意義の一つは、当然こうした点に求められことができる[6]。実際、『人間と世界』においては、人間と自然の関係については広いスペースが割かれている、それどころか、この関係こそがこの労作の「本来の対象」であるとすらいえるのであって[7]、前期段階を越える最大の特徴は、まさにこの新しい認識関心にあると見てよい。したがって、ここでこの人間と自然の関係について、とりわけ人間が自然との関係において自己となるということについてのリットの論議を、独立的に取り上げておくことにしたい。

第2節　対象としての自然と自己生成

　さて、リットにとっては、人間と自然の関係といっても、決して単一なものではなく、そもそも人間と世界の関係が三重の位相に区分されたのに応じて、人間に対して自然は、「対象としての自然」「印象としての自然」「意味の担い手としての自然」の3つの相において立ち現れる。したがって、自然との関係における人間の「自己生成」についても、これらそれぞれの関係に即して明らかにされなければならない。

　まず第1に挙げられる関係は、人間が自然を「対象」として認識するという関係である。リットによれば、自然を認識するということは、自然を対象化し、これを「モノへとつくる」(zur Sache machen)ことにほかならない。ここで「モノ」(Sache)という概念が登場するが、この概念はリッ

トの後期思想において重要な役割を演じることになるものであって、カント哲学においてそうであったように、「人格」(Person) に対立する概念として用いられている[8]。「モノ」とは、対象化され、脱感覚化され、法則へと還元された自然を意味している。それゆえに、自然認識とは「モノ認識」(Sacherkennen) であり、「対象」としての自然は「モノ」としての自然と同義である。このように自然認識を自然の「モノ化」(Versachlichung) と解することによって、人間と世界一般との関係においてすでに述べたように、リットは認識論上のいわゆる「模写説」をしりぞけ、観念論者によって支持された思考する精神の「能動性」をさしあたっては主張する。「思考する人間は自然に対して、自分に向き合うもののそのままの像を反射する鏡のように受動的にふるまうのではない。つまり、思考する人間は、忠実にコピーされる手本のように自然を複写するのではない。……人間は彼の自然に関する知という形態で一つの精神的な形成物を生み出すのであって、この形成物は自然の目に見える現象に対して一つの新たな異なるものを意味する」(MW,S.48f.)。自然を認識することは、所与の自然を加工して、「モノ」へとつくることであるが、そこには制作者としての精神の形成的な活動が存在しており、この活動によって、自然は「精神的形成物」あるいは「思想的な芸術作品」へと変形させられる。そして、このような精神による自然変形の極致は、自然を数学的関係へと還元する「数学的自然科学」に見いだされるのである。

　しかしながら、他面では、人間精神の能動性を強調するあまり、自然をそれ自身の規定性をもたない、それに加えられる形式を従順に受け入れる材料のようなものとして見なすことも控えられなければならない。精神と自然とは、形成する力と形成される材料のようにかかわり合うのではない。少し表現を粗げていえば、精神が自然を暴力的に捕縛し、一方的に自分の作品を生み出すというのではない。自然の側にも、精神の働きかけを積極的に受け入れるというところがなければならない。「自然は強制的に外から『モノ』へとつくられない。自然の中には、『モノ』として把握され、取り扱われるという規定が含まれている」(MW,S.176)。自然はそれ自身

第3章　自然との関係における人間の自己生成

として自立し、抵抗力を有しており、したがって、精神の求愛を拒む可能性ももっている[9]。この意味で、自然認識は自然との「格闘」あるいは「対決」にほかならない。このあたりのことをリットは次のように表現している。「人間が自然の研究において体験するものは、何度も何度もまなざしをかわし、把握から滑り落ちるように思われ、極めて根強い骨折りに逆らって後になって降伏するにすぎないところの敵対者との対決である。混乱させ、解明し、落胆させ、喜ばせる栄枯盛衰の劇全体を借りて、あらゆるその始動、反動、犠牲、勝利との戦いをありありと思い浮かべていただきたい――そうすれば、限りなく耐える材料が無制限に命じる意志に屈服すること以外の何ものもこの場合に起こらないとする見解から救われているであろう」(MW,S.51)。そもそも人間と世界一般の関係が相互的であったように、自然認識においても、人間と自然は相互の関係によって結ばれているのである。「思考において自然を固定する人間と、思考において人間によって固定される自然、両者は解消できない相互の相関によって結ばれているのである」(TM,S.19)。

　この相互関係から、「自我の自己生成から自然の対象化が切り離せない」(MW,S.52)ことが明らかになる。というのも、先に人間の自己生成は世界からの「分離」と世界との「結合」を契機としていると指摘しておいたが、こうした契機に即するならば、まず第1に、自然を認識する人間は、能動的存在として、自然をいわば「注視」(ins Auge fassen)し、それを自分から押し離して、「対象性」(Gegenständlichkeit)の彼岸へと追いやるからである。と同時に、第2には、自然そのものも、決してものいわぬ服従者ではなく、時としては敵対行為にもおよぶ相手であって、認識に際して、人間はそうした相手に依存的に結びつけられているからである。リットは、自然というこの相手が人間に示す抵抗は、人間の自己生成にとって決定的な役割を演じると考える。「無防備に各人の目、各人の手にむきだしになっているのではなく、また最初の攻撃で降伏するのでもなく、抵抗し、課題を立て、業績を要求するところの現実にかかわり合っているということは、生成する自我にとっていかにためになるしつけを意味すること

か」(MW,S.52)。それゆえに、自然を対象化する思考、つまり自然科学的思考は、決して人間の本性の堕落ではなく、むしろ、「人間の全く独自の本質から発し、つねにそれに属している」(NM,S.98) のであって、このためにリットは、自然認識の人間形成的意義を高く評価することになるのである。

第3節　印象としての自然と自己生成

　以上のような人間と「対象」としての自然との関係は、通常「主観‐客観‐分裂」(Subjekt‐Objekt‐Spaltung) といわれる関係であるが、これのみが唯一の関係ではない。なぜならば、「分裂」ということが可能であるためには、そもそもその根底に「統一」が存在しなければならないからである[10]。リットは、人間と自然とのこの統一を「根源的な生の統一」(die ursprüngliche Lebenseinheit) と、そしてその関係を「自然への根源的な関係」と称しているが、ここに人間と自然の第2の関係が問題となってくる。

　この第2の関係にあっては、自然は人間に話しかけ sprechen、人間は自然の言語 Sprache を聞く。より一般的にいえば、人間は自分の感覚を通して自然から「印象」を受け取り、これを体験するのである。それで、自然は対象としての自然ではなく、「印象」としての自然であり、関係は認識関係ではなく、「体験関係」ということになる。しかもここで重要なことは、前述のことから推察されうるように、このような体験関係が認識関係に先行し、それの条件になっているということである。すなわち、印象としての自然は、「対象的認識によってわれわれに開示される自然の先駆者」(MW,S.175) であって、人間はこの直観的に体験された自然から対象的に思考された自然へと進み行くのであり、逆にまた、「対象的認識への意志は、人間に『印象を与える』もの一切によって奮い起こされる」(MW,S.69) のである。したがって、対象としての自然は、人間がはじめる最初の形態ではなく、人間が通り抜ける最後の形態ということになる。

第 3 章　自然との関係における人間の自己生成

　このゆえに、リットにあっては、科学的世界観がしばしば前提としているような、根源的に存在するのは物理学的自然、つまり「モノ」としての自然であるとする見解が断固拒否されることになる。人間個人の成長過程においてそうであるように、また人類全体の発展過程においてもそうであるように、われわれ人間が最初に出会う自然は、「モノ」としての自然ではなく、「印象」として自然である。自然体験が自然認識に先行するのであって、自然認識は自然体験に後続するのである[11]。このことについては、神話的な自然理解から科学的な自然研究への進行という精神史的な出来事が、何よりも雄弁に物語っていよう。と同時に、自然認識が自然そのものの把握でないことの確認は、かの模写説が挫折せざるをえないことを改めて指摘することにもなる。「自然が自然科学の対象として差し出されるところの状態は、出来上がって現にあるものの模写ではなく、自然がはじめてこの状態に貫き入る際にとる生成の最後の形態なのである」（MW,S.175）。

　このように第1の関係と第2の関係の連関が指摘されることによって、第2の関係が極めて人間的な、換言すれば、自己生成を実現させる関係であることが示される。なるほど、第1の関係とは対照的に、この場合には人間の活動性は後退し、「結合」の契機が前面に出て、一見すれば、この結合は動物と環境世界との結合に類似しているように思われる。が、両者の結合は断じて本質を同じくするものではない。この相違をリットは次のように説明している。「動物はあまりにも親密に自然に巻きつけられ、あまりにも隈無く自然の力によって麻痺してしまっているので、自然を聞くことができない。『聞くこと』（Vernehmen）ができるのは、あらゆる積極的な帰依を損なうことなく、聞かれうるものからある程度距離を保つ存在だけである」（MW,S.59）。すなわち、動物はあまりにも環境世界に密接に結びつけられているために、環境世界に対して距離をとることができないが、これに対して人間は、たとえ生の統一といえども、対象的な思考の場合ほどではないにしても、あくまで自然との間で距離を保ち、この距離の保持によって自然認識への方向転換の可能性を開けている。それゆえに、

第2の関係にあっても、「分離」と「結合」の両契機が認められるのであって、かくして、「世界の豊かさを覚知し、それに即して自己存在を育成することは、自然が人間に呼びかけるときに発する声に、人間が耳を傾けるときにのみ許されるのである」(MW,S.91f.)。人間は、「他者」たる「印象」としての自然との、結合しつつ分離する関係において「自己」となるというわけである。

第4節　意味の担い手としての自然と自己生成

　以上明らかになったように、リットにおいては、第1の関係、つまり自然に対する人間の認識関係は、第2の関係、つまり自然に対する人間の体験関係に由来するとされるのであるが、しかし他面では、第2の関係からは道は第1の関係だけに通じているのではないことが説かれている。「……われわれは、自然が人間に贈る印象によって人間が、それらの相反が驚かすにちがいないところの2つの態度形式へと鼓舞されているという注目すべき事実に直面している。このような態度形式の一方は刺激の方向をさらに前に突き進め——他方はこれに逆らう。一方は自然の独特の印象力をなすものを完成し、他方はこれを殺す」(MW,S.70)。すなわち、印象としての自然からは2つの方向が分かれており、一方はその印象内容が強調的に生かされた色彩豊かな質的自然、つまり文学や芸術や宗教等に現れる自然に、他方はその印象内容が抹殺され、いわば中性化された無味乾燥な量的自然、つまり自然科学や技術の対象となる自然に向かっている。ここにおいて、根本的に対立する2つの自然観がわれわれに立ち向かうことになるが、通常「自然」が問題とされる場合には、このような両者の亀裂が決定的なものとして力説されることが少なくないといえる。
　しかしリットは、分裂に心奪われるのではなく、根源的な自然と対象的な自然とを両端とする全体にあくまで目を向けようとする。「最初には、それの印象によって人間が『語りかけられている』と感じるところの自然

がある。最後には、同じ人間が『モノ』へと中性化したところの自然がある」(MW,S.83)。そこでリットは、この最初と最後の中間に今一つの新しい自然、つまり「意味の担い手」としての自然を、言い換えれば、第1と第2の関係の中間に第3の関係を挿入するのである。

　リットはこの第3の関係を説明するに際して、第1の関係と第2の関係とに共通なもの、つまり、すでに触れたかの「式」を手がかりとしている。「あるものが『式』として言い表されることができるためには、そのものは二様のものを、すなわち、感覚的に知覚可能な形成物と、この形成物において表現される非感覚的な内容とを、自分の内で一つにしていなければならない」(MW,S.70)。自然認識は式を用いてなされるが、式はそれ自身、たとえどのような形で表現されようとも、一定の内容、つまり「意味」(Sinn)を宿している。ところで、この意味は、感覚器官によって知覚されるのではなく、理解されるのであって、そのかぎり非感覚的なものであるが、だが意味が理解されるためには、まずそもそも式が感覚的に知覚されなければならない。すなわち、発音されたものとして耳に聞こえたり、紙等に書かれたものとして目に見えたりして示されなければならない。要するに、非感覚的なものである意味が感覚的なものを通して描出される、端的にいえば、意味が感覚化されるということが式に本質的に含まれている。そしてその際の「感覚的に知覚可能な形成物」——今の例でいえば声や紙等——がほかならぬ自然に属しているのである。したがって、このために、「意味が感覚化されるところの諸々の行為によって、人間は自然への関係に踏み入る」(MW,S.72) のであり、自然は自分を通して意味を描出することによって、「非感覚的なものの通訳者」となるのである。

　とはいっても、この形成物はいわゆる「表現手段」として、すなわち意味の表現を目的とした手段と見なされてはならない。なぜならば、リットの考えによれば、手段‐目的という図式は、モノとしての自然にのみ妥当するからであって、ここでの感覚的な形成物は、いまだモノへと中性化されていない自然、いまだその印象価値を空にされていない自然に帰属しているからである。この点でリットは、モノとしての自然と意味の担い手と

しての自然との同一視を厳しくしりぞける。「意味を含んだ形成物がモノ認識へと解釈されるやいなや、その『意味』をなすものがまさしく見えなくなる。聞くことができる語は、筋肉運動、空気の振動、皮膚の震動、神経の興奮となる——見ることができる記号は、事情に応じて、それに合った運動、エーテルの振動、器官機能等を伴った石、金属、木材、繊維物質、溝、刻み目、色縞となる。意味の——いかなる痕跡もない」(MW,S.73)。自然のモノ化と自然を通しての表現は異次元の事柄であって、意味の感覚化においては、手段使用とは全く違ったことが、すなわち、意味への感覚的なものの奉仕ではなく、「感覚的なものと非感覚的なものとの相互関係」(MW,S.87) が実現されている。ここに、単にモノである自然でもなければ、また単に感覚的な自然でもなく、両者に関与しつつも独自の性格を有した第3の自然が立ち現れる。こうした自然との関係をリットは「形成関係」(die gestaltende Relation) とも称しているが、このように形成された自然は、既述の「式」のような特殊な場合のみならず、それをも含む「言語」(Sprache)の内に典型的に見いだされうるのである。

このために、リット哲学において終始重視されている「言語」の問題が、ここでも前景に現れてくる[12]。先の箇所で「自然の言語」ということについて触れたが、リットはこの言い回しは決して比喩ではないとして、人間の言語の成立を、人間が印象としての自然の言語に耳を傾けるところに求めている。とはいっても、人間の言語は自然が人間の中へと響かせるエコーだというのではない。自然がその都度持参する意味内容とこれを提示する感覚的形態は、一回的で反復不可能であるが、人間はこうした時間と空間の制限を克服して、意味内容と感覚的形態の両者を固定し、自己同一的なものとしてかみあわせる。「表現内容として自然が人間に向かって運ぶものを人間はとらえるものの、しかし人間は、そのものをまた自分自身の上に高める」(MW,S.76)。要するに、人間は自然の言語を普遍化するのであって、このことによって、人間の言語は「客観化」の極めて本質的な器官となるのである[13]。

リットはこうして成立した言語を、「生きた言語」(die lebendige Sprache)

あるいは「交わり言語」(Umgangssprache) と、「形式化された言語」(die formalisierte Sprache) あるいは「記号言語」(Zeichensprache) とに二分している。一見して明らかなように、ここにはすでに叙述された対立が再現しており、前者の言語は質的自然に、後者の言語は量的自然に対応している。「生きた言語」は、根源的言語の新鮮さを保持、強化した言語であって、そこにおいては、感覚的なものと非感覚的なものとは心身のごとくに一体化しており、感覚的なものを他の感覚的なものと交換することはできない。これに対して「記号言語」は、根源的言語を「記号」(Zeichen) へと「形式化」(formalisieren) した言語であり、そこにおいては、感覚的なものと非感覚的なものとは厳格に区別され、感覚的なものは非感覚的なものを「さし示す」(hinzeigen)、あるいは「代表する」(repräsentieren) 象徴にほかならず、他の感覚的なものと交換可能である。けれども、生きた言語と記号言語とは、このように外見上は対立しているにしても、両者は同一の源泉より発している。「われわれがこの対立において眼前にしているものは、本当は2つの言語ではなくて、まさに異なった性質をした2つの機能へと形成されて分かれたにすぎない一つの言語である」(MW,S.80)。したがって、根源的言語から発展した記号言語は、決して言語の原初的形態ではなく、「言語の生成の最後形態」ということになる。このためにリットは、一切の言語生活を「記号‐記号をつけられたもの」(Zeichen‐Bezeichnetes) という図式によって説明しようとする立場には同意できないのである。

　言語の人間形成的な意義は広く指摘されているところであるが[14]、リットにおいても、人間は言語を有することによって、さらに一般的にいえば、表現の刻印づけをなすことによって自己となることが主張されている。なぜならば、客観化の器官である言語は、まず第1に、人間を世界から分離させるからである。「世界の内容を意味を含んだ表現の中に閉じ込めることによって、人間は同時に世界を自分から押しのけ、自分自身の生成と成長のための空間を自分に保証する」(MW,S.91)。と同時に、感覚的なものと非感覚的なものとの結合である言語は、たとえ記号言語であろうと、人間を自然へと差し向け、これと結びつけるからである。そして、刻印づけ

られた自然は、人間の自己生成に大いなる援助を与える。「刻印づけられた形式へと濃縮されるものは、独立性と永続性を獲得し、そのために『モノ』へと固定される自然とちょうど同じように、生成する自己に抵抗物として奉仕することができる」(MW,S.91)。要するに、人間と自然の第3の関係においても、「分離」と「結合」の両契機に即して、人間の自己生成が確認されるのである。

　以上をもって、自然に対する人間の関係についてのリットの見解を、特に人間の自己生成という観点から明らかにしたのであるが、ここで全体的に考察してみるに、2つばかりのことが指摘できるであろう。まず第1は、人間と自然の相互関係の強調によって、リットにとっては、自然はもはや人間から切り離された自然ではなく、人間によって媒介された自然であるということである。「自然は『即自的』に与えられ存在するものではない。自然は人間から独立しているのではない。人間と自然は相互的に交差し合っている。人間と自然は、関係 Relation によってではなく、相関関係 Korrelation において結ばれている。自然は人間の『生成』とともにはじめて『生成する』」[15]。したがって、このかぎりにおいて、リットにあっては、人間が出会う以前の「自然自体」(Natur an sich) なるものの存在は否定されることになる。もし「自然自体」が想定されるとするならば、それは、すでに出来上がって輪郭をとって存在し、人間とは無関係にそれがあるものであり続けるものであろう。先に触れたように、ある種の立場は「モノ」としての自然を「自然自体」と見なす傾向にある。が、自然認識が人間の精神的創造であることに思いいたるならば、これは間違いだといわざるをえない。かといって、「印象」としての自然が「自然自体」であるのでもない。いずれにしても、「自然自体」、さらには「世界自体」(Welt an sich) を認めることは、真の意味での人間と世界の相互関係を、それとともに人間の世界意義を否認することになるのである。

　けれども第2に、より一層肝要なことは、人間と自然とが相互関係にあるのみならず、こうした相互関係がこれまた相互関係にあり、三者共同して人間の自己生成を全き意味において実現するということである。「自己

への生成が遂行されるところの3つの根本関係は、外的な並置の関係の中にあるのではなく、すでに示された密接な相互関係によって定められている。このような根本関係は、互いから独立し、完全に分離して、自分のことをなすことができるような機能と見なされてはならない。このような根本関係がそのように非常に互いを頼りにしているがため、このような根本関係のいかなるものも、他の2つのものへの関係を無視するような評価に屈することはできない」(MW,S.92)。「3つの根本関係が互いにかみ合うことにおいてのみ、自然は自己生成を助けて進ませることができる」(MW,S.93)。ということは、リットにとっては、人間と自然の関係のある特定の局面が絶対視されたり、あるいは排除されることは許されないことになる。とりわけこのことは、ニュートンに対するゲーテの批判に典型的に現れている、かの機械的な自然観と有機体的な自然観という対立の問題に一定の解決を与えようとするものであるといえる。肝要なことは、「ゲーテとともに数学的自然科学に人間を欺くものと有罪の宣告を下すこと、そして、ニュートンとともに自然との交わりに人間を欺くものと有罪の宣告を下すこと」(BK,S.134)、この両方を拒否することである。「ニュートンかゲーテか」ではなくて、「ニュートンもゲーテも」である[16]。いずれにせよ、リットのこうした人間と自然の関係についての把握は、後に詳しく見るであろうように、彼の人間陶冶論のベースをなしてもいるのである。

注

(1) すでに触れたように、リットにおいては、「人間は変化なき宿命として現にある存在へと確定されているのではない」ということが強調されているのであるが、しかしそうはいっても、人間は全くの「白紙」として生まれてくると考えられているわけではない。リットは「素質」(Anlage)ということは認めるのであって、ただ、この「素質」概念を生物学的にとらえるのではなく、「人間的・精神的生成が把握されるところでは……際限のない規定可能性の空虚さと変ることのない規定性の堅牢さの中間に位置する『素質』概念を形成することが重要である」(MW,S.34)とするのである。こうした「素質」概念はリット教育学の根底をなすものでもある。Vgl. FW,S.105ff.

(2) リットみずから後期段階では「人間世界」と「自然世界」の二分について述べている。Vgl. WO,S.115ff.

(3) Hans-Otto Schlemper: Reflexion und Gestaltungswille. Bildungstheorie, Bildungskritik und Bildungspolitik im Werke von Theodor Litt, S.36.

(4) 1930年に出版された『精神的世界の解釈者としてのカントとヘルダー』(Kant und Herder als Deuter der geistigen Welt) においては、「人間と世界の相互関係」について説かれているものの、具体的にこの相互関係は「『歴史的人間と歴史的世界』の相互関係」(KH,S.22)であって、したがって、まだこの段階では、書名の「精神的世界」という表現にも示されているように、「世界」は「人間世界」としてイメージされているといえる。

(5) Rudolf Lassahn: Das Selbstverständnis der Pädagogik Theodor Litts, Wuppertal/Düsseldorf/Ratingen 1968, S.89.

(6) たとえば、エコロジー教育学の立場からリットの人間学思想を再検討しようとする試みが存在する。Vgl. Martin Schmitz: Bildung und ökologische Krise. Zur Anthropologie des menschlichen Naturverhältnisses, Weinheim 1990, S.80ff.

(7) Horst Emden: Naturwissenschaft und Bildung bei Theodor Litt, Phil. Diss., Gießen 1970, S.160.

(8) リットにおいて、Sache概念がPerson概念の対立概念として用いられていることは、たとえば次のような彼自身の叙述から、これをはっきりと読み取ることができる。「人間が"Person"として、善ならびに悪において、とにかくあるものは、ラティオが彼の中で発言すべき場合には、沈黙しなければならない。われわれは、ラティオの活動によって見えるものを"Sache"と呼んだのであるが、この命名は、このものにとってすこぶる適切である。というのも、この命名は、"Person"に対する無関心を極めて明確に表現しているからである」(BFM,S.78)。そもそもSacheという語については、いろいろな訳語をあてることができるが、ここでは、そのヒューマンな要素を抜き取られた、没価値的で中性的なニュアンスを押し出すために「モノ」と訳してみた。したがって、Versachlichungという――周知のように、マルクスにおいても重要な役割を演じており、通常は「物象化」と訳される――語は、「モノ化」とした。

(9) このゆえにリットは、後に詳しく見るように、自然認識は自然への「暴行」であるとする、「生の哲学」等によって主張された見解を批判する。

(10) したがって、次のように主張される。「主観・客観・分裂は、人間によって受け入れられなければならない出発状態でなく、人間自身の作品であること――主観・客観・分裂が成立するためには、まことに結構にも『分裂させる』行為と称されてよいある行為が必要であること、このことを認識するのが肝要である」(SS,S.553)。

(11) あるいは、このようにいえるかもしれない。「自然といへば全然我々の主観より独立した客観的実在であると考へられて居る、併し厳密に言へば、斯の如き自然は抽象的概念であつて決して真の実在ではない。自然の本体はやはり未だ主客の分れざる直接経験の事実であるのである」(西田幾多郎著『善の研究』岩波文庫、1950年、

⑿ リットの言語論についてはとりわけ、Vgl. Wolfgang K.Schulz: Sprache und Bildung im Werk Theodor Litts, Bonn 1984.
⒀ リット自身「言語についての論議」に関して参照すべきものとして、カッシーラー（Ernst Cassier）の『シンボル形式の哲学』（Philosophie der symbolischen Formen）の第1巻「言語」（Die Sprache）とヘーニヒスヴァルト（Richard Hönigswald）の『哲学と言語』（Philosophie und Sprache）を挙げている（Vgl. MW,S.301）。両書はナチズム下の1941年にあえて公刊された『精神科学的認識の構築における普遍的なもの』（Das Allgemeine im Aufbau der geisteswissenschaftlichen Erkenntnis）においても言及されているが（Vgl. AA,S.69）、実はこのことの結果、ユダヤ人哲学者について触れたということで当局からクレームがつけられるということがあった。Vgl. Wolfgang Matthias Schwiedrzik: Lieber will ich Steine klopfen. Der Philosoph und Pädagoge Theodor Litt in Leipzig 1933-1947, S.10.
⒁ 代表的なものとして特に次の書を挙げておきたい。Otto Friedrich Bollnow: Sprache und Erziehung, Stuttgart 1966. なお、ボルノーは、リット生誕100年記念論文集に寄稿し、そこでリットの言語論について触れてもいる。Vgl. Otto Friedrich Bollnow: Bemerkungen über das evozierenden Sprechen in der Logik von Georg Misch, in: Sinn und Geschichtlichkeit. Werk und Wirkungen Theodor Litts, hrsg. von Josef Derbolav/Clemens Menze/Friedhelm Nicolin, Stuttgart 1980, S.61ff.
⒂ Horst Emden: Naturwissenschaft und Bildung bei Theodor Litt, S.164.
⒃ ゲーテのニュートン批判については、リットみずから「ゲーテの自然観と厳密自然科学」（Goethes Naturanschauung und die exakte Naturwissenschaft）と題した論文において取り上げている。Vgl. NM,S.133ff.

第4章　人間存在の両義性

第1節　人間世界における両義性

　すでに述べたように、リットにおいては、「人間が世界を頼りとしているように、世界も人間を頼りとしている」(WM,S.187)とされることによって、人間に「世界意義」が添えられたのであるが、しかしながら、これによって人間の存在意義が確定されたわけではない。というのも、人間は外に向かっての関係においては存在意義を有するとしても、世界と関係を結ぶことによって、彼の内面に根をもつ「諸々の脅威」(Bedrohungen)にさらされているという問題が逆に持ち上がるからである。リットはこれら脅威が由ってくる人間の根本状態を「両義性」、場合によっては「アムビヴァレンツ」(Ambivalenz)と名づけ[1]、「われわれは人間が世界への関係のために、決して両義性から免除されていないのを見る」(MW,S.207)として、両義性を人間存在の不可避的な根本状態と見なし、さらにこれによって、人間を一切の他の存在者から原則的に区別しようとしている。「その実存の外的および内的な脅威性に関して、人間に比較されうるような被造物をわれわれは知らないのである」(MW,S.128)。「両義性」についての論議は、人間存在の深部に立ち入り、その矛盾構造を露呈しているという点で、リットの人間学思想において最も迫力ある部分である。まさにリットの人間学を「両義性の人間学」として特徴づけることができる所以である[2]。
　「両義性」概念は、先に触れたように、ヴァイマル期の公民教育論においてすでに提示されており、さらにナチス期のペスタロッチ論では、政治的領域を越えて、人間世界のあらゆる面にわたって両義性が考察されている。が、『人間と世界』にあっては、両義性の射程範囲はさらに広がり、「人間世界」のみならず、「自然世界」との関係においても、「人間存在の両義

性」について論じられている。この内、「人間世界」における両義性については、具体的には、「我と汝」「我と言語」「我と客観的精神」「個人と共同体」「共同体と共同体」における両義性が考察されているのであるが、ここでは「我と汝」関係における「両義性」について取り上げておくことにしたい。

さて、自己たる人間と他者たる世界の相互関係は、これを最もミクロな次元で見れば、「我」と「汝」の関係において立ち現れることになるが、この関係を説明するに際してしばしば用いられるのが、リットによれば、「補完」(Ergänzung) という概念である。確かに、この概念は、動物の個体相互間の関係を説明するには、大いに有効である。というのも、動物の各個体は、一方はそれに欠落しているものを他方に期待しつつ、また逆に自分に付与されているものを他方に融通することによって、つまり「補完」し合うことによって、一つの全体を、すなわちいわゆる「動物国家」(Tierstaat) を建設しているからである。だが、「我と汝」という人間的な関係と動物の結合関係との間の本質的な差異に注目するリットは、「補完」というイメージでもって「我と汝」関係を説明することに反対する。「『我』と『汝』とは、全体図の寸断された部分のようにぴったりと接合されるならば、我と汝というこの語において意味されているものではそもそもないだろう。汝が我にとって現実的な『汝』であるということに対する不可欠の条件は、汝がその根本的な他者存在において経験されるということである——この他者存在は、あらゆる『補完的』接合を排除している」(MW,S.99)。我と汝とは、動物国家におけるように、「自然の必然性の大命」によってつながれているのではなく、その間には、「自由において秩序づけられなければならない活動空間」が存在する。そこには、動物の結合には不可能な「奇跡」が起こりうる。「美、善、聖によって魔法をかけられた庭園のように、自由な存在が自由な地の上で互いに見つめ合うところ、花が咲き出ずることができる」(MW,S.100)。我と汝の関係は、「補完的な関係」以上なのである。

が、リットにとっては、補完的な関係以上ということは、我と汝の関係

が、一方では「豊かにする高揚」の可能性を蔵していると同時に、他方では「破滅的な変性」の危険性も宿していることを意味している。もっとも、動物相互の関係にも、否定的な面がないわけではない。なるほど、動物も生存競争の厳しさ、迫害の危難、没落の仮借なさにさらされている。だが、こうしたことも、それを招来した本能の限界内にとどめられている。これに対して、完全な本能という制御装置をもたない人間にあっては、相互間の不和、対立はとどまるところを知らない。「人間の共同存在に向けられているすべての否定的な心の動きは、自分自身の内で節度をもたないばかりか、高まろうとする傾向をその上もっている。人間の相互対立においては本能の声が沈黙しているので、あるいは起こりうる悪化を自発的に制限する安全装置がない」(MW,S.101)。そして、否定的な心の動きはついには、「救済的な愛という肯定的な極端に対する、意味上同じように要求される反対極」(MW,S.101) として、「憎」を生み出す。しかも、ここで銘記されなければならないことは、「愛」が漸次的に「憎」に移行するのではなく、「愛」がそれ自身の内にすでに「憎」を内包しており、愛憎がいわば糾える縄のごとく表裏一体をなしているということである。「すべてのプラスが今にも起こりそうな可能性としてそれのマイナスをもっている」(MW,S.102)、まさにこのことが、「愛憎」というアムビヴァレンツ、つまり「両義性」の驚くべき構造なのである[3]。

かくして、我と汝は、自由な存在であることによって、肯定的なものと否定的なものの両極の間にさらされるのであるが、ここにおいて、「自由」という概念が、リット人間学の根本概念として前景に立ち現れてくることになる。リットが「自由」という場合、それは倫理的あるいは政治的な意味ではなく、より根源的な意味、つまり存在論的な意味においてである。すなわち、人間は自由であるべきだとか、自由でなければならないということではなく、自由であらざるをえないということである。つまり、「人間は……自由であることを強いられている」(MW,S.160) というわけである。この点では、リットの自由概念は、「人間は自由の刑に処せられている」と述べたサルトル (Jean-Paul Sartre) のそれに近いといえよう[4]。

しかし、実存主義者サルトルとは違ってリットは、人間の「自由」を動物の行動様式との相違から説明しようとする。すなわち、動物の行動は、吟味や選択を知らない本能によって規定されているのに対して、こうした本能の導きを得ない人間は、逆に、吟味や選択を知っている。ということは、自分の上位の審級を欠いている人間は、自分自身で自分の行為を決定し、それに責任を負わなければならないということである。我と汝が援助し合うのも、両者が本能の命令によって強制されているからではなく、自由に基づいて自発的に行為するからである。けれども、自由は人間を結合させもすれば、分離させもし、幸福も不幸ももたらす。「我と汝とを一つにすると同時に分離する自由の領野は、もしそれが荒廃させる激情の戦場にもなることができないならば、幸福にする建設の場であることもできないだろう」(MW,S.101)。このゆえに、この自由によって、人間と動物の区別は決定的なものになる。「疑惑、誘惑、過失を知らない動物は、決して動揺することのない一義性においてその本質を展開するが、しかるに、再三再四決断へと呼びかけられる者である人間は、救済的なものと破壊的なものとの分裂に引き渡されており、そのために、そのアムビヴァレンツによって、つまり決して中絶することのない『両義性』によって特徴づけられる状態に置かれている」(MW,S.102)。要するに、リットにおいては、「両義性」と「自由」は表裏一体となっているわけである。彼の「自由」概念については、後にさらに詳しく取り上げることにしたい。

第2節　自然との関係における両義性

　先に指摘したように、『人間と世界』においては、「人間世界」のみならず、「自然世界」との関係についても、「両義性」が取り沙汰されている。しかも、そもそも人間と世界の関係の中でも、人間と自然の関係に多くのスペースが割かれ、最も力点が置かれていたことに対応して、「両義性」についての論議にあっても、人間世界における両義性よりも、自然との関

係における両義性により多くのエネルギーが傾けられている。ある意味では、この自然との関係における両義性についての考察に、リット人間学の一つのハイライト・シーンを見ることもできるわけである。

　繰り返すことになるが、リットにあっては、自然は人間に対して3つの位相において、すなわち、「対象」として、「印象」として、「意味の担い手」として立ち向かうとされていた。このことからすれば、「自然との関係における両義性」といっても、具体的には、それぞれの位相において「両義性」が考察されてしかるべきである。しかしながら、実のところリットは、これら位相の両義性の内、「印象」としての自然との関係における両義性については、自然の呼びかけに人間が応答するときには、その人間がもっている不正なものや転倒されたものが関係に持ち込まれ、そのために、「自然との交わりは……あらゆるまがい物の感情やわざとらしい心の激昂のための特権的な領野である」(MW,S.110) と簡単に述べるにとどまっている。また、「意味の担い手」としての自然との関係における両義性に関しては、独立的に取り上げてすらいない。これは、人間世界における両義性を問題とした箇所（Vgl. MW,S.103ff.）で、すでに「言語の両義性」について論じてしまっているからであろう。それで、いずれにしても、「自然との関係における両義性」の中で、現実的にリットが最も力を注いでいるのが、「対象」としての自然との関係における両義性にほかならない。われわれの近代世界がこの関係によって本質的に規定され、しかも、その世界の危機がこの関係に絡みついている「両義性」に深く起因することを考えれば、リットのこの取り扱いは、蓋し、当然のことといえるだろう。したがって、ここでも、「対象」としての自然との関係における両義性に的を絞ることにしたい。

　では、「対象」としての自然との関係においては、「両義性」はいかにして姿を現すとされているのか。一見すれば、対象としての自然との関係にあっては、「人間を彼の行為の他の領域でつけ回し、失脚させる両義性」は姿を現さないかのように思える。というのも、たとえば「印象」としての自然との関係の場合であれば、倒錯した感情や不誠実な態度が、つまり

は個人のエゴが関係に入り込むが、対象としての、すなわち「モノ」としての自然との関係の場合には、そうした自我は沈黙しなければならないからである。自然を「モノ」とするためには、人間はみずからの個人的な心情を除去し、純粋の認識主体へと昇華しなければならないからである。このかぎりにおいて、「両義性」の出番はないように見える。

　だが、リットによれば、「……人間は、この場合にも、危険な地盤の上を動くのであって、人間を脅かす危険が違った性質をしているにすぎない」(MW,S.111)。しかも、こうした危険は、いかなる先行の時代よりも、科学技術時代である現代においてより敏感に感知される。「科学的かつ技術的な自然の征服を精神の最高の勝利として十分に味わい、賛美するかの自己満足は、なるほど、われわれの時代の相貌の最も歴然とした特徴に依然として属している。だが同様に、この相貌の中には、周知の進歩と明白に対応して強められ、深められる懸念の兆候が、見逃しようもなく現れている」(MW,S.111)。対象としての自然との関係における両義性が、まさに科学技術において典型的に現出することは、リットを待たずとも、容易に推測しうるところであろう。

　とはいっても、ここで誤解のないように押さえておかなければならないことは、リットにとっては、両義性はあくまで人間存在に根差しているということである。ということは、科学的に認識され、技術的に利用される「モノ」それ自体に、両義性が宿っているのではないということである。両義性は、人間が世界と関係を結ぶことによって現れるが、それは人間の感情や衝動や欲望に、要するに人間の内面に由来する[5]。したがって、先に触れたように、「モノ化」のプロセスにあっては、そうした自我は排除されるから、その範囲内では、両義性は出現しようはない。しかし、この排除はいわば期限付であって、モノ化のプロセスの前後では、むしろ情意的な自我が支配者ですらある。自然をモノとして認識しようとする意志、認識されたモノをある目的のために用いたいという願望、これらは、モノそのものに内在するのではなく、モノの登場の以前あるいはその以後に立ち現れる。このいわばモノが登場しない、もしくは主役でない場面で、「両

義性」が姿を現すわけである。リットは、「モノ」として自然との関係におけるこうした両義性を、具体的には、「モノ思考の増殖」(das Auswuchern des Sachdenkens) および「手段の魔力」(die Dämonie der Mittel) の2方面から明らかにしようとしている。

そこでリットが、対象としての自然との関係における両義性としてまず挙げているのが、「モノ思考の増殖」という事態である。周知のように、近代科学および近代技術における自然を「モノ」として思考するという企ては、他に比類を見ない、実に素晴らしい結果を人間にもたらした。このために人間は、「拡大衝動」(Ausdehnungsdrang) に駆られて、このいわば「モノ思考」を、当初の物質界としての自然界を踏み越えて、あらゆる領域に広げようと試みるようになった。巨大な宇宙からわれわれ人間自身にいたるまで、モノとして取り扱えぬものはないというわけである[6]。

しかしながら、果たして「モノ思考の増殖」は正当であろうか。この判定に際して、リットが基準として持ち出しているのが、「現実のヒエラルキー」(die Hierarchie von Wirklichkeiten)、あるいは「存在の段階秩序」(die Stufenordnung des Seins) という思想である。この思想は、『思考と存在』において詳述されているもので、したがって、次章および次々章において詳しく取り上げることになるが、ここで簡単に述べておくと、それは、「現実」もしくは「存在」は、決して単一ではなく、「無機物」(das Anorganische) を最下位とし、そこから「生命」(Leben) さらに「心」(Seele) へと上昇し、そして「精神」(Geist) を最上位とする段階構造をなしているとする考え方である。この考えで行けば、われわれ「人間」は、「精神」を本質とはするものの、「無機物」「生命」「心」「精神」のあらゆる「段階秩序」が出会う存在者ということになる。

この「現実のヒエラルキー」説に基づいて、リットは「モノ思考」の権限を次のように定める。「われわれが、この段階構築を『下から上へ』という方向で遍歴し、無機物から有機的生命へと、この有機的生命から心へと、この心から精神へと上昇し——他の表現を用いれば、機械的なものから人間にまで進んで行くならば、なるほどこの全体の歩みにおいて、モノ

科学はしぶとくわれわれの側によりかかるが、しかしこの科学がわれわれにいわなければならないことは、一段上がるごとに、この科学がわれわれに『説明』したいと思うものの本質的核心から、ますます遠ざかる。われわれが人間に到達すれば、この科学がわれわれになおもいうことができることといえば、人間存在の中心から最も離れたものについて、つまり人間の身体について——しかも、おそらくは、生き生きと魂を吹き込まれた有機体としてではなく、ただ物理的・化学的に研究可能な物体としての身体についてだけである」(MW,S.114)。つまり、モノ思考は、まさに「無機物」をエレメントとする思考であって、「有機的生命」さらには「人間」については、その核心部分から遠ざかるために、本質的なことを語ることはできないというのである。

したがって、「物質的なもの」をテリトリィとするかぎり、モノ思考は正当である。たとえば、モノ思考が自然に対してなすことは「暴行」(Vergewaltigung)であるとする非難があるが、リットの考えでは、モノ思考の対象とする範囲が、物質界に限定されているならば、この非難はあたってはいない。また、モノ思考に自然に対する「支配意志」(Beherrschungswille)を見て、これを不当とする批判もあるが、これについても、同様に、モノ思考が自分の領分を守っているかぎり正しくはない。けれども、モノ思考の効力に魅せられた人間は、モノ思考を物質界に限定することに甘んじることができず、触手を伸ばし、ついには人間自身をもモノとして認識し、モノとして取り扱うことを企てようとする。こうしたことがエスカレートすれば、とどのつまりは、人間が単にモノとなるどころではなく、モノが「人間を支配する専制君主」とすらなるという事態にいたる。「見たところ隷属へと強いられているように思えるモノが、いかなる形式で、そのモノの征服者と思われた者を、そのモノの奴隷へと貶めるかを、極めて象徴力ある例に即して説明するためには、『機械の支配』についてすでに19世紀に発せられたあらゆる嘆きの声を想起すれば十分である」(MW,S.118)。こうして人間は、究極的にはみずからの否定を招来しかねない「拡大衝動」を、みずからの内面に宿しているわけである。

以上の「モノ思考の増殖」と並べて、あるいはこれ以上に強調的に、リットが対象としての自然との関係における両義性として挙げているのが、「手段の魔力」ということである。ここで「あるいはこれ以上に強調的に」というのは、たとえ人間がモノ思考の増殖を押さえたとしても、つまりモノ思考の範囲を物質界に限ったとしても、すでにその権限範囲の内部にあって、「手段の魔力」の危険性にさらされているという意味においてである。この点でリットは次のようにいっている。「たとえ『モノ』たる自然に向けられた思考と行為の形式が、それらの形式に割り当てられた分野の内部で、厳格に自分を維持し、世界現実の他の領域への干渉を思いとどまるとしても——その場合でも、これらの形式に従って思考し行為する主体は、今やとうとう両義性の危険から離れたという安心感に浸ってはならない。危険は……よく躾けられたモノ性の背後にも待ち伏せているのである」(MW,S.126)。

　ところで、モノ化された自然というのは、「一切の印象価値が、それとともに、体験された価値性質の一切の区別が追い払われている自然」である。いわば中性的な自然である。このかぎりにおいて、モノ化された自然は、行為のレベルにおいては、ある種の「目的」を実現するための「手段」となりうる。その際、手段が没価値的であるのに対して、目的は価値的である。「手段と目的」というテーマは、リット思想全体を、したがって「前期」「後期」を貫いている問題の一つであり、その根本見解は一貫していると見ることができるが、両者の関係および相違は、たとえばここでも次のように規定されている。「『手段』という概念は、自分の内に『目的』への指示を含んでおり、そしてこの目的は手段の外部に、いわば手段を越えてあり、この目的の中に一切の価値内容が集中している。万一この価値がほんの少したりとも手段へとあふれ出ることになるならば、それは『手段』であることをやめるであろう」(MW,S.119)。こうして、モノとしての自然は、人間に対して「手段」を提供し、人間はといえば、「手段使用の諸々の可能性」を前にして決断を迫られることになる。

　だが、人間みずからが手段を決定しなければならないということは、「建

設の手段と同じ数の、同じ完成度の破壊の手段」が人間の眼前に置かれていることを意味している。しかも、建設をもたらすのも、破壊を引き起こすのも、しばしば同じ手段であることが、事態をより込み入ったものにしている。換言すれば、同じ手段が「建設」にも、「破壊」にも用いられるのである。手段の両義性は、今日的にはいわゆる「原子力」において象徴されているが、リットの考えでは、近代あるいは現代の技術にいたってはじめて現出したのではない。「われわれの時代の方法的に厳格な技術がこの目的（破壊という目的——引用者注）のために用意しているものが、初期の比較できる備えや器具から区別されるのは、その業績度にのみよることであって、その原理的な悪意によるのではない。こん棒と石斧は、水素爆弾の破壊作用といっしょにすれば、疑いもなくほとんどその作用は無害である。そして、恐怖が全く隔たっていることは、系譜的な連関を触れないままにしている。人間が一度薪や石のかけらを殺人の『手段』として役立つ『モノ』として評価するにいたったやいなや、その終わりに大量破壊の精密機械が働いているのをわれわれが見るところの歩みがすでにはじまっていたのである」（MW,S.121）。手段は、その没価値性あるいは中立性のゆえに、それ自身がいかなる目的のために投入されるべきかを指示することはできない。逆にいえば、手段は、有効であるならば、いかなる目的にも奉仕しうるのである。「手段の世界は、光の力にも闇の力にも、同じようにためらうことなく奉仕する」（MW,S.122）というわけである。

　したがって、リットが「手段の魔力」という場合に誤解があってはならないことは、手段そのものが、人間との関係とかかわりなく、デモーニッシュな力をすでに内在させているというのではないということである。手段みずからは、善でもなければ、悪でもない。いわば善悪の彼岸にある手段が「魔力」をもつのは、あくまで人間との関係においてである。人間が設定した目的次第で、手段は善にも悪にもなりうる。このかぎりにおいては、目的設定が手段使用を支配することになるが、しかし、むしろ手段が人間の活動を逆に規定するに及んで、「手段の魔力」の誘惑は人間にとって決定的なものとなる。このことをリットは「戦争という現象」に即して

明らかにしている。というのも、まさに戦争こそは、破壊の手段を最大限の完全性でもって投入するのみならず、その手段をより完全なものにすることへと駆り立てるものであって、手段のこうした完全化が、反対に戦争をエスカレートさせることになるからである。「戦争の支度が整っていることは、戦争を耐え抜くために必要な手段がいつでも使えることだけを意味するのではない。手段が信用に値すればするほど、手段をますます強く行使しようとする誘惑にさらされていることをも意味している」(MW,S.126)。

かくして、自然との関係において人間の両義性が明らかになった以上、人間が自然によって「支えられている」ということはいえない、とリットは断ずる。「人間が人間であればあるほど、ますます人間は自然によって『支えられている』のではない。眠り込んでいる子どものように自然の腕によって揺り動かされ、自然の声によって和らげられているのを感ずる、幸福な忘却のかの時ですらも、人間は全くそのようではない」(MW,S.127)。確かに、空間的に見れば、圧倒的に巨大な自然に比すれば、人間の存在は無も同然であるかのように思える。が、「自分で選択し、自分に責任をもつ行為の特権と危険」は、人間に「自然の抱擁」を拒ませることになるのである。ここに、こうした「両義性」を可能ならしめている「自由」というものが、リット人間学においても人間存在の根本カテゴリーとなっていることが、改めて確認されなければならないのである。

第3節 両義性と自由

人間の態度や行為は、本能のようなものによって、あらかじめ一義的に規定されてはいない。何をなすべきか、あるいは、なさざるべきか、両義性に委ねられた人間は絶えず決断を迫られているのであって、この決定権の所有のゆえに、つまり「自由」であるがゆえに、人間は動物以上であるとともに、動物以下ともなりうるのである。これがリットの人間観であり、

また自由観でもあった。がしかし、「自由」に人間の本質特徴を求める点はオーソドックスだとしても、それが人間を貶めるもするという見解は、必ずしも通常の自由理解と相いれるものではないだろう。したがって、ここでリットの「自由」概念について立ち入って考察しておくことにしたい。

さてリットは、いわゆる「規範」(Norm)の問題を取り上げることによって、みずからの「自由」概念の特徴の説明を試みている。一般的には、規範の内容がいかなるものであれ、「規範に合うもの」(Normgemäßes)は「存在すべきもの」として、「規範に背くもの」(Normwidriges)は「存在すべきではないもの」として見なされている。この見方で行けば、「規範に背くもの」は、「存在すべきではないもの」であるので、「存在すべきもの」である「規範に合うもの」の否定態ということになる。このように否定性の烙印を押された「規範に背くもの」は、価値と現実が同一視されれば、「存在しないもの」として、あるいは存在を認められないまでは行かなくても、「意味のないもの」として見なされ、いずれにしても、存在秩序や意味秩序の枠外に置かれる。だがリットは、「規範に背くもの」を「規範に合うもの」の単なる否定態ととらえることに異を唱え、「規範に背くもの」の「独自の重み」「独自の作用力」を主張しようとするのである。

たとえば、発話は文法に従っていなければならないが、しかし文法は個々の発話を隈無く規定することはできない。リットによれば、ちょうどこれと同じように、規範に従うことが人間にとってふさわしいにしても、規範は個々のケースをすべてにわたって詳細に規定しているわけではない。「人間の行いが原則的に従う普遍的な規範の中に、同時に、特殊な場合に、つまり今ここで私によってなされなければならないことが指示されていることは断じてない」(MW,S.132)。この意味で、規範に従うといっても幅があるわけで、したがって、当然のことながら、何が規範に従うことになるかについては解釈が分かれてもくるし、この「多義性」のゆえに、そこに「拘束力のある規則によってまだ差し押さえられていない自由な空間」が開示される。そして、このファジィな空間の中で、「規範に背くもの」も独自の場を占め、独自の力を発揮するに及ぶのである。「黒と白の単純な

対照はだめになった。差し出される諸々の可能性の花束の中に、規範に反するものも、容易にその場を見いだし、そして次には、この位置で、完全に規範に応ずるものとちょうど同じだけ、自分の宣伝をし、自分の方へ引きつけることができる」(MW,S.132)。「規範に背くもの」は、存在や意味の単なる「不在」では断じてなく、確固たる「実在」であり、それ自体「意味あるもの」なのである。

　このように人間の行為状況は、単純に規範に従えさえすれば善であるという具合には、決して一義的ではない。もし絶対的な規範が存在し、それに従えすれば善だというのなら、人間は正しい行為が何であるかを確実に知っていることになるし、確かさの感情に身を委ねてよいであろう。けれども、人間にはそのような感情を抱くことは許されていないし、許されるべくもない。「確固たる地盤」がないことは、いうまでもなく、人間にとってマイナスである。けれどもリットは、このマイナス面が実はプラス面と一体となっていることに注意を向ける。「……現実の行いは、異論のない自明さの温和な風土の中で成熟するのではないし、心配のない結果の確信の平然とした心の気分から発するのでもない。現実の行いは、不確かでありまだ形態を待ち焦がれているものの最高の緊張を負った雰囲気の中で起こる。現実の行いは、行為の嵐の中ですべての確実な根底がぐらついているのを感じる魂の震撼の中で生まれる。極めて控えめな意味ですらも『創造的』と名づけられる値打ちのあるものすべては、その生命を養う空気としての根本的な不確信のこのエレメントに頼っている」(MW,S.134)。おそらく、規範に従うままであれば、人間の状況は変化も進歩もないままで、そこには創造というものもないであろう。「規範に背くもの」が、「独自の作用力」をもつものとして、人間の状況に入り込むことによって、人間の状況は「冒険者の状況」となり、それがいわば人間にバイタリティを与えるというのである。

　かくして、リットにおいては、「規範に背くもの」も、「規範に合うもの」と同様に、有意味的で積極的なものとして性格づけられ、それゆえに、規範に背く行為がなされる場合にも、そこに「自由」が存在しているとされ

る。「……規範に背くものも意味の領域に算入されれば、規範に背くものに対する決断の内にも自由が働いていることになる。規範に合う行動と規範に背く行動との間の対立は、もしその対立を自由な行動と不自由な行動との間の対立と同一視するならば、誤解されている。自由は一つの面ではなく、対立の共通の地盤である」(MW,S.134f.)。がしかし、「自由」が「対立の共通の地盤」であるとするならば、悪をなす自由をも認めることとなり、したがって、そのような「自由」概念は、たとえばカントあたりに代表される伝統的な「自由」概念と正面衝突することになる。

　周知のようにカントは、道徳的行為は、意志が感性的な傾向性に支配されるのではなく、理性に基づいて普遍妥当的な道徳法則をみずからに与えるところでのみ可能であるとし、「自由」をこの意志の「自己立法」つまり「自律」に求めた。大雑把にいえば、普遍妥当的な「規範」に従っているときに「自由」であると考えたのである。だからカントにあっては、意志が感性的なものに左右されることは、いわば「不自由」であって、それは本来の「自己」に属する事柄ではない。これに対して、「自由」を「対立の共通の地盤」と見るリットは、「自由」や「自己」を「規範に合うもの」だけに関連づけるカント的な見方に次のように反論する。「規範に違反する者からも、規範を実現する者からも、張り合って言い寄られるのは、同じ自己である——一方に対しても他方に対しても決着をつけるのは、同じ自己である——善においても悪においても影響が跳ね返って行くのは、同じ自己である」(MW,S.136)。善をなすのは本当の私であり、悪をなすのは本当の私ではない、というのではない。善をなすのも、悪をなすのも、同じ私であり、同じ自己である。自由は善悪の対立の一方に位置するのではなく、まさに「対立の共通の地盤」なのである[7]。

　カント的な自由概念に対抗するリットの自由概念は、その点では、「悪の自由」を認めたシェリングの自由概念に著しく接近する。シェリングは、その著『人間的自由の本質』(Philosophische Untersuchungen über das Wesen der menschlichen Freiheit) において、神の創造した世界においてなぜ悪が存在しうるのか、もし悪をなしうる自由があるとすれば、その自由も

第1部　哲学的人間学の構想と展開

神の内に根源をもつことになるが、そのようなことがいかにして可能なのか、という難問に取り組んだ[8]。この問題の解決のためにシェリングが提示したのが、「神の内なる自然」(Natur in Gott) という思想にほかならない。すなわち、シェリングによれば、すべて存在するものは存在の根拠をもつがゆえに、神もその存在の根拠をもつはずである。だが、他の存在者とは違って、すべての存在者を包括する神は、その根拠をみずからの外部ではなくて、みずからの内部にもたなければならない。そのような根拠は、神の内にありながらも、いまだ神自身ではなく、神たらんとする暗き衝動のようなものである。これをシェリングは「神の内なる自然」と呼び、そこに悪の可能性の根拠を見ようとするのである。

　では悪はいかに現実となるか。「我欲」であり、「暗き意志」である「神の内なる自然」は、いわば「光」を生む「闇」であって、そこから「悟性」や「普遍的な意志」が成立する地盤でもある。そして、我欲が地盤となって悟性に奉仕するとき、つまり「光の原理」が支配するとき、そこに善が成立するが、これが逆転して、「闇の原理」が打ち勝って悟性が我欲に奉仕させられるならば、悪が現実的となる。したがって、シェリングにとっては、悪は善の否定態では決してありえない。「シェリングは、悪を単に消極的な現象とは考えない。たんなる欠如 privatio とは考えない。たんに善の欠如が悪であるとは考えない。むしろ善なるもののもつ構造が逆転した場合が悪であるとするのであり、そしてその意味で悪を善に対して反対する積極的なものと考えるのである」[9]。神の似姿である人間にあっては、光の原理が勝利することも、闇の原理が勝利することも、人間の自由に委ねられており、その意味で「悪をなしうる自由」が可能である。このように、悪を積極的なものとしてとらえ、それへの自由を認めるという点で、ここに、シェリングの「自由」概念とリットの「自由」概念との近似性を認めることは容易であろう[10]。

　人間が両義的な存在であることは、まさに彼が「中間者」であることを物語っている。この点に関してリットは、「キリスト教的人間学」の典型的な思想家であるパスカルに言及している。「『人間の偉大さと悲惨さ』、

第4章 人間存在の両義性

これがパスカルの反省の中で絶えざる推進力となっている中心的な思想に対するタイトルである。彼の倦むことのなく掘り下げる『人間の研究』——彼が人間の使命に真にふさわしいと思った唯一の研究——において、一人キリスト教のみが人間の本性を正しく認識したという確信に彼は達した。そして、人間と名づけられるこの『パラドックス』この『カオス』この『怪物』を、何としてキリスト教は認識したのか。キリスト教は人間を『両極の中間に位置する』存在として認識した。……人間とは中間者であって、無限なものと無との間を、光と闇との間を、知識と迷妄との間を、うぬぼれと卑下との間を、天使と動物との間を——信仰のことばをもってすれば、救済と劫罰との間を、さまよい歩いている。それで人間は一つのものにおいて、『宇宙の光栄とくず』の二つのものである」(MW,S.137)。ある意味で、パスカルの人間研究こそは、リットの人間学的探求の原型モデルといってよく、「われわれは渺々たる中間の波間に漂よい、つねに定めなく浮動しつつ、一方の端から他方の端へと押し流されている」[11]という、リット自身が引いているパスカルのことばは、リットの人間学の根源的イメージを端的に表現するものでもあるといえよう[12]。

　と同時に、パスカルは人間を中間者として規定することで終わったのではなかった。人間の「悲惨さ」を強調しはするが、人間を「くず」として捨て去ることはしなかった。パスカルはこう考える。人間は悲惨である。だが、人間は偉大である。なぜならば、自分が悲惨であることを知っているからである。自分自身についてのこの知は、この知を前にしては宇宙の一切の偉大さと力が色あせなければならないほど、高く評価されうる。「人間は自然のうちで最も弱いひとくきの葦にすぎない。しかしそれは考える葦である。これをおしつぶすのに、宇宙全体は何も武装する必要はない。風のひと吹き、水のひとしずくも、これを殺すに十分である。しかし、宇宙がこれをおしつぶすときにも、人間は、人間を殺すものよりもいっそう高貴であろう。なぜなら、人間は自分が死ぬことを知っており、宇宙が人間の上に優越することを知っているからである。宇宙はそれについては何も知らない」[13]。パスカルは「考える葦」であるところに、つまり「思考」

に人間の「偉大さ」を求めようとしたのであるが、この問題意識は、これまたリットのそれでもある。パスカルがそうであったように、リットにとっても「両義性の克服」という問題が、その人間学において重要なテーマとして提起されてくるのである。

第4節　両義性の克服

　人間は、その両義性のゆえに、パスカルのいうように、「渺々たる中間の波間に漂よい、つねに定めなく浮動しつつ、一方の端から他方の端へと押し流されている」。したがって、「確かな支えとなってどんな場合にも凹むことのない土台のように頼られうる根底は、人間にとってどこにも発見されることはできない」（MW,S.128）。この意味で、人間的実存は「悲劇的実存」である。両義性は、乗り越えられない壁のように、つまり「限界状況」として、人間に対して立ちはだかり、人間はそれからいかにしても逃れることはできない。かくして、すでに指摘したように、「両義性」の思想にいわゆる「実存哲学」からの顕著な影響を読み取ることができるのであって、このかぎりおいて、リットの人間学を「実存哲学的傾向を有した人間学」[14]と性格づけることができる。しかしながら、これまたすでに指摘したように、リットは実存哲学に一方的に与するのではなく、これを批判的に越えて行こうとしている。このあたりのことは、実存哲学の代表者と目されるヤスパースとハイデガーについてのリットのコメントにはっきりとうかがえるのであるが、ここでは特にヤスパースについてのリットの見解を見ておくことにしよう。

　さて、リットの見るところによれば、ヤスパースの実存哲学は、何らかの解決を提示する「教説」として「知」を与えるのではなく、内的態度の変革をめざした「訴えかけ」にその課題がある。そこでは、実存することの反復できない、代理不可能な個人性、つまり自己存在の歴史的な一回性が語られているが、この性格づけは「哲学」そのものにも該当している。

すなわち、哲学は永遠の真理の管理人や告知者ではなく、絶えず実存の歴史性とともに生成するものである。それゆえ、ヤスパースは「すべての哲学することは一回的で、同一的に反復不可能ではない」[15]と述べる。そのために、「訴えかけ」もつねに新たな歴史的な形態で実現される生起と見なされる。けれども、リットは問う。「ここで哲学を特徴づけていることも、それを述べる哲学へと応用されることができるのか」(MW,S.323) と。リットに従えば、実存哲学は断じて訴えかけに制限されておらず、それを越えて、自分の機能や必然性や作用様態に関する理論を展開しているので、この問いは否定されなければならない。この哲学も自分の理論については普遍性への要求をもっている。というのも、この要求を放棄すれば、自分自身を否定することになるからである。「この哲学は歴史的‐具体的な訴えかけであるだけでなく、またそして特に、歴史的‐具体的に訴えかけることの普遍的な理論であり、この哲学そのものによって性格づけられた性質をした特殊的な生起であるだけでなく、またそして特に、この特殊的な生起の普遍的な理論である。この哲学は『実存的』な哲学であるだけでなく……実存的な哲学の哲学でもある」(MW,S.323f.)。なるほど実存哲学は特殊的なものをめざすが、けれども、特殊的なものに関する理論はもはや特殊的ではなく、それ自身すでに普遍的である。もちろんリットは、この哲学の訴えかける作用そのものを否定しているのではない。彼が反対するのは、たとえばこの「訴えかけ」という「概念」をも歴史的、一回的だとして、超時間的真理と反目させることである。つまり、訴えかける作用は、「訴えかけ」という普遍的な概念によって包越されているというわけである。

　以上はいささか形式的な論議かもしれないが、ともあれそれを通してリットが問題としようとすることは、「実存」とそれを解明する「思考」との関係である。特殊的な実存と普遍的な思考、この両者は決して無関心に並立するのではなく、互いを通してのみ意義を得る。だから、「実存的なものが実存論的に解明され、実存論的なものが実存的に満たされることによってはじめて、われわれがあり、知るものの深みが明らかになる」

（MW,S.325）ことを留意すべきだとしている。したがって、実存哲学は実存を思考することによって、ある意味ですでに実存の次元を越え、確固たる段階に上昇してしまっている。「ある哲学がどれほど深く人間的なもののはかなさ、一時性、誤りによって浸透されていようとも——何らかの仕方でかつ何らかのところで、この哲学は、この不十分さについて知り、この不十分さについて客観的に正しく語ることができるために、確固とした真理の地盤に足を踏み入れていなければならない」(MW,S.325)。実存哲学といえども、自分の立場の正当性を主張するかぎり、人間的実存の不確かさを解明するにしても、自分の「思考」を疑問に付することはできないのである。

　ここで、「両義性の克服」の問題にもどる。リットによれば、両義性は人間存在の本質を規定し、いかんとも除去できないが、それを知り、それについて思考することはできる。「なるほど人間は、彼の本質の内にある両義性から完全に免れることはできない。だが彼は、この両義性の束縛を少なくとも、この両義性についての知へと高まることが成功するかぎり、破ることができる」(MW,S.252)。すなわち、両義性の克服は「思考」によってのみ可能なのである。もちろん、これに対しては、抹消できない両義性について思考することに何の意味があるのか、という反論が起こるかもしれないが、リットは、「人間の自由から切り離せない脅威が場合場合に応じて体験され、踏みはずしと転落で経験されるのか——あるいは、このような脅威の本質や必然性が知られるのか、ということは大きな区別をなす」(MW,S.249)と述べている。両義性について思考することは、両義性が属している現実の地平を超越し、もはや両義的でない段階へと上昇することを意味する。「両義性を知ることが許されているのは、それ自身両義性の嫌疑を越えている思考だけである」(MW,S.247)というわけである[16]。

　したがって、ここでもリットが引き合いにだしているのは、やはりパスカルである。「人間は悲惨である。というのは、彼はまさに悲惨な者であるから。だが人間は偉大である。というのは、彼は悲惨な者であるだけではなく、自分を悲惨な者として知っているから。自分自身についてのこの

知の価値は、この知を前にしては宇宙の一切の偉大さと力が色あせなければならないほど、高く評価されうる」(MW,S.250)。パスカルは語る。「人間は自然のうちで最も弱いひとくきの葦にすぎない。しかしそれは考える葦である。これをおしつぶすのに、宇宙全体は何も武装する必要はない。風のひと吹き、水のひとしずくも、これを殺すに十分である。しかし、宇宙がこれをおしつぶすときにも、人間は、人間を殺すものよりもいっそう高貴であろう。なぜなら、人間は自分が死ぬことを知っており、宇宙が人間の上に優越することを知っているからである。宇宙はそれについては何も知らない」[17]。パスカルは「考える葦」であるところに、つまり「思考」に人間の「偉大さ」を求めようとしたのであるが、リットにおいても、両義性の克服が「思考」に求められ、人間がまさに「思考する存在」として本質的に規定される。かくして、「思考」や「知」といった、ドイツ観念論が高く評価しつつも、その後の哲学において過小評価されてきた人間の根本能力が、リットの哲学的人間学において前面に現れてくることになるのである。

注

(1)「人間は両義性、すなわちアムビヴァレンツに委ねられた存在である」(FP,S.205)とリットみずからいうように、「両義性」と「アムビヴァレンツ」は同じように用いられている。ただし、強いていえば、『人間と世界』では「両義性」が、最晩年の著作では「アムビヴァレンツ」が中心的に使用されている。ちなみに、「アムビヴァレンツ」という語が精神分析の根本用語であることは、周知のところであろう。

(2) 次の指摘にもあるように、両義性は人間の根本規定であるとともに、「不気味な謎」でもある。「私たち人間は、人間であれば『人間である』のではありません。人間はしばしば人間でなくなります。非人間的になり、悪魔的にすらなります。日々報道され見聞する考えられないほどの恐ろしいことも、なさけないことも、しているのはすべて人間です。そのようなことを為しうる可能性が『人間であること』のうちに始めから備わっていると見ざるをえません。『人間である』とは、人間でなくなるか、真の人間になるか、不安定な両義的可能性においてあり、どういう人間になるかが問われているということです。悪魔的にすらなりうる可能性までみますと、この両義性は不気味な謎とすら言えます」(上田閑照著「人間であること」上田閑照編

『人間であること』燈影舎、2006 年、3 — 4 頁)。
(3)「我と汝」の問題にかかわって、リットはブーバーの著作を参照するように注記しているが (Vgl. MW,S.299)、「両義性」の指摘によって、リットの「我と汝」関係はブーバーのそれとは趣を異にすることになる。
(4) サルトル著、伊吹武彦訳『実存主義とは何か』人文書院、1969 年、29 頁。
(5)「両義性」は元来人間の内面より発するが、世界もそのような人間と関係を結ぶことによって両義性にさらされることになる。「自己性が現れるところでは、存在はバラバラになる」(MW,S.208)。このかぎりにおいて、リットにとって、世界もパーフェクトなものではない。それでこういわれる。「自由の問題に骨折っているシェリングが、『全自然の上に広がっている憂鬱のヴェール』について、『あらゆるの生の深い破壊できないメランコリー』について語るのも、故なきことではない。世界に関するキリスト教の形而上学が、此岸の現実を『堕落した創造』として人間の罪に関与させる場合に、そのキリスト教の形而上学が見ているものと、それは違っているものであるか」(MW,S.208f.)。
(6) こうした「モノ思考の増殖」をリットは「数学的自然科学の帝国主義」として描き出している。Vgl. NM,S.15ff.
(7) リットは、「暴力行使」(Gewaltausübung) という具体的ケースに即して、カント的な「自由」概念への批判を試みてもいる。Vgl. StS,S.28ff.
(8) シェリング著、西谷啓治訳『人間的自由の本質』岩波文庫、1951 年参照。
(9) 高坂正顕著『西洋哲学史』創文社、1961 年、426 頁。
(10) リットは、「人格の自由と生活秩序」(Die Freiheit der Person und die Lebensordnungen) と題した最晩年の論文においても、カント的な「自由」概念を「自由概念の誤った解釈」であるとし、「悪への自由でもあるのではない自由、それゆえにあらゆる反駁を免れているような自由は、善への自由でもなく、善への自由のみであるような自由は、善への本能束縛に等しく——それは倫理的なレッテルを貼られた必然性であろう」(FP,S.205) と述べている。
(11) パスカル著、松浪信三郎訳『パンセ』河出書房、1965 年、47 頁。
(12) ナチス期に執筆された著作においてリットは、人間は「偉大なことも同時に卑小なこともでき、上昇する力と同時に下降する力にも開かれた、自分を完成させると同時に自分を破滅させることも進んでなす存在——パスカルのことばをもってすれば、『宇宙の栄光にして屑』」(StS,S.127) であるとしているが、リットにとってパスカル的人間観はナチズム経験を通して決定的に深められたと考えられる。
(13) パスカル著、松浪信三郎訳『パンセ』147 頁。
(14) Hans-Otto Schlemper: Reflexion und Gestaltungswille.Bildungstheorie, Bildungskritik und Bildungspolitik im Werke von Theodor Litt, S.34.
(15) Karl Jaspers: Vernunft und Existenz (1935), München 1973, S.115.
(16) 1928 年にリットはすでに次のように書いている。「『絶対的な根拠を把握することなく、われわれは互いに深淵の上を浮遊している』——このように E. グリーゼバッハはこの人間的状況の不気味さを描いた。そして、ただ一つ、われわれを……この状

況から持ち上げるものが存在する。それは、この状況についての、すなわち、この状況の本質や必然性や不可避性についての知である」（WBW,S.135f.）。
⒄ パスカル著、松浪信三郎訳『パンセ』147 頁。

第5章　人間と思考

第1節　『人間と世界』と『思考と存在』

　繰り返し述べたように、リットの哲学的人間学の主著は『人間と世界』である。確かに、「キリスト教的人間学と哲学的人間学」という序論にはじまり、ゲーレン人間学批判の付録論文をもって閉じるこの労作は、正真正銘リットの人間学思想の代表書といえるだろう[1]。しかしながら、このことは、この書において彼の哲学的人間学の問題がすべて論じ尽くされていることを意味するものではない。なぜならば、『人間と世界』で提示された問題群の一部、しかも本質的ではなくはない部分は、この書と同じ1948年に出版された『思考と存在』で主題的に取り上げられているからである。この点は、『人間と世界』の序文において、リットがみずから言明しているところでもある。「最近の何年間私に与えられた不本意な暇の中で、私は一冊の書物を書き上げたが、それはここで示された諸探究を、それら探究の中になるほど含まれてはいるが、しかし余すところなく論じられてはいない側面から補完するものである。それは『思考と存在』というタイトルをもっている。一体となって人間の認識をめぐって骨折る諸科学の本質、関係および業績への問いを私は考えている。両書はいっしょになってはじめて、著者がこの問題領域に向けた努力の成果を完全に洞察させてくれるのである」(MW,S.6)。
　また逆に、『思考と存在』も『人間と世界』と深く結びついていることが、『思考と存在』の冒頭で注記されている。「この書で論じられるテーマは、今日好んで『哲学的人間学』と言い表される包括的な問題連関にまた関係している。以下で引き出される答えが、今挙げられた連関にいかにはめ込まれているかに関しては、私の『人間と世界』が教えてくれる」(DS,S.4)。

これを要するに、『人間と世界』と『思考と存在』とは、相互補完によって一全体をなしているのであって、そして、この一全体こそが、リットの哲学的人間学の全容なのである。それゆえに、『人間と世界』と『思考と存在』の両書をもって、リットの哲学的人間学の二大主著とすることができるだろう。

　以上のことを踏まえてリットの人間学思想全体を通観すれば、「思考する存在」という、つまるところは「自分自身を思考する存在」という人間の本質規定が浮かび上がってくる。この規定こそが、『人間と世界』ならびに『思考と存在』の両者を貫徹している根本モティーフにほかならない。だが、そうはいっても、合理的なものよりは非合理的なものが強調されがちな時代にあっては、「思考」を人間の本質と見なし、それについて主題的に論じることは、時代遅れもはなはだしいように思えるかもしれない。むろん、この困難をリット自身も重々承知している。「思考や認識や知に関する探究は、今日では相場が安い。このような探究には、いわば累乗された軽視が重くのしかかっている」(DS,S.1)。思想史的に見た場合、「思考」はつねに「存在」との関係において探究されてきたが、リットが身を置く局面下では、「存在」が前面に出ることによって、「思考」は背景に退いてしまっていた。こうした「思考」に対する「存在」の優位を証左する例として、リットは2つばかりの支配的な見解を挙げている。これら見解は、リットの「思考」論を理解する上で重要な意味をもっていると判断されるので、次に簡単に触れておくことにしたい。

　まずその第1は、思考を照明に擬するものであって（リット自身はこういう言い方をしてはいないが、一応これを「思考照明説」と名づけておく）、この見解に従えば、思考は投光器のようにいわばその光を存在に差し向け、その存在の事実と様相を明るみに出しはするものの、このことによって存在に何らかの変化を喚起することはない。換言すれば、思考の作用は、存在の解明にのみ限定されており、存在の変革はその埒外に置かれている。したがって、思考は存在に対して外的な位置にとどまり、存在は思考の照明のいかんにかかわらずそれがあるところのものであり続ける。この見解

は、伝統的には、認識論上のいわゆる「模写説」に属するものであって、そこには明らかに思考に対する存在の優位が示されているのである。

　その第2は、ニコライ・ハルトマンの存在論に典型的に見いだされるように、思考を存在内部の一特殊関係、あるいは「一つの存在の様態」(ein Modus des Seins) と見なし、存在に従属させようとするものである（同じくこれを「思考存在様態説」と名づけておく）。この見解が主張することには、「思考」という概念で意味されていることは、たとえ特別な性質をしていようとも、結局のところは、存在する主観の同様に存在する対象への関係にすぎず、この主観と対象の両者は、そもそもこうした関係が成立するに先立って、同一の存在世界に属している。このために、「思考」という概念は、「存在」という概念と同位にあるのではなく、これに帰服しており、このかぎりにおいて、「認識形而上学」(Gnoseologie) は「存在論」(Ontologie) に組み込まれることになる。それゆえに、この場合にも、同じく思考に対する存在の優位が見られるのである。

　しかしリットは、このような思想的状況にありながら、あえて「思考と存在」の関係を問い直し、かくすることによって「思考の復権」を唱えようとするのである。しかもそれは、単に理論的な根拠からだけではなく、極めて実践的な、あるいは人間学的な理由によってでもある。というのも、「人間を他の一切の生物から区別する根本能力の一つが……人間にとってどうでもよいものとなりうるならば、そのことは確かに随分困ったことである」(DS,S.4) からである。とはいえ、こうした企ては褪色した観念論への逆行であってはならないだろう。言い換えれば、思考の復権は、何よりもまず、今挙げた「思考照明説」および「思考存在様態説」との批判的対決を通してのみ可能であろう。そこで、この両説を念頭に置きつつ、ひとまず次においてはリットの「思考」論の骨組みを明らかにすることにしよう。

第2節　科学的思考の段階構造

　さて、リットは思考の本質を究明するに際して、その究明にあたって今日においてもしばしば論議の的になる「前科学的思考」(das vorwissenschaftliche Denken)ではなく、科学において具体的である思考、つまり「科学的思考」(das wissenschaftliche Denken)を手がかりとしている。なぜそうなのかといえば、科学的思考こそは思考の完成態にほかならず、科学的思考のこの地平からして、思考そのものの全体的な深みと広がりがはじめて開示されると判断されるからである。この点で、リットにあっては、思考論は「科学論」(Wissenschaftstheorie)へと収斂することになるのである。
　ところで、科学をして科学たらしめているファクターの一つは、その「方法」(Methode)にあると考えられるが、この方法が一か多かに応じて、科学論において「方法一元論」と「方法多元論」(「方法二元論」を含む)の2つの立場が分かれてくる。方法一元論の擁護者としては、人間の知の統一を太陽の光の統一になぞらえたデカルト、数学的自然科学を科学そのものに見立てたカント等が挙げられる(リット自身は名を示していないが、「統一科学」を標榜する論理実証主義も、当然のことながら、この立場に属する)[2]。だがリットは、この立場を断固として拒否する。「科学的認識の業績としてわれわれの世代の眼前にあるものは、紛れもなく方法一元論に反対している。科学を今挙げた理想の意味で統一しようとする一切の試みは挫折した」(DS,S.6)。すでに触れたように、リットの見解によれば、いかに主観が認識において重要な役割を演じるといえども、対象は主観に従順に服する「材料」ではなく、したがって、対象の多様性が方法の多様性を招来せざるをえない。現実的には、「一なる方法」ではなく「多数の方法」が、「一なる科学」(die eine Wissenschaft)ではなく「諸科学」(Wissenschaften)が存在する。だから、このことを考慮しなかったカントは、有機的生命に直面して当惑せざるをえなかったのである。

かくして、リットは方法多元論に立ち、諸々の科学の自律的存立を主張するのであるが、彼自身具体的にはそのような科学として、「物質科学」(Körperwissenschaft)、「生命科学」(Lebenswissenschaft)、「心の科学」(Seelenwissenschaft)、「精神科学」(Geisteswissenschaft) ないしは「精神についての科学」(die Wissenschaft vom Geist) の4種を挙げている。しかし、ここで誤解があってはならないことは、そのことによって彼が「科学の統一」をも否定しようとしているのではないということである。「方法多元論は、科学が互いに関係のない部門の集合と見なされうることを意味するものではない。科学の統一は、この多元論によって破壊されるのではなく、あまりにも一次元的に考える方法一元論に可能と思われるのとは違った、より複雑な形式にもたらされるにすぎない。科学は一つの体系を形成し、体系の各部分は相互に制約し合っている」(DS,S.48f.)。リットに従えば、科学はそれぞれ独自の部門に分化しつつも、全体的には「物質科学」を最下位、「精神科学」を最上位とする「段階構造」(Stufenbau)、あるいは「位階秩序」(Rangordnung) を構成している。と同時に、この「下から上へ」の道は、「外から内へ」の道でもある。「認識の全体は2つの極の間にのびているが、これら両極の一方は『外』に向けられた純粋外延性の科学によって、他方は『内』に向けられた純粋内包性の科学によって形成されている」(DS,S.98)。このように、「諸科学の宇宙」を構想し、その理念的統一を志向するという点において、リットはドイツ的な哲学的科学観の伝統の内にあるといえよう。ともあれ、ここでそれら科学の特徴とその連関を見ておくことにしよう。

そこでまず、「純粋外延性の科学」である「物質科学」は、「数学的自然科学」とも称され、自然を数学的関係へと還元すること、つまり「自然の数学化」を責務としている。この科学においては、その数学化によって、自然の質的多様性が犠牲にされる反面、一切の個別ケースを支配する普遍法則が獲得される。まさに数学的自然科学は普遍化の最たるものであって、リットもこの点にこの科学の「範例的価値」を見ている。しかしながら、方法多元論者であるリットにとっては、この科学は科学そのものではあり

えず、そこには同時に限界も存在する。というのも、一つには、この科学は諸々の対象を認識するにしても、自分の認識活動そのものの核心を、詳しくいえば、こうした認識活動で表現される「意味」(Sinn) を認識することはできないからであり、もう一つには、カントにおいてそうであったように、この科学のカテゴリーによっては有機的生命をあますところなく究めることは不可能だからである。

　次に「生命科学」は、空間内に場を占める「有機体」を対象とするかぎり、「物質科学」と軌を同じくするが、単に外延的なものにとどまるのではなく、内包的なものへの志向を含む点で、物質科学を越えている。したがって、生命科学はその課題を、「なるほど空間内で経過するが、その探究が単に空間的‐外延的なものの内を動くかぎり不可解なままであり、それゆえ、非空間的‐内包的な原理に頼ることを有無をいわさず要求する生起」(DS,S.87) によって得る。けれども、リットによれば、生命科学もやはり意味表現の本質を把握することはできない。確かに、生命科学は意味の感覚的描出である身体的事象を、物質科学のように部分に分解するのではなく、全体的にとらえるものの、そこに顕現するのは、個別化した有機的事象、つまり「非同一的なもの」(das Nichtidentische) であって、意味そのもの、つまり「同一的なもの」(das Identische) ではない。そのために、生命科学は「純粋外延性の科学」と「純粋内包性の科学」の間に位置することになるのである。

　が、生命科学の次にくるのは、「純粋内包性の科学」としての「精神科学」ではなく、今一つの「移行科学」である「心の科学」である。なぜならば、意味そのものは主観の内にあらかじめ存在しているのではなく、むしろ主観がこうした意味へと向かうのであり、そのかぎり主観は個別的、非同一的、かつ多様であって、このために、意味を表現する生命事象から意味が体験される内的領域に移っても、即座に同一的な意味が現出することにはならないからである。したがって、「意味がここやかしこ、以前や以後で現実になるときにどのような形態をとるかということを、まさに見なければならない。意味がそのように委ねられている現実をわれわれは『心的生』

(Seelenleben）と名づける。それゆえ、その課題がここで論議されている科学はまた『心の科学』と呼ばれてよい」(DS,S.107)。リットのいう「心の科学」は、大きくは「心理学」と「歴史科学」の２部門を擁しているが、通常「歴史科学」は「精神科学」に算入されることからすれば、これは異例といわなければならない[3]。リットの意図は、心の科学を広く解することによって、逆に精神科学を狭く限定し、その特徴を浮き彫りにすることにあると考えられる。

物質科学に端を発する階梯は、「精神科学」をもって終結に達する。リットはこの科学をオイケン（Rudolf Eucken）に倣って「精神論」(Noologie)、あるいは「精神論的科学」(die noologische Wissenschaft)とも呼んでいる[4]。それは、前記のことからも推察されるように、この科学を通例の「精神科学」から区別するとともに[5]、この科学の卓越性を強調するがためである[6]。他の３つの科学が、対象的な傾向を有し、非同一的なものにかかわっているのに対して、精神論は、同一的な意味そのもの、つまり認識活動の核心を取り扱うのであって、このために、リットにおいては、対象的科学と精神論的科学との間に介在する深淵は絶対的とされる。「３つの対象段階の科学に『精神』についての科学が接続するとしても、それでもって、より広い対象的な領域が開示されるのではなく、徹底的な方向転換——対象性の科学において前提とされているが、それらの科学によっては把握されることができないものへの方向転換が起こる」(DS,S.120)。精神論的科学は、このように他の科学の前提を吟味することによって、さらにはそれら科学間の連関を明らかにすることによって、他の科学を凌駕するのみならず、自分自身の解明にも従事する。この点で、この科学の知は、「自分自身についての知」でもある。その結果、「この科学とともに知はいわば自分自身に達し、その最高の望楼へと登った。さらにそれを越えるいかなる知ももはや存在しない」(DS,S.126)。そして、「『知の知』として、この科学は構造の一部としての自分自身ならびに全構造を見る」(DS,S.127)。要するに、リットの科学論そのものが精神論的科学よりした探究の成果であって、彼はそうした考察を「精神論的省察」(die noologische Besinnung)

と名づけるのである。

　以上のような「知の4段階構造」は、決して認識主観の自由な裁量による措定ではなく、「現実」あるいは「存在」との対応において形成されるものである。もっとも、「存在」自身も断じて単一ではなく、リットはこれをごく常識的に「物質」「植物」「動物」「人間」の4領域に区分している[7]。が、対応とはいっても、知の分節化の中に存在のこうした分節化が単純に反映されているわけではない。この点について、リットは次のように述べる。「それぞれの現実の範囲に、その範囲に、かつその範囲にのみ属する方法が対応するというのではない。物質世界には物質科学が、植物には生命科学が、動物には心の科学が、人間には精神科学が関係するという事情ではない。……この事実は、われわれが知っているように、一般的物質科学の権限が無機物の現実に制限されるのではなく、植物や動物や人間の現実をも包括することを伴う。同様に、生命科学の権限は、単に植物だけでなく、動物や人間にも、心の科学の権限は、単に動物だけでなく、人間にものびており、精神についての科学に対してのみ、唯一の現実の範囲、つまり人間という現実の範囲にだけ関係するということがあてはまる」(DS,S.133)。認識と現実、あるいは思考と存在とは、「対称的な並立の関係」にあるのではなく、「本質的に複雑な形式」をとるのである。

　かくして、ここに思考と存在における「人間」の特殊地位が明らかになる。すなわち、人間のみが一切の科学の対象に、したがって精神論的科学の対象にもなりうるのである。ところで、精神論とは思考する精神それ自身を対象とするものであった。とすると、人間が精神論の対象になることは、彼が他の一切の存在者と同様に思考されるだけでなく、「思考される」に際してのその「思考」を自分自身の内に有していることを意味する。「人間はあらゆる現実的なものと、思考されることができるという点で共通している。けれども、人間のみが、そもそも思考されることができるだけでなく、自分自身によって、それどころか自分自身によってのみ思考されることができる……という状態にある」(DS,S.147)。人間にあっては、思考されることが、即自分自身を思考することである。これに対して、人間に

最も近接する動物といえども、人間によって思考されることはあっても、自分自身を思考することはできない。そこでリットは、人間に関して次のような定義を下すのである。「人間であることに、思考することのみならず、またそして特に自分自身を思考することが属している。人間を『自分自身を思考する現実的なもの』（das sichselbstdenkende Wirkliche）と規定するのは、全く悪い定義ではないだろう」（DS,S.147f.）。リットの見るところによれば、「存在と思考されることの関係が正しく規定されるのは、思考されることが自分自身を思考することであるところの現実的なものの中心からのみである」（DS,S.217）。だとすれば、リットはいかにこうした人間の本質規定よりして例の「思考照明説」や「思考存在様態説」と対決し、思考の復権を唱えているのであろうか。

第3節　形成力としての思考——思考照明説批判

確かに、思考は存在にとって照明以上の何ものでもなく、存在をありのままに模写するだけであって、そのことによって存在がその事実や本質を変えることはないとする見解は、常識に最も適合しやすいものであるし、またある意味では正しいところを含んでもいる。たとえば、ある動物のある特徴が思考される場合、その動物がそのためにその特徴を変えるということはありえない。その動物は、思考されると否とにかかわらず、依然としてそれがあるものであり続けるのであって、思考されることは、その動物にとってはどうでもいいことである。要するに、この場合には、思考は存在にとって外的な無関心事にすぎないのである。

こうしたことから、リットもある範囲では思考照明説の権限を認めている。しかしながら、思考する考察者を自分の外にもつ動物のような存在者の場合はともかく、「自分自身を思考する現実的なもの」である「人間」に関しては、リットはこの説の有効性を否定する。「もし思考される現実的なものが、その現実的なものを思考する思考を自分自身の外部にもつの

ではなく——思考をみずからなすのなら、したがって、思考されることが自分自身を思考することであれば、事情は違っているだろう。つまりそのときには、当該の現実的なものにとっては……それが事実思考されるかどうかはたいしたことではないとは、もはや主張されることはできないだろう」(DS,S.147)。「自分自身を思考する現実的なもの」にあっては、「思考」と「存在」とは互いから切り離されているのではなく、密接に結合しているがゆえに、前者が後者に影響を及ぼすことは避けられない。このために、「人間は、自分自身を思考することによって、とにかく彼がすでにあるものについての理論的知を得るだけでない——否、彼はこの知を所有することにおいて、この知がない場合にあるのとは違ったものである。彼はこの知のために骨折ることにおいて、この骨折りがない場合にあるのとは違ったものになる」(DS,S.148)。こうした思考による存在の変化は、リットにあっては、物質科学から精神論にいたる一切の段階で生起するものとされている。

たとえば、われわれが心理学的思考によってある種の心的衝動を認識する場合を取り上げてみよう。このような心的衝動は、それが認識されない段階では、われわれを思うがままに捕縛している。が、われわれがこの心的衝動について知るやいなや、われわれはこれを全く消去させることはできないにしても、以前と同じようになすがままにこの衝動に身を委ねることはもはやない。「衝動は、それ自身として知られるやいなや、単なる衝動であることをやめる。衝動はある領域に入るのであって、この領域の明るさの中で、衝動は色彩や強度や恒常性を根本的に変える」(SM,S.22)。知は知としてとどまるのではない。知は理論的次元を越えて、人間の心的生そのものに深く介入し、そこで根本的な変化を引き起こすのである。

ところで、ここで問題となってくることは、思考による存在のこの「変化」をいかに解するかということである。もし、思考照明説やさらには広く模写説で前提とされているように、存在の即自的把握を認識と考えるならば、変化は認識の侵害となり、こうした変化をもたらす思考はその価値を奪われなければならないだろう。このことのために、人間に関する思考

の成果は不確かで疑わしいものとされ、ついには、しばしば厳密科学を標榜する人々によって主張されてきたように、その科学性を否認されることになる。だとすれば、全方法を投入するところで思考は、最も由々しき状態に陥ることになるだろう。

　だがリットは、このような解釈をしりぞけて、思考はむしろ人間をめぐる骨折りにこそその本来のエレメントを見いだし、その「力」(Macht)を完全に発揮するものと考え、次のようにいうのである。「思考が全く『自分自身のもと』にあるここでは、思考はおのずから、存在者を単に把握するだけでなく、その把握によって形成する能力となる」(DS,S.156)。すなわち、リットは、「変化」を認識の挫折として嫌忌するのではなく、「人間形成」と肯定的に受け止め、それを積極的に評価するのである。そのために、人間の自己認識は、たとえ独特の性質を帯びていようとも、依然として「認識」であることの権利を失わない。それどころか、「自己認識」が「自己形成」に連結するところにこそ認識の完成があるとすらいえる。だから、「むしろ理想的なケースは、まさしく、現実的なものがその形態をとるにいたる過程を思考が単に影響のない観察者として眺めるのではなく、その過程に形成する力としてはめ込まれているところで与えられている」(DS,S.158)。人間にあっては、思考は存在へと「形成的影響」を及ぼすことによって、はじめてその任を全うし、存在は思考されることによって、はじめてその本来の規定性へともたらされるのであり、この「自己生成と自己省察の絡み合い」(DS,S.160)こそが、人間の自己認識の比類なき特色である。人間は自分を思考することによって、自分を形成するのである。

　このようにリットにあっては、思考照明説の批判を通して、思考の人間形成的意義が力説されるわけであるが、このことは、当然のことながら、人間学的に深い意味をもっている。繰り返すことになるが、ヘルダーやゲーレン同様にリットも、人間を他の動物から区別する所以のものを「本能の不確かさ」に求めていた。すなわち、動物は何をなし、何をなすべきでないかの教示を本能から全面的に得るのに対して、人間には彼の行為に指令を与えるような生来の決定機関が欠落している。「動物は、世界に現れた

110

とたんに、すでに出来上がったも同然、つまり、自分自身の維持のために必要な一切の活動に対する能力が与えられている。これに対して、人間はさしあたっては比較的長い間自分自身の生存を維持できず、自分の能力の発達のために導きと指導に頼っている」(DS,S.27)。このかぎりにおいて、人間は動物よりも劣弱な存在であり、まさにゲーレンのいうように「欠陥生物」以外の何ものでもない。しかし、このことは事柄の一面でしかない。これまた多くの人間学者と軌を同じくして、リットも人間存在のこの否定面を「開放的、不確定的、形成可能的であることの必然的な裏面」(DS,S.27)と見るのである。

そこで、この裏面よりすれば、動物が千篇一律の現存在形式に閉じ込められているのに対して、人間にはこうした閉鎖性へと呪縛されるところがないといえる。この意味で、人間は「いまだ確定されていない動物」(ニーチェ)である。「人間は、変化なき宿命として現にある存在へと確定されているのではなく、彼自身の存在において変わることができると同様にそのことを使命としている」(MW,S.22)。この人間の不確定性は、彼の形成可能性を指示する。本能による導きを得ない人間は、みずからによって自己を形成し、新たに現出する状況に対応して行かなければならない。そして、そのことを彼に可能にするのが、なかんずく彼の根本能力たる「思考」なのである。だから、人間にとって自己への思考的反省は、彼の生に添えられた装飾ではありえず、むしろ彼の存在様式上不可欠の条件として要求されている。「動物は、その生の形式に従えば自己省察できないが、同様に自己省察を必要としない。というのは、この形式の破れない完結が自己省察を不要にしているからである。しかし、人間は自己省察を必要とする。というのは、人間の生の形式は、絶えず開かれている形式であると同様に絶えず再接合を求める形式であるからである」(SM,S.32)。リットにあっては、「思考」の問題は、つまりは人間の「自由」の問題へと帰趨するのである。

以上のような「思考と存在」をめぐるリットの所論は、哲学的人間学においても同盟者を見いだしている。たとえば、ラントマンである。リット

の場合と同じく、ラントマンにあっても、思考照明説は人間で限界に突き当たるとされている。「普通には認識は認識された事柄にあっていかなる変化も呼び起こさない。事物は確固たる存在の永続性を有しており、外からこのような事物へと歩み寄る認識は、このような事物にとっていかなる干渉も意味しない。存在は認識されることに対して『圧倒的な無関心』を示す（ニコライ・ハルトマン）。これに対して、人間はこの一般的な法則からの例外をなしている。人間はいかなる変わらずに完結した存在の永続性を有さない」[8]。そして、ラントマンは「人間の自己形成への人間の自己解釈の影響」に着目して、リットの名を引き合いに出しながら、さらに次のように述べている。「それゆえ、人間は唯一の存在者として認識によって変えられる。開かれており形成可能であることによって、彼が決定と確定へと突き進まなければならないがために、彼が自分で自分についてつくり上げた理念は、理想の決定する力を得る。彼が自分に与える自己解釈は、自己形成が遂行される際の基準となる目的像や指令となるのである（テーオドール・リット）」[9]。

第4節　思考の自立——思考存在様態説批判

　先には、思考は存在の単なる照明でないことが判明した。それでは、今一つの思考存在様態説はどうであろうか。リットはいかにこの説を論難し、思考の意義を回復しているのであろうか。この問いに答えることは、とりもなおさず、ニコライ・ハルトマンに対するリットの態度を明らかにすることを意味するであろう。

　リットは、前期段階では、「自然科学」対「精神科学」というディルタイ的な二元論的対立に牽引されていたが、後期に及んで、すでに述べたように、方法多元論を鮮明に打ち出し、科学を「物質科学」「生命科学」「心の科学」「精神科学」の4段階に区分するにいたった。この転換には、ハルトマンからの影響が深く与かっているものと推察される。周知のように、

第5章　人間と思考

　ハルトマンは元来新カント主義のマールブルク学派に属していたが、後に実在論的色彩を濃厚にして、この派から離脱し、独自の存在論を築き上げた人物である。この彼の存在論によれば、実在世界は「無機的」（anorganisch）、「有機的」（organisch）、「心的」（seelisch）、「精神的」（geistig）の4つの「存在層」（Seinsschichten）より成り立ち、しかも、これら存在層は決して他に還元されない独自の領域であるとともに、無機的存在層を最下位とし、精神的存在層を最上位とする「段階」（Stufen）を構成している。そして、物質、植物、動物、人間といった一切の「存在形成物」（Seinsgebilde）は、これら存在層の「成層」（Schichtung）によって説明されるというのである。このようなハルトマンの「層理論」（Schichtentheorie）あるいは「段階理論」（Stufentheorie）がリットの科学論に取り入れられていることは一目瞭然である。と同時に、両者の相違も注視されなければならない。この点について、たとえばフンダーブルク（Lorenz Funderburk）は次のように指摘している。「無機的、有機的、心的、精神的存在段階への同じ分割がリットの科学の段階論の基礎でもある。もちろん、ここでハルトマンの説との区別が明白になっている。リットの『段階』はいかなる『存在層』でもなく……科学の段階、あるいは方法の段階である」[10]。つまり、リットはハルトマンの理論を形式的にのみ継承したのであって、その内容には疑念を投じているのである。

　それに際して、リットが特に俎上に載せているのは、「切れ目」（Einschnitt）という考え方である。ハルトマンの層理論では、各層は「切れ目」によって互いから分離され、その間にはいかなる連続的な移行も存在せず、いわば低次の層の上に高次の層が積み重なっている[11]。これに対してリットは、有機的なものと心的なものとの間の断絶を取り上げ、人間の身体を引き合いに出しながら反論する。「この人間の身体的存在についてわれわれは、それが……決して空間的な広がりの相互外在の内に尽きるのではなく、それの側ですでに超空間的な生成原理の支配を見えさせるということを知っている。そして、この確認に対して、有機的生命はまさにすでにそれ自身において『層を成している』という抗議がなされるならば、そのこ

とに対しては、この生命の外延的外面性は、統一を打ち立てる内包的なものによって『重ねられている』のではなく、むしろ全く末端にいたるまで浸透されていることが差し出されうるだろう。この生命の全体性および統一性のために、ここで互いから際立たせられた『層』のようなものを発見しようとする試みはだめにならざるをえない」(DS,S.137f.)。しかのみならず、これとともに層全体を支配している一方的な依存関係にも矛先が向けられる。高次の層と低次の層とは、前者はそれの基礎および前提として後者を必要とするものの、後者は前者を頼まないという一面的な関係にあるとされるが、リットの見解では、両層はまさに相互関係にあり、そのために低次の層も高次の層に無関心たりえない。このことは、人間の言語的表現行為によって例証される。「たとえば語の言明というような比類なく有意味的な表現事象をありありと思い浮かべ、この事象の全体を4『層』に分解して考えようと試みてもらいたい。そうすれば、この要求が受け入れられないことが痛感されるだろう。なぜならば、この事象が、その最後の支流にいたるまで、つまり音声上の産出の全くどうでもいいニュアンスにいたるまで、一つの中心から統御され、一つの原動力によって形成されていることは明白だからである」(DS,S.138)。

　しかしながら、リットのハルトマン批判は、その「思考」観において極点に達する。すでに述べたように、ハルトマンの場合、「思考」は存在内部の一特殊関係、「一つの存在様態」にすぎなかった。層理論的には、思考は精神的存在層に属し、その内容を自および他の層から得るものとして性格づけられている。そのために、「思考と存在の関係は層全体に対する最高層の関係へと還元される」(DS,S.162)。要するに、ハルトマンの存在論は、「存在への思考の従属が首尾一貫して成し遂げられている存在論」(DS,S.161)なのである。だがリットは、思考が導出されるべき存在は、実は、「対象的思考の局面で差し出されるような存在」(DS,S.161)であって、このような局面下では思考の本質、つまりその「同一化」(Identifizierung)は把握されないと反駁する。その際に特に槍玉にあがるのは「存在の様態」ということである。すなわち、「様態」という概念には、それが他の様態

第 5 章　人間と思考

を自分の傍らにもつことが含まれているがために、「存在の様態」たる思考は他の様態、たとえば知覚や意欲や行為と織り合わされており、ひいては、人間以外の他の存在者の様態と並立していることになる。しかし、このような意味での思考は、個別的で分散状態にある、換言すれば対象的科学より見られた思考であって、そこでは思考の究極の特性をなす「同一化」は逸せられている。「包括的な存在への組み入れとともに、つまりこの存在に帰する様態の総体への編入とともに、まさに同一化の能力としての思考に帰する優越性はすでに破棄されているのである」(DS,S.163)。

　さらに進んでリットは、存在の優位か思考の自立か、という二者択一を提示する。というのも、もし思考が存在の様態として存在へと組み込まれるならば、そのときには思考の自立性、つまりは思考の真理発見の能力は否定されるだろうからであり、これとは逆に、思考に真理発見の能力が添えられ、思考がそれ自身の高みに達しているならば、思考はもはやそれよりも高くて包括的な何ものかの様態ではないだろうからである。この不可避的な選択に直面して、彼は次のような断を下している。「無条件に『自分自身のもとにあること』（ヘーゲル）の高みへと上昇することが思考にできないと見なす者は、思考、したがってまたこの思考の能力あるいは無能力についての思考をはじめるときにすでに矛盾したふるまいをしている。彼が思考をはじめるならば、彼はまた暗にまたすでに思考にかの上昇の能力を与えることを認めてしまっている」(DS,S.164)。存在論を展開するハルトマンといえども、その仕事を思考でもって着手せざるをえないがゆえに、思考の自立性を否定することはできないというわけである。

　かくして、思考を存在に従属させ、存在を絶対視する「存在論主義」(Ontologismus) は拒否されなければならない。リットは、「思考と存在」の関係をさらなる「存在」という第三者に包摂するような立場を「第三者の形而上学」(die Metaphysik des Dritten) と名づけ、これが人間から自立性を奪うものであるとして、厳しく批判している[12]。だがこのことによってリットは観念論に逆行したのではないか、という疑問が当然起こってくるであろう。確かに、「観念論的に思考を傾注することは、おそらく人間

115

の哲学の理論がためしてみることができる諸々の可能性の一つを意味するのではなく、前景的あるいは断片的な局面に満足しないすべての人間学によって厳守されなければならない」(MW,S.18)という言からも察せられるように、リットが観念論的傾向を有していることは否みがたい。けれども、このことからただちに彼を旧弊な観念論者と処断することは早計であろう。なぜならば、彼は他方では、すでに触れたように、客観を受動的な材料と見下すカントのような考え方を非難しているからである。だから、「リットにとって、われわれが『世界の認識』と名づけるものを生み出すためには、思考と存在、主観と客観とは協同する。その結果、彼に従えば、主観や悟性カテゴリーを過大視するカントも、『存在カテゴリー』の優位を説くハルトマンも、独占的に権利を留めないのである」[13]。

　それゆえに、次のように結論づけることができるであろう。すなわち、リットは「実在論」にも「観念論」にも一方的に与するものではない、と。弁証法家たる彼はあくまで両者の中間に位置する。あるいは、デルボラフ (Josef Derbolav) とともに、「彼は結局観念論と実在論との彼岸の立場を探し求めた」[14]といってもよい。「思考と存在」をめぐるリットの思索の帰結点は、いずれか一方の優位ではなく、両者の、彼の好みの表現を用いれば、「交差」(Verschränkung) にある。「『思考と存在』という公式で述べられている関係を、一方の側が他方の側に従属しているとか、あるいは、まさしく他方の側に受け入れられている、ということによって単純化しようとする試みを断念することが肝要である。関係の二分節性が維持されなければならない」(DS,S.164)。ここにわれわれは、人間神化へと帰着するドイツ観念論的人間観でもなければ、人間を世界内の一存在へと貶める実在論的人間観でもない、リット独特の人間観に出会うことができるのである。

第5章 人間と思考

注

(1) 『人間と世界』の内容を要約的に解説したものとして次のものがある。Gottfried Preissler: Die Geistesphilosophie Theodor Litts und die Bildungsproblematik des Gymnasiums, in: Beiträge zur Gymnasialpädagogik, hrsg. von Gottfried Preissler, Kassel 1961, S.12ff.
(2) たとえばデカルトは、「あらゆる学問は人間的智慧（humana sapientia）にほかならず、このものはいかに異なった事象に向けられても常に同一であることを失わず、またそれら事象から差別を受けとらぬことあたかも太陽がその照らす事物の多様から何の差別も受けとらぬのと同じである」（デカルト著、野田又夫訳『精神指導の規則』岩波文庫、1974年、9－10頁）といっている。なお、デカルトの科学方法論についてはとりわけ、野田又夫著『デカルト』岩波新書、1966年、62－70頁参照。
(3) そもそもリットのいう「物質科学」「生命科学」「心の科学」「精神科学」は、方法論に基づいた科学区分の名称であって、現実に存在する科学の名称ではない。リット自身は、「物質科学」には「天文学」「物理学」「化学」が、「生命科学」には「一般生物学」「植物学」「動物学」が、「心の科学」には「心理学」「歴史学」、加えて「社会学」が具体的に分類されるとしている。Vgl. DS,S.6.
(4) オイケンの「精神論的方法」については、Vgl. EN,S.172f.
(5) それで、『思考と存在』においては、Geisteswissenschaft という語はなるべく避けられ、die Wissenschaft vom Geist とか、Noologie とか、die noologische Wissenschaft といった言い方がされている。
(6) 『ナチス国家における精神科学の位置』（Die Stellung der Geisteswissenschaften im nationalsozialistischen Staate）という著では、通常の個別的な精神諸科学から「全く特定の意味における『精神科学』」としての「精神についての科学」（die Wissensschaft vom Geist）が区別され、この「精神についての科学」は現代的にいえば「哲学的人間学」であるとされている。Vgl. SG,S.8ff.
(7) この4領域区分は、「教育はそれによって人間が人間に関係するところの行為である」（FW,S.111）とするリットの「教育行為論」の出発点にもなっている。なお、リットの「教育行為論」については、次の拙論を参照されたい。宮野安治著「教育行為論のために」山﨑高哉編『応答する教育哲学』ナカニシヤ出版、2003年、4－20頁。
(8) Michael Landmann: Philosophische Anthropologie, S.7.
(9) ibid., S.9.
(10) Lorenz Funderburk: Erlebnis・Verstehen・Erkenntnis. Theodor Litts System der Philosophie aus erkenntnistheoretischer Sicht, Bonn 1971, S.130.
(11) Vgl. Nicolai Hartmann: Der Aufbau der realen Welt, 3.Aufl. Berlin 1964, S.179ff.
(12) リットのいう「第三者の形而上学」とは、一般的には、本来直接的な相互関係にある「人間と世界」「主観と客観」「思考と存在」等の関係に文字通り「第三者」を介

在させ、関係を調停し、関係全体をこの「第三者」に還元してしまう理論のことである。リットは、「この第三者が世界解釈の体系で現れる際にとる名称は移り変わってきた。それは『絶対者』『実体』『神』『自然』『生命』『世界霊魂』『根本原因』『意志』『超個人的なもの』『無意識的なもの』といわれうる。時々単純に『存在』あるいは『現実』と名づけられる」（MW,S.143）と指摘している。ヘングステンベルクは、リットの「第三者の形而上学」批判を評価し、「『第三者』のこのような理論の拒否という点でわれわれは Th. リットと一致する」（Hans-Eduard Hengstenberg: Philosophische Anthropologie, S.5）と述べている。

(13) Lorenz Funderburk: Erlebnis・Verstehen・Erkenntnis. Theodor Litts System der Philosophie aus erkenntnistheoretischer Sicht, S.131.

(14) Josef Derbolav: Theodor Litt. Person und Gedanke, in: Frage und Anspruch, Wuppertal/Ratingen/Düsseldorf 1970, S.32.

第6章　人間学としての科学論

第1節　自己認識と哲学的人間学

　その昔デルフォイのアポロン神殿に掲げられていたといわれ、ソクラテスによって人口に膾炙されることとなった「汝自身を知れ」という銘は、その本義がどれほど慎ましやかであれ、人間にとって最重要の根本課題を意味してきた。というのも、人間こそは、自分自身を囲繞する世界を認識するのみならず、当の自分自身が何であるかを問い、かつそれについて知りうる唯一の存在者だからである。パスカルがいみじくも看破したように、人間は自然の内で最も弱い一本の葦にすぎないが、考える葦であり、自分自身に関するその知によって宇宙をも凌駕している。それで、人間への問いを哲学の核心に据えた、かの「哲学的人間学」の運動も、何ら異例の精神史的現象ではなく、このような「自己省察」あるいは「自己認識」の壮大な概念的表現と解することができる。この点で、グレトゥイゼン（Bernhard Groethuysen）は、「汝自身を知れとは、あらゆる哲学的人間学のテーマである。哲学的人間学は、自己省察、すなわち自分自身を把握しようとする人間のつねに新たな試みである」[1]と述べている。

　そこで、こうした「自己認識」あるいは「自己省察」という根本課題に典型的に応ずると思われるのが、人間を「自分自身を思考する現実的なもの」あるいは「自分自身を省察する存在」と規定するリットの哲学的人間学である。リットは『人間と世界』および『思考と存在』に先立って、すでに触れたように、1938年に『人間の自己認識』と題した書を著し、文字通り「自己認識」の問題について論じていた。その書で、彼は「世界認識」と「自己認識」を区別しつつ、次のように指摘している。「認識の骨折りのあらゆる変遷のただ中で、2つの根本方向が紛れもなくはっきりと

際立っている。すなわち、認識のまなざしが本来的な意味で『世界』、つまり認識する主観の『外部』に見いだされるものの総体に向けられうることと——そして、『内部』に、つまり認識する主観自身の内にあり、そこで起こるものに向けられうることである」(SM,S.5)。もっとも、「世界認識」と「自己認識」の「2つの根本方向」が識別されるにしても、両者は発生を同じくするのではなく、あくまで前者が後者に先行する。したがって、世界認識がより根源的であるのに対して、自己認識はより発展的な認識ということになる。「自己認識とは、『精神』がその名が意味しようとするものであるときに所有している贈り物や可能性の一つであるだけでなく——実際ヘーゲルがはじめて完全にはっきりと見たように、精神の本質全体が究極の規定性へとまとめられるところの可能性なのである」(SM,S.11)。

この引用文からも察せられるように、リットは自己認識という哲学的課題をとりわけヘーゲルから受け取ったのである。彼がヘーゲル哲学の強い影響下にあることは、改めて詳言を要しないところであるが、彼のヘーゲル哲学への傾斜は、特に「精神」概念の受容に端的に現れている。一方、ヘーゲル当人にとっては、精神は自己自身の認識ということを本質特徴としていた。「デルフォイのアポロからギリシャ人に下された自己認識への勧めは……見知らぬ力によって外面的に人間的精神に向けられた命令という意味をもっているのではない。自己認識へと駆り立てる神は、むしろ精神の独自の絶対的な掟にほかならない。それゆえに、精神のあらゆる行いは、精神自身の把握にすぎない。そして、あらゆる真の学の目的は、精神が天地に存在する一切において自分自身を認識するという目的にすぎない」[2]。新ヘーゲル主義者リットが、精神のこの自己認識的性格を見過ごすはずがない。「彼（ヘーゲル——引用者注）にとって、精神の一切の行為は、その最深の意味に従えば、真理獲得の努力、知の追求であり、そして、一切のこの知の追求においては、究極的には、認識——自己自身の認識が問題である」(H,S.73)。それゆえに、デルボラフとともにいえば、「精神の自己認識という特にヘーゲル的なテーマが、彼（リット——引用者注）を哲学的人間学へと継続して導いて行くのである」[3]ということになる。

このようにヘーゲル的な来歴を負った「自己認識」という根本モティーフは、『人間と世界』や『思考と存在』はむろんのこと、リットの著作全体を貫いている。たとえば、『自由と生活秩序』(Freiheit und Lebensordnung) と題された最晩年の政治哲学的ないし教育哲学的労作においても、リットは「……自分の存在への反省が、人間をはじめて人間にする根本特徴に属する」(FL,S.29) と述べ、人間を動物から区別する標識を人間の自己認識に求め、そこから人間の自己創造性を説いている。「動物はまさに、自己省察へのほんのかすかな端緒すら示さないがゆえに、動物である。そして動物は、自己省察への極めてわずかな可能性すらもたないがゆえに、そうした端緒を示すことができない。動物にあってわれわれを喜ばせると同時に感動させるものは、とらわれのない自明性であって、この自明性でもって動物は、本性的に持参されている現存在状態を十分に生き、かつ現に生きている。……動物とは反対に、人間は、その存在と態度を、生来変更不可能的に指定されたものとして受け取るのではなく、選択的決断において共同決定する力が与えられている、むしろそのことが強制されている存在である」(FL,S.30)。要するに、リットにとって「自己認識」こそは、人間の本質をなすものであって、その意味で、人間の本質を究明する哲学的人間学は、何にもましてこうした「自己認識」を中心テーマとして掲げざるをえないのである。

　もっとも、「自己認識」と一概に称しても、人間のいかなる側面が認識されるかに応じて、いくつかの段階を区分することができるだろう。が、自己「認識」に人間の最高課題を見ることにすでに示唆されているように、人間精神の本領が「認識」において発揮されるとするなら、認識する自己に関する認識、簡明にいえば、「認識の認識」がまさに自己認識の階梯の最上段に位置することになろう。この点に関してリットは、「人間は世界について知る者であるだけでなく、自分が世界について知る者であることを知る者である」(WM,S.200) とし、「世界についての知」を「第1段階の知」(Wissen ersten Grades)、そして「この『世界についての知』についての知」、つまりメタ・レベルにおける知を「第2段階の知」(Wissen zweiten

Grades）と名づけ、後者をより高い段階の知として称揚している。

とはいえ、これでもまだ事柄の最も内奥の核心にまで達していない。なぜならば、自己認識が対象とする「認識」そのものも決して一様ではないからである。そこで歩をさらに進めて、認識的営為が、一定の方法を介して普遍性を獲得する、いわゆる「科学的認識」で成就されるとするならば、科学的認識の認識、つまり「科学論」（Wissenschaftstheorie）こそが、自己認識の極点を形成することになるだろう。事実、リットにあっては、「科学論」は自己認識の、またそのために哲学的人間学の主要領域になっているのである。「『科学の本質、関係および業績』への問いは、テーオドール・リットに従えば、彼の哲学的人間学の一つの本質部分を表しており、そのゆえに、彼の哲学観の背景で総体的に論じられなければならない」[4]。ここに、リットが、科学論的著作でもある『思考と存在』において、「この書で論じられるテーマは、今日好んで『哲学的人間学』と言い表される包括的な問題連関にまた関係している」（DS,S.4）と注記する所以が存するのである。

第2節　認識論と科学論

かつて「科学論」は「認識論」（Erkenntnistheorie）に付随する分野として取り扱われていた。しかるに、個別諸科学の飛躍的発展の結果、科学的認識が認識の王国で君臨することになり、そのために科学論はその従属的位置から脱却して、ついには認識論に取って代わるにいたった。この意味でヤスパースは、「私は何を知ることができるか」（Was kann ich wissen?）というカントの根本的問いは、現代では「科学とは何か」（Was ist Wissenschaft?）という問いに変形されなければならないとした[5]。今日、科学論的論議は、哲学のさながら流行問題の観を呈し、実に千差万別の科学論モデルが提示されているが、リットの科学論はそのような近時の論議の先鞭をつけるものと評することができよう。

第6章　人間学としての科学論

　しかしながら、たとえ科学論がどれほど認識論を圧する関心を集めたとしても、一般的には、次のボルノーの言にもあるように、科学論の射程距離が認識論の全範囲に及ばぬことを盾に、認識論の固有性が依然として主張されたりする。「今日科学論という名のもとで流行している熱心な骨折りは、多くの点で、認識論という使い古した概念に対する新しい表示にすぎない。けれども、このことはまたもや、限られた意味でのみ妥当する。なぜならば、科学論は、すでにその名が表現しているように、最初から科学的認識に自分を制限し、したがって、いわゆる自然的な、生そのものから直接現れた認識には興味を示さないからである。……それゆえに、科学論は、これまで認識論によって着手された課題のある特定の断面だけを論じうるのであって、認識論全体の代わりをすることはできない」(6)。ところが、リットは科学論と認識論のこの区別を認めないのである。ここに彼が科学論を重視する根拠の一端がある。

　リットが反論のために引き合いに出している支配的な見解では、まず最初に「原初的な現実把握」(die primäre Wirklichkeitserfassung)、つまり「前科学的な世界開示」(die vorwissenschaftliche Erschließung der Welt)があり、しかる後に、そこから方法的に分化した科学的認識が発現するとされている。そして、この世界開示も、「カテゴリー」という根本形式において遂行される以上、科学的認識と同様に認識の範囲に算入されるのである。カントの超越論的哲学は、こうした科学以前の認識の構造を問う代表的なもので、とりわけ彼に如実にうかがえるように、方法的分化を考慮することなく、認識の統一を求める時代にあっては、「……『認識論』と『科学論』との区別は……一般的に依然として有効であった」(DS,S.167)。認識論と科学論とがこのように分離され、科学的分化が第2段階の要件へと引き下げられるかぎり、「このような評価にあっては、科学論が哲学問題の中心から絶えず遠ざけられざるをえなかったことは、歴然としているのである」(DS,S.167)。

　リットは上記のような区別を無効となすのであるが、むろん彼といえども、科学が無前提的に無から創造するとは考えない。「科学的な『対象』

が形成されることができるためには、科学的思考が操作を行うところの『所与』(ein Gegebenes) が必要である」(DS,S.167)。彼が異議を唱えるのは、科学的認識の所与を前科学的認識と見立て、前科学的認識の所与たる根源的現実から隔絶させ、そのことにより根源的現実、前科学的認識、科学的認識の3者を直列的に並べるやり方である。というのも、もし科学的認識が前科学的認識に後続するとすれば、方法的に未分化の前科学的認識に科学的分化の動因を探ることになり、撞着に巻き込まれざるをえないからである。リットの確信に従えば、分化は思考が現実をとらえる場から直接的に生起するのであって、このゆえに、「科学の分化は、認識が原初的所与と接触する点にまで、前に出されなければならない」(DS,S.168)。だからリットは、後に「リットは両部門（認識論と科学論）をごたまぜにしようとしている」[7]とする評を招くにもかかわらず、「『認識論』と『科学論』との区別は支持できない」(DS,S.168) と断ずるのである。

　リットが科学論を重視するのは、科学の手が原初的所与にまで伸びているからだけでなく、むしろその最大の理由は、科学的認識がまさしく最高段階の認識たりうるところにある。この点で彼は、その多大なる功績を承知しつつも、科学的認識を根源的世界開示の「派生物」(Derivat) へと貶める「現象学」からみずからを画することになる。彼が現象学的認識論ということで特に批判の対象としているのは、ハイデガーとハルトマンであるが（ハルトマンの立場を「現象学」と見なすことには、当然のことながら、異論があろう）、彼ら両者の科学軽視の傾向は「方法の過小評価」に現れているとリットは見る。たとえば、ハイデガーにとっては、方法は「注目することがみずからに形成する規矩」以上ではなく、「開示されうる対象の根本体制への適切な予見に基づいている」し、またハルトマンにあっても、論理的形式は全く認識の「外的表現法」にほかならないとされている[8]。これを要するに、いずれの場合も、「……方法が認識の建築落成の上でなすところはあるものの、その建設的性格は見そこなわれている」(MW,S.304)。

　確かに、発生的観点からすれば、世界開示の根源的形式が方法的に完成

された科学に先んじている。けれども、時間的前後関係がそのまま価値的上下関係を形成するわけではなく、それどころか、かの前科学的根源の意義全体は、その根源から「遠く隔たった派生物」と称される認識様態を待ってこそ解明されることができる。「無技巧で神話のヴェールに包まれた太古の星学ではなく、数学的に完成された近代の天文学が、蒼穹に『直前しているもの』を『じっと見つめること』でもって一体何が含まれているかについて、われわれに説明を与える」(MW,S.304)。科学的認識は、決して根源よりの「退化」(Degeneration)などではなく、そこからはじめて全認識段階の広さと深さが開かれる望楼である。そこでリットは、認識問題の探究方向を次のように定める。「一見すれば、まず認識一般を、次いではじめて科学で起こるこの認識の自己分化に注視することが、探究の客観的に必要な道のように思われる。『認識論』が『科学論』に先行しなければならないように思われる。われわれはこの見解に従った行き方をしない。われわれは即座に科学にまなざしを向ける」(DS,S.5)。「認識の問題」はとりもなおさず「科学の問題」に集束するわけである。

かくして科学論がリット哲学の根本テーマたることは鮮明であろう。実際、科学論への彼の沈潜は生涯にわたっており、「前期」「後期」のそれぞれの段階で、大部の科学論的著作が刊行されている。すなわち、一方は1923年の『認識と生』であり、他方は『思考と存在』である。もっとも、これら両書は内容をかなり異にしており、その相違の要点を簡明にいえば、両書の書名からある程度察知されるように、『認識と生』がディルタイ的な生の哲学の影響下に構想されているのに対して、『思考と存在』はニコライ・ハルトマンの存在論とのかかわりから書かれている。これをもう少し詳言すれば、『認識と生』では「自然科学」対「精神科学」という二元論的対立が支配的であるのに、『思考と存在』ではこの二元論が破棄され、ハルトマンの「層理論」、あるいは「段階理論」に触発されて、科学が「物質科学」あるいは「数学的自然科学」、「生命科学」、「心の科学」、「精神科学」ないしは「精神についての科学」の4種に分けられているということになる。ともあれ、リット科学論の深化、完成という観点から注視しなけ

ればならないのは、『思考と存在』を中心とした後期の科学論であることは断るまでもない。

今述べたように、そしてすでに触れたように、後期の科学論においては、科学が「世界を認識する思考の大にして還元されえない根本方向」(DS,S.6)に応じて4領域に区分されている。しかもこれら科学は、それぞれ自律しつつも、互いに関係し合うとともに、全体的には、「数学的自然科学」を最下位、「精神についての科学」を最上位とする「段階構造」、あるいは「位階秩序」を形成するとされている。ところで、ここで問題となってくることは、これらそれぞれの科学やそれら科学間の関係、ひいてはそれら科学全体を解明するものは何か、別言すれば、科学論そのものを展開する立場はどこにあるのか、ということである。通例であれば、超越論的哲学であれ、存在論であれ、科学は科学を越えた立場から基礎づけられる。だがリットはこのような一般的手法を拒否する。「科学『について』の省察は、科学の彼岸にある立場から着手されうる要件であるとする先入観ほど、科学の構造への正しい洞察の邪魔になるものはない」(DS,S.97f.)。リットは科学を究明する立場を科学の外部ではなく、科学そのものの内部に求める。すなわち、科学への問いは、その科学の一部をなす「精神についての科学」によって探究されると考えるのである。「究極的に基準を与えるのは精神についての科学である。精神についての科学は全道程を、そして、これとともに諸部門の関係を概観する」(DS,S.120)。このように、科学論的反省をも科学論の内容に組み入れたところに、リット科学論の最大のユニークさが存するといえるであろう。

第3節　精神論的省察

科学論が精神についての科学の立場よりして展開されるのであれば、この精神についての科学は科学全体の中で「優越した位置」を占め、他の科学との混同を厳しく禁じられることになろう。リットの見解では、精神に

ついての科学と他の3つの科学との本質的差異は、「個別的なもの」か「普遍的なもの」か、いずれを対象とするかにある。すなわち、他の科学が今ここに、一回的に存在するもの、つまり「個別的なもの」を取り扱うのに対して、精神についての科学は、これら科学がその対象を認識する超時間的・超空間的構造そのものを解明することによって、「普遍的なもの」に照準を合わせている。これと関連してことに注目に値するのは、先に触れたように、リットが「心の科学」を「精神についての科学」からはっきりと切り離していることである。彼のいう「心の科学」は、「心理学」と「歴史科学」の2部門を擁しているが、このような「心の科学」は、しばしば科学二元論者によって試みられたように、いわゆる「精神科学」に含められ、「自然科学」に対抗させられる傾向にある。しかしリットは、「心の科学」が対象とする「心的生」は個別的、一回的であるものの、しかるに、この心的生を認識する「心の科学」の構造はもはや個別的ではなく、したがって、こうした構造そのものを問う「精神についての科学」は普遍的なものにかかわっているとの理由から、両科学を峻別しているのである。

　上述のことから、精神についての科学が卓越した性格を有すること、とりわけ心の科学と同一視されてはならないことが明らかとなった。そこでリットは、その卓越性を際立たせ、通常の「精神科学」から区別するために、これまたすでに述べたように、彼自身の「精神科学」を「精神論」あるいは「精神論的科学」と別称する。この Noologie（精神論）という語は、オイケンの哲学に由来し、語源的にはギリシャ語の nus（Geist）と logos（Lehre）から合成されたもので、まさしく「精神の学」を意味している。オイケンはこの語でもって経験的方法を超越した独自の立場を表示しようとしたのであるが、その意図はリットにあってもそのまま継承されている。「心の科学」の段階を越えた高次の立場、それがリットのいう Noologie にほかならない。そして、この精神論に立脚した考察が「精神論的省察」（die noologische Besinnung）と呼ばれるのである。

　この Besinnung という語は、リットにおいてしばしば重要な場面で登場する語であるが、精神論的思考の本質を表現するのに適したものである

と判断される。なぜならば、他の3つの科学では、思考する精神は精神以外のものを認識することにより外に向かうのに対して、思考する精神そのものが対象となる精神論では、精神が精神をとらえる、換言すれば、精神が自分自身に回帰し、自分自身を専心的に反省するからである。この精神が内に向かうこと、つまり精神の自己反省を示すのに、Besinnungという語は最適であろう。リットみずからも、「精神論は自己省察の科学である」(DS,S.97) といっている。哲学的人間学の根本任務が自己認識にあり、その自己認識が科学的認識の認識、すなわち科学論的反省で極まるとすれば、この科学論的反省を意味する「精神論的省察」は、哲学的人間学の使命を端的に指し示すものといえるだろう。では、そのような精神論的省察は、リットにおいて、具体的にどのようなことを課題とするとされているのであろうか。

リットによれば、精神論的省察は、まず第一に、数学的自然科学、生命科学、心の科学の「成立条件」「業績能力」ならびに「限界」について論じる。この場合特徴的なことは、精神論的省察が、他の科学で獲得された知を吟味することによって、その科学の妥当範囲を制限するということである。なぜというに、通常の科学論的反省ならば、科学論の理念的構造の解明に終始するだけで、知の内容にまで批判的に介入しないからである。リットが挙げている例を持ち出せば、カントにとって科学は「論理的省察にとって、ありうる異議の対象ではなく、確固不動の前提を形成している『事実』」(DS,S.121) であった。けれども、リット的な精神論的省察は、「後からの論理的弁明」(DS,S.121) に甘んじることなく、当該科学の獲得物がその前提から逸脱している場合には、それに容赦なく訂正を施す。「精神論的省察は、対象性の科学がその内実を秩序づけるところの理念的形式について報告することに満足することはできない。精神論的省察はその吟味を、それら科学によって提示される現実の像にまで及ぼさせる」(DS,S.121)。このような限界標示を通して精神論的省察は、各科学に正当な位置を割り当てつつ、同時に、それら科学間の関係をも明らかにしようとする。

次いで、他の科学について論じる精神論的省察は、そのことにより、他

の科学と当の精神論との区別および連関を意識化させる。「この精神論から区別された科学の特殊な業績を吟味することによって、自分と他の科学の間にある論理的関係についてもやはりすべて望ましく明確にするのは、精神論そのものである」(DS,S.97)。しかのみならず、自と他の関係に及んだ精神論的省察は、精神論それ自身の前提をも考察の地平に含める。ここに、精神論的科学と他の対象科学との決定的相違が明らかになる。「対象的部門とは違って、この科学（精神論的科学——引用者注）はその前提を明らかにすることを、それの上位にある科学に任せない。この科学はそのことを自分でなす」(DS,S.125)。つまり、精神論的知は、「自分自身についての知」(DS,S.125)でもありうるのである。

　かくして、数学的自然科学から自分自身にいたるまでの全道程を踏破した精神論的省察は、科学を一つの全体として把握する。逆にいえば、精神論的省察が科学の「全体」を洞見すればこそ、各科学の位置規定も、また精神論そのものの課題設定も可能となるわけである。この点でリットは、ヘーゲルの「真なるものは全体である」という周知のテーゼを依然として保持するのである。以上のことから、リット自身はまとまった形で格別こういうことはしていないが、精神論的省察の課題は、(1) 他の科学の成立条件、業績能力、限界、およびそれら科学間の関係、(2) 他の科学と精神論そのものとの区別および連関、(3) 精神論そのもの、(4) 科学全体の構造、これらそれぞれを明らかにすることにある、と整理することができるであろう。

　しかしながら、リットの科学論、さらにはその精神論的省察が興味深いのは、純粋な哲学的関心からだけではない。シュプランガーがいっているように、「一生涯、彼（リット——引用者注）にあっては、哲学と教育学とは相互に密接にからみ合っていた」[9]とするならば、当然リットの科学論は一定の教育学的意義をもつはずである。それどころか、「人間および人間性の陶冶は、リットに従えば、認識や科学の権利、位置、構造を問うことなしには、論究されなかった」[10]のであって、それゆえに、リットにおいては、「教育・陶冶」の問題は「科学」の問題と不可分に結合して

いたのである。

第4節　科学論の陶冶論的意義

　リットの哲学思想は、その「後期」において、自己認識的見地より企図された哲学的人間学、さらにはそれと連結した科学論の構築によって、「前期」の文化哲学的地平をはるかに越えることになる。と同時に、彼の教育学思想も「以前の文化教育学的端緒を越えて行く思考の歩み」[11]を遂行する。その変化の内容を簡明にいえば、「前期」で盛んに論じられた、「文化と教育」とか、「教育学の科学的性格」といった問題が、「後期」では影を潜め、それに代わって、「人間陶冶」（Menschenbildung）をめぐる問題が前景に押し出されるということになる。このリットの関心の変転には、彼の哲学観の変容とともに、それをも誘発したナチズムの暴挙や人類を破滅へと導く恐るべき兵器の出現等の体験が深く与かっているものと推察される。おそらく彼は、こうした体験を通して、時代の中に人間を非人間化する力の蠕動を感じ取ったのであり、そのために、本来あるべき人間へと人間を陶冶することの意味の究明を最大のテーマとしたのであろう。まさに、「人間へと自分を『陶冶する』ことは、人間の使命、それどころか人間の唯一の使命である」（BK,S.13）というわけである。

　こうした背景を考慮するならば、リットが単にBildungといわずに、Menschenbildungと称していることの深意も理解できる。思うに、Menschenbildungという場合のMenschとは、単なる存在者としての人間ではなく、本来あるべき、つまり「人間性」（Humanität）における人間、さらにいえば「全体性」（Totalität）における人間、換言すれば「全体的人間」（der ganze Mensch）を意味している。したがって、人間を非人間化する力とは、人間の全体性を破壊し、人間を一面化する力ということになる。往々にして、リットのドイツ古典主義からの乖離が指摘されるものの、このように全体性に人間の理想形態を見ているかぎりでは、リットはドイツ

古典主義の延長線上に位置しているといってよいかもしれない[12]。

　もっとも、人間の全体性を解体する力にも様々なものが考えられるが、リットにとって、そうした力の最大級のものの一つが、人間と自然の関係の一表現形式である「数学的自然科学」だったのである。彼みずから、「人間陶冶の問題に心を配る者は、この自然科学（数学的自然科学——引用者注）に最大限の注意を払わなければならない」(NM,S.6)といっている。そして、「全体的人間」を擁護する立場から、数学的自然科学の陶冶価値を問い、科学技術時代における人間陶冶の可能性を論究しようとしたのが、『自然科学と人間陶冶』をはじめとした一連の教育学的著作にほかならない。しばしばリットは、「氷の三聖者」(drei Eisheiligen) などと称されて[13]、ノールやシュプランガーと並べられてきたものの、数学的自然科学への問いを陶冶論の枢軸とする点では異彩を放っている。「シュプランガーあるいはノールにおける陶冶論的端緒に対する、リットの陶冶論の優越した点は、まさしく、シュプランガーやノールにおける陶冶論的端緒のように、科学的‐技術的世界に対する、退却の傾向と結びついた反対の立場を築くのではなく……科学的‐技術的世界の問題を、建設的に、科学論や陶冶論で仲介しているということに示される。この点で、リットは再びディルタイ、特に、世俗世界の問題から出発した第一期のディルタイの正統な後継者である」[14]。ともあれ、リットは、数学的自然科学をめぐる問題の究明によって、「第2次世界大戦後の彼の世代の教育学の代表者の内の他のだれにも達せられなかった論議の水準」[15]を獲得したのである。

　ところで、数学的自然科学と人間陶冶の関係について、リットは、数学的自然科学が人間の全体性の一部をなすものであり、そのために、一定の陶冶価値を有すること、しかし、この科学がその一面化する力でもって人間の全体性を脅かしていること、にもかかわらず、人間の全体性を貫徹するためには、この科学を人間陶冶へと組み入れざるをえず、その結果、「人間陶冶の二律背反」(die Antinomie der Menschenbildung) なることが問題とならざるをえないこと、そのようなことを主張した。だが、ここで重要なことは、こうしたリットの思想は、決して心情や直観の産物ではなく、

彼自身の科学論的反省、つまりかの「精神論的省察」によって裏付けされたものであるということである。まさしく、数学的自然科学が人間陶冶にとってどういう意義をもつかの問いは、この科学がそもそも何であるかの問いを抜きにしては答えられないのであり、そのためには、「この科学の論理的範囲から出て、この科学をより高い位置から包越的な生全体の部分として注視する反省」(NM,S.93)、つまり、「専門科学の水準から科学論の高さへの上昇」(NM,S.93)が必要なのである。ここに紛れもなく、リットの科学論のもつ陶冶論的意義を認めることができる。

　このあたりのことをもう少し詳しく見れば、すでに述べたように、精神論的省察は各科学の可能性および限界を明示するのを一つの課題としていたわけであるが、このことは、数学的自然科学にも当然妥当する。すなわち、精神論的省察によって、数学的自然科学がプラスとマイナスの両面から考察されるのである。これは極めて重要な点である。というのは、この両面的考察により、数学的自然科学が、一方では、それを敵視する者の誤解や歪曲から守られ、他方では、それを崇拝する者の過度の要求から守られるからである。そして、それによってはじめてこの科学に人間全体でのそれにふさわしい場が割り当てられ、それとともに、人間陶冶におけるこの科学の位置も確定されるからである。「賛美あるいは呪いに惑わされることなく、人間の精神的世帯の中での自然科学の位置を、純粋に事柄そのものから規定するときにはじめて、疑いもなくわれわれは、自然科学を人間陶冶との正しい関係へと置くことができるであろう」(NM,S.54)。だから、例の「人間陶冶の二律背反」という考えも、リットの単なる思いつきなどではなく、彼の深い精神論的省察の必然的な帰結だといいうるのである。

　しかもリットは、こうした省察を自分自身に課するのみならず、教育者、自然科学者、哲学者、要するに、自然科学および人間陶冶の仕事に従事するすべての者に要求している。「われわれを没頭させる科学（数学的自然科学——引用者注）が、そのように広範囲で、そのように悲運の放射を生へと発するとすれば、約束と誘惑にあふれたこの対象に従事しているすべての者が……彼らによって世話された科学の水準を思考しつつ超越し、この

第6章 人間学としての科学論

科学が諸科学の建築において、人間存在の内的秩序において、そして人間的要件の外的秩序において占める位置について熟考し、それとならんで、この科学がまさにこの位置にあるものとして自分から発する作用、その作用を評価することに慣れる、ないしは慣れさせられることが要求されなければならない」(NM,S.93)。リットの確信するところに従えば、数学的自然科学はもはや一つの教授内容であるにとどまらず、教育や陶冶全体、ひいては人類の運命そのものを左右するがために、この科学への反省はすべての関係者に不可欠であり、この反省によってはじめて人類は危機から救われるというのである。

そうだとすれば、精神論的省察は、数学的自然科学の陶冶価値を問うために必要であるだけでなく、それ自身人間を高める陶冶機能を有しているといってよいかもしれない。そもそも思考がそれ自身人間形成的であり、人間を「注意深さ」(Wachsamkeit)へと教育することは、リット思考観の根本主張であるが、このことは精神論的省察には特に妥当する。「精神論的自己省察によって、自分自身を思考する現実的なものは勧められて、その現実的なものが自分自身を形成するところで疑いもなく現れることができる、理論的誤謬であれ、実践的混乱であれ、そうしたものを、自分自身を思考することによって、用心するようになる」(DS,S.160)。かくして、精神論的省察は、「それなくしては人間の全体的自己喪失が阻止されえないところの治癒力の一つ」(NM,S.103f.)となるのである。

確かに、リットの思想的遺産の中では、ラサーン(Rudolf Lassahn)も指摘しているように、「自然科学と人間陶冶の連関は、周辺の位置へと移った」[16]観がないではない。あるいは、この連関が取り上げられることがあるにしても、表面的理解に終始するだけで、彼の科学論にまで立ち返って把握されるのはまれである。しかしながら、リットが生きていた時代以上に、自然科学が招く非人間化の過程が進行し、人間と自然の関係が問い直されるとともに、この科学の人間的意義が改めて問題とならざるをえない今日的状況にあって、リットが提起した問題、ならびにそれら問題への彼の深い洞察は決して忘却されるべきではないだろう。わけても、科学論的反省

を人間の自己認識の一環としてとらえ、科学のみならず、この科学論的反省をも人間存在全体の中で位置づけつつ、この反省に人類救済の力を求めようとした彼の根本見解は看過されてはならないであろう。と同時に、そこにわれわれは、もしこういう表現が許されるのであれば、「リット・ルネサンス」(Litt‐Renaissance) の手がかりの一つをえることができるのではないだろうか[17]。

注

(1) Bernhard Groethuysen: Philosophische Anthropologie (1931), München 1969, S.3.
(2) Georg Wilhelm Friedrich Hegel: Enzyklopädie der philosophischen Wissenschaft im Grundrisse III, S.9f.
(3) Josef Derbolav: Theodor Litt. Person und Gedanke, in: Frage und Anspruch, S.27.
(4) Wilhelm Roeßler: Litts Auffassung von "Wesen, Verhältnis und Leistung der Wissenschaften" unter besonderer Berücksichtigung ihrer Funktion der Vergegenständlichung, in: Sinn und Geschichtlichkeit. Werk und Wirkungen Theodor Litts, hrsg. von Josef Derbolav/Clemens Menze/Friedhelm Nicolin, S.48.
(5) Vgl. Karl Jaspers: Über meine Philosophie (1941), in: Rechenschaft und Ausblick. Reden und Aufsätze, München 1958, S.401ff.
(6) Otto Friedrich Bollnow: Philosophie der Erkenntnis, Stuttgart 1970, S.8.
(7) Ursula Bracht: Zum Problem der Menschenbildung bei Theodor Litt, S.22.
(8) Vgl. Martin Heidegger: Sein und Zeit (1927), 11.Aufl. Tübingen 1969, S.69 und 303. Nicolai Hartmann: Das Problem des geistigen Seins (1933), 3.Aufl. Berlin 1962, S.395.
(9) Eduard Spranger: Theodor Litt (1963) : in: Eduard Spranger Gesammelte Schriften XI, hrsg. von Otto Dürr, Heidelberg 1972, S.419.
(10) Ursula Bracht: Zum Problem der Menschenbildung bei Theodor Litt, Vorwort.
(11) Friedhelm Nicolin: Nachwort des Herausgebers, in: PK, S.104.
(12) リットの Bildung 概念については、Vgl. Anton Hlinka: Die theoretischen Grundlagen der Bildungslehre Theodor Litts, Phil. Diss., München 1968, S.13ff.
(13) Otto Friedrich Bollnow: Die geisteswissenschaftliche Pädagogik, in: Richtungsstreit in der Erziehungswissenschaft und pädagogische Verständigung, hrsg. von Hermann Röhrs/ Hans Scheuerl, S.66.
(14) Rolf Bernhard Huschke‐Rhein: Das Wissenschaftsverständnis der geisteswissenschaftlichen Pädagogik. Dilthey — Litt — Nohl — Spranger, S.200.

(15) Rudolf Lassahn: Theodor Litt. Das Bildungsideal der deutschen Klassik und moderne Arbeitswelt, Münster 1970, S.15.
(16) Rudolf Lassahn: Die Naturwissenschaften und die Grenze. Anmerkungen zur Theodor Litts Bestimmung der Naturwissenschaften, in: Sinn und Geschichtlichkeit. Werk und Wirkungen Theodor Litts, hrsg. von Josef Derbolav/Clemens Menze/Friedhelm Nicolin, S.37.
(17) 「リット・ルネサンス」という言い方は、ボルデン（Friedrich Borden）あたりがすでにしている。Vgl. Friedrich Borden: Die Sendung der Philosophie, in: Sinn und Geschichtlichkeit. Werk und Wirkungen Theodor Litts, hrsg. von Josef Derbolav/Clemens Menze/Friedhelm Nicolin, S.21.

第2部　人間陶冶論の新構築

第1章　フマニテート理念と近代世界

第1節　ドイツ運動とフマニテート理念

　先に指摘したように、リットの哲学が、その「後期」において、哲学的人間学の構想および展開によって、「前期」の文化哲学的地平をはるかに越えるに応じて、彼の教育学も、文化教育学的レベルを脱する新しい次元を開示することになる。すなわち、近代世界がもたらした、人間の全体性を解体する、自然科学・技術・生産という「三幅対」（Trias）に直面して、いかにして「人間陶冶」が可能かという問題が、つまりは「人間陶冶論」の新たな構築ということが、彼の教育学の根本課題として前面に立ち現れるにいたるのである。

　こうして、哲学的人間学における人間と自然の関係についての知見を踏まえながら、『自然科学と人間陶冶』『ドイツ古典主義の陶冶理想と近代の労働世界』『技術的思考と人間陶冶』等といった後期リットを特色づける教育学的著作群において、かの「三幅対」が人間陶冶に対して有する意義の解明が試みられることになるのであるが、それに際してその出発点を形成していると思われるのが、いわゆる「フマニテート」（Humanität）の理念を戴いた古典的な陶冶理想についての検討およびそれへの批判である。いうなればリットは、「フマニテート理念」に拠った伝統的な人間陶冶論の問題点を剔抉することによって、新たな人間陶冶論を構築しようとするわけである。したがって、科学技術をめぐるリットの人間陶冶に関する論議に立ち入るに先立って、彼がこの古典的な陶冶理想をいかにとらえ、その何を批判しているかについて見ておくことにしたい。

　さて、リットによれば、どの文化民族も、その発展において一度は、その民族の中に生きている、人間の本質と使命に関する理念を濃縮化し、「陶

治理想」（Bildungsideal）と称されるものの創出に成功するのであるが、ドイツ民族にあっては、近代的な「陶冶理想」は、18世紀の70年代から19世紀の30年代にかけての、シュトゥルム・ウント・ドラング、古典主義、ロマン主義を包括したドイツ精神史上のかの黄金時代に、その豊饒多彩な試みはノールによって「ドイツ運動」（Deutsche Bewegung）の名称のもとに括られ、あるいはコルフ（Hermann August Korff）によって「ゲーテ時代」（Goethezeit）と名づけられた時代に成立した[1]。この陶冶理想の誕生について、リットみずから次のように説明している。「われわれドイツ人にとって、われわれの近代の『陶冶理想』は、かの恵まれた収穫期に贈与されたものであって、その時期の多面的な努力は『ドイツ運動』という名のもとに総括されている。この陶冶理想は、時代的にはヴィンケルマンの登場からヘーゲルやゲーテの晩年にいたるまでの間になされた、一連の文学的‐思想的努力の中で創造された。この陶冶理想をより明確な、より納得のいく形へと仕上げるために、古典学、文学および哲学は互いに手を取り合った。この一つになった精神的努力の中で生まれたのが『フマニテート』の理想である」（BK,S.11）。

「フマニテート」をいわばキーワードとしたこの陶冶理想は、非人間的な窮境に陥っている人間を本来あるべき姿へと救い出すことを目的とし、人間を人間へと陶冶することを人間の唯一の使命と考え、その実現を「全体性」をめざした人間の内的諸力の調和的発展の内に求めた。そもそも陶冶理想というものが、人間の本質や使命についての理念を教育化したものである以上、それが「フマニテート」、つまり「人間性」という理念を含むのは当然といえるのであるが、しかしながらリットは、件の「フマニテート」理念には、「人間の現存在により高い意味を、それどころか本来的に『人間的な』意味を与えるもの一切」（BK,S.13）が含意されていると見る。したがって、時代や社会が人間に突き付けるものも、すべてのこの「フマニテート」に照らしてその是非が判断されなければならず、その意味で、フマニテート理念はまさに「人間中心的」（anthropozentrisch）であって、そこにあっては人間は「万物の尺度」となっているという次第である[2]。

ところで、「人間中心的」なフマニテート理念を掲げた陶冶理想の成立の時期は、世界史的に見れば、産業革命の時代でもあった。周知のように、産業革命は、自然科学および技術の発展と連動した出来事であって、人間の社会生活を大きく変革するのみならず、人間と自然の関係についても根本的な転換を決定的に促した。フマニテート理念が「人間」への志向によって特徴づけられるとするならば、産業革命を引き起こした力は「モノ」に依拠しており、「人間」原理と「モノ」原理が対立するかぎり、フマニテート的陶冶理想が産業革命の精神を受け入れることができないのは当然の成り行きである。

　あるいは、むしろリットは、フマニテート理念は産業革命に象徴される当代の文化への批判を原動力としていた、と解する。「フマニテートの福音から、現代文化の批判は切り離せない。現代文化批判の中に、フマニテートに魂を与える伝道的なパトスは、その根をもっている」(BK,S.38)。では、フマニテートの擁護者たちは、時代のいかなる事態を告発しようとしたのか。リットの見るところでは、彼らの批判は特に、いわゆる「分業」によってもたらされた人間の分裂状態に向けられていた。「ヴィンケルマン以来、その時代の裁判者がこの人間性を見つめることによって訴えざるをえないと感じているのは、いつも同じ不平である。すなわち、近代世界の人間性は、分割された、分裂した、引き裂かれた人間性であり、個人は、ある特定の狭く制限され一面的な傾向をした活動によって余すところなく占有され、そのことによって彼の他の本質面を育てることができないので、彼に定められているものの断片となり、そして、彼を占領している任務に圧迫されて、あらゆる人格的な刻印を失っている、というのである。フマニテート運動のパトスが糧を得ているのは、人間のこの歪みについての不満である」(TM,S.9)。ゆえに彼らフマニテートの擁護者は、断片化され、一面化された人間に、「全体性」における人間、「全体的人間」を対置させ、その原型を古代ギリシャ人に求めようとしたのである。ともあれリットは、フマニテート理念を説くドイツ運動の代表者たちを、ルソー (Jean‐Jacques Rousseau) の精神を継承した文化批判者として性格づけ、とりわけ『ドイ

第2部　人間陶冶論の新構築

ツ古典主義の陶冶理想と近代の労働世界』の第1部の第6章以下において、「このフマニスティッシュな文化批判の個別的言明」を追うことによって、こうした性格づけの正当性を証明しようとしているのである[3]。

第2節　フマニテート思想家たちの文化批判

そこで、「文化批判の諸形態」としてリットがまず最初に取り上げているのが、シュトゥルム・ウント・ドラングの旗手ヘルダー (Johann Gottfried Herder) である。リットがヘルダーに並々ならぬ関心を払っていたことは、『精神的世界の解釈者としてのカントとヘルダー』(Kant und Herder als Deuter der geistigen Welt) という書によっても、また『歴史的意識の再覚醒』(Die Wiedererweckung des geschichtlichen Bewußtseins) に収められたヘルダー論によっても、これを知ることができる[4]。が、ここでリットが描き出そうとしているのは、歴史主義者ヘルダーというよりも、文化批判者ヘルダーというイメージである。そしてそのために、「広い範囲にわたって彼自身の時代に対する怒りを込めた決算にほかならない歴史哲学的研究」(BK,S.40)、つまり『人間性の陶冶のための歴史哲学異説』(Auch eine Philosophie der Geschichte zur Bildung der Menschheit) を引き合いに出し、とりわけそこにおいてヘルダーが、彼の時代を堕落させていたもの一切を、「機械」(Maschine) という語によって一括していることを指摘している。すなわち、ここでいう「機械」とは、「花開く多くの形態に向かって突き進む生の支配を、水平化し規制する悟性の抽象的規則にいたるところで委ねている国家的‐社会的体制」(BK,S.40) であり、「それを業となす者を、『すばらしく規則に合ったものの操り人形』へと貶める活動形式」(BK,S.40) であって、要するに、「ヘルダーは上述の機械という語でもって、ひとが今日『機械化』(Mechanisierung) という術語で呼んでいる、人間のかの脱自己化にほかならないものを意味しているのである」(BK,S.40)[5]。人間をモノ化する、いわゆる「機械化」の危険を、ヘル

第1章　フマニテート理念と近代世界

ダーはすでに見抜いていたというわけである。

　次に登場するのは、「自分自身の喪失に脅かされている人間」を憂えたシラー（Friedrich von Schiller）である。シラーについていえば、リットはすでにナチズム批判の書『ナチス国家における精神科学の位置』（Die Stellung der Geisteswissenschaften im nationalsozialistischen Staate）において、シラーの『人間の美的教育に関する書簡』（Briefe über ästhetische Erziehung des Menschen）の第9信に言及しているが[6]、ここでもリットが持ち出しているのはこの書簡であり、とりわけその第6信の次の箇所を文化批判的内容の例証として引用している。「われわれは、単に個々の人間ばかりでなく、人間の全階級がただその素質の一部分のみを展開して、その他の素質にいたっては、あたかも奇形植物におけるように、ほとんどかすかな痕跡しか示していないのを見る」。「ひとは、自分の活動をそこに限定するような一つの範囲を設けるとともに、自分自身の内にも一人の主人を迎える。この主人が結局他の一切の素質を圧迫するようになりがちであるのは決してまれでない」。そして、「多くの、しかし生命のない部分の接ぎ合わせから全体として一つの機械的な生活を形成するところの」「精巧な時計仕掛」についてシラーが語る場合、それはそっくりそのまま今日の社会生活のイメージであるとし、さらに次の文章を引く。「永遠に全体の一個の小断片に縛りつけられているため、人間自身もただ断片としてのみ自己を形成する。永遠にただ自分の回転する車輪の単調な響を耳にするのみで、人間はその本質の調和を発展させることなく、そして、自分の本性における人間性を明瞭に刻印する代わりに、その職業、その科学の単なる印刷物となるのである」[7]。これを要するに、シラーも同様に、機械化によって招来される人間性の解体の危機を見ていたというのである。

　これら両名に、ペスタロッチとヘルダーリン（Friedrich Hölderlin）が付け加わえられる。リットのペスタロッチ論に関しては、第1部第1章第3節ですでに触れたところであるが、ここでも『探究』や『わが時代およびわが祖国の純真者に訴う』（An die Unschuld, den Ernst und den Edelmut meines Zeitalters und meines Vaterlandes）等で展開されたペスタロッチの

文明批判が話題とされる。すなわち、とりわけ労働者階級において、「『世界に関与しない』技に長けたかの継子すべてが……『文明の破滅』を意味する発展の力によって、いかに『こま切れた人間性の断片』へと切り縮められ、その人間の本性を全くのだらしなさに任せる『ゆがみ』へと醜くされるか」(BK,S.42) を見たペスタロッチにとって、まさに「文明」(Zivilisation) は、「文化」(Kultur) とは違って、彼が「集団的実存」(kollektive Existenz) と名づけるものの純粋な表現として、「われわれの世代の集団的実存は、それ自身、個人の要求と、また人間の本性のより高い見解とに永遠に背反する必要条件をもっている」と彼が語るように、人間性を虐待するものでしかない[8]。リットは、ペスタロッチが「集団的実存」について述べたことは、そのまま今の時代にも、それどころかますますもって今の時代に通用すると考えるのである。

　ヘルダーやシラーやペスタロッチが、人類全体の危機を憂慮していたとするならば、これに対して、「自分の同国民の精神の在り方に心痛し、深く苦慮したヘルダーリン」は、「ドイツ人」に「時代の救い難さ」を見ようとした、とリットは評する。それを証拠立てるために、ヘルダーリンの時代批判の小説『ヒュペーリオン』(Hyperion) の中のかの有名な箇所を彼は持ち出している。「ドイツ人以上に支離滅裂な民族を私は考えることはできない。そこには職人はいる。だが人間はいない。僧侶はいる。だが人間はいない。主人や召使、少年や成人はいる。だが人間はいない」[9]。ここにおいては、ドイツ人は、まさに人間性の実現であるギリシャ人の正反対と見なされているのである。

　このようにしてリットは、以上の4名の思想家たちが、「フマニテート理念」と「同時にはじまった社会的‐経済的発展」との間にある「緊張」をすでに等しく洞見していたことを指摘するのであるが、しかし他方では、この「緊張」をいかに解するかについては、「立場の極めて特徴的な違い」が存するとする。すなわち、ヘルダーやヘルダーリンの場合には、緊張は解消されなければならないものであるのに対して、シラーの目には、それは避けることのできない通過段階として映り、ペスタロッチにとっては、

次のように、人間存在に本質的に帰属するものと理解されている。「人間性を圧迫する現存在の諸力を原理的に承認する点で、ペスタロッチの社会理論は、なおも進んでいる。その承認の結果、集団的実存の請求と個人的実存の要求とを衝突させる矛盾は、進行する発展を調和へと解消する可能性、あるいはそういう使命がもつ葛藤ではない。それは『永遠的』である対立の流出である。というのは、自分の個人的な人間存在を集団性の水平化する圧迫の犠牲にすることに同意しないかぎり、つねに新たに保持され、貫徹されなければならない人間の実存そのものに、その矛盾は不可分に属しているからである。そのために、シラーの場合のように、人間の現存在の全体像の中で否定的なものにその位置が承認されてはいるが、しかし克服されるべき局面としてではなく、意識的存在の永遠的な根本契機として承認されているのである」(BK,S.45)。ここにおいて注意されるべきことは、ペスタロッチの位置づけであろう。後に触れるように、リットにとってペスタロッチは、フマニテートの思想家たちの中で、「緊張」を見つつ、それを「永遠的な対立」として把握したという点で、唯一の例外をなしているとされるのである。が、このことを確かめるためにも、フマニテートの思想家たちの内で、『ドイツ古典主義の陶冶理想と近代の労働世界』で独立的に章が割り当てられているゲーテとフンボルトに歩を進めなければならない。

第3節　ゲーテにおける人間と世界の関係

　ゲーテは1832年に世を去ったが、フマニテートの陶冶理想の成立期は、まさに「ゲーテ時代」(コルフ) であった。「フマニテートの卓越した権化」である彼は、また他方で、産業革命によって引き起こされた社会構造の変化にまなざしを閉ざしはしなかった。このことをリットは、ゲーテ晩年の教養小説『ヴィルヘルム・マイスターの遍歴時代』(Wilhelm Meisters Wanderjahre) に、とりわけそれに挿入された「教育州」(Pädagogische

Provinz）のエピソードに見ようとする。というのも、この教育州にあっては、一つには、『遍歴時代』の前段をなす『修業時代』(Wilhelm Meisters Lehrjahre) で推奨されていた「一般陶冶」(allgemeine Bildung) は放棄されているからであり、もう一つには、「人間が『自然』の素材や力と競う中で獲得する技能」が人間陶冶に算入され、そのことによって、フマニテートが「内面性」から「外的世界」へと歩み出ることになるからである。

このことから、フマニテートの他の思想家たちが、近代の労働世界を否定的に受け取り、その「分業」システムを非難したのに対して、「実に現在は一面性の時代です」と弁じるゲーテは、むしろ積極的に「専門化」を歓迎したといえる[10]。だとすれば、そのことによって同時に彼は、「産業社会の労働秩序と無条件の平和条約」を結び、かの「三幅対」によって規定された近代世界を肯定的に受け入れたことになるのであろうか。確かに、『遍歴時代』をもってゲーテをそのように理解する見解もある[11]。けれどもリットは、こうした解釈が誤りであると主張するのである。

周知のように、ゲーテはすぐれた自然研究者であった。が、彼が関心を向けたのは、リットの区分でいえば「印象としての自然」であって、決して「対象としての自然」ではなかった。それどころか、自然をモノ化することは、ゲーテの断じて許すことのできないところで、それゆえに、彼はニュートンを激しく、場合によっては必要以上に執拗に攻撃したのである。ゲーテにとっては、自然の真の姿は、「存在しうる最も偉大でかつ最も精確な物理的装置」である人間の「感覚器官」に直接に開示されるのであって、自然科学的に望遠鏡や顕微鏡といった装置を介在させることによってではない[12]。しかも、ゲーテにとって近代自然科学が一層由々しいのは、それが自然の誤った認識へと導くだけでなく、この誤導によって人間に「道徳的」に好ましくない作用を及ぼすからである。「自然への関係が無秩序になるならば、人間そのものも破壊される」(BK,S.49) というわけである。

こうしたゲーテの自然観は、リットによれば、とりわけ『色彩論』(Farbenlehre) において、つまり「ニュートン理論の暴露」の部分を含ん

だ書において明確に打ち出されているのであるが、その意味で、『遍歴時代』に示された人間と自然の関係は、その思想基盤を『色彩論』に有しているのであって、ゆえに、「『色彩論』の人間学を数学的自然科学の認識形式から区別する限界設定は、『遍歴時代』の教育学を技術的‐経済的世界の労働形式から区別する限界設定と完全に対応している」(BK,S.52) といえる[13]。近代世界における自然科学と技術と生産の三者がまさに「三幅対」をなしているのであれば、近代的な自然科学を拒む者が、近代的な技術を、さらに近代的な生産を拒むのは必然である。であるなら、ニュートン物理学を批判したゲーテが「産業社会の労働秩序と無条件の平和条約」を締結したとは、到底考えることはできない。ゲーテが要請した「専門化」は、モノの要求によって命じられたそれでは決してありえないのである。

　ゲーテにとって「専門化」は、リットの解するところでは、「才能の特殊性」にかかわっている。活動の専門化が求められるのは、モノ的な生産を完成するためではなく、人間各人の才能を完全性へと高めるためである。だから、専門化を促すものは、「モノ」ではなく、あくまで「人間」である。この点で、ゲーテにあっても「フマニテート」の理念は強く生きており、そのかぎりにおいて、モノを原理とした産業社会から彼は距離をとらざるをえない。事実、「教育州」で承認され、奨励されているのは、機械的労働ではなくて、手仕事である。印象としての自然とのいわば「交わり」においてのみ可能となる手仕事によってのみ、人間はみずからをフマニテートの高みへと形成しうるというわけである。

　こうしてリットはゲーテを、一方では、フマニテート思想家たちの中でも、「人間は、責任ある行動で世界とかかわり、世界と対決し、世界のために尽力することによって人間となることができる」(BK,S.54) ことを強く主張している点で異彩を放っていると位置づける。ゲーテは、「ヴィンケルマン」論において、普通の人間は子どものときから進んで世界をとらえ、これを知り、これとかかわり、これと結合して一つの全体を形成しようとする活発な衝動をもっているが、しかるに、すぐれた人間の場合には、現実の生活に一種の恐れを感じて、自分自身の内に閉じこもって自分の世

界を築き、そこで自分の仕事を内面的に完成しようとするところがある旨を述べている[14]。『遍歴時代』は、すぐれた人間にしばしば見られるように、世界から逃避し、自分自身の内面に引きこもるのではなく、まさしく「世界と結合して一つの全体を形成する」ことを人間に求め、フマニテートを内界から外界へと引きずり出すことの試みだったのである。その点において、ゲーテは「世界開放性」（Weltoffenheit）の精神に立脚していたといえる。

　しかしながら、他方でリットは、ゲーテのこの「世界開放性」には限界があると主張する。というのも、前述のごとく、ゲーテのイメージした「世界」というのは、「印象」としての世界であって、断じて「モノ」としての世界ではなかったからである。けれども、現実的には、世界はモノとしての局面をも有している。しかるにゲーテは、人間が結合すべき世界を「印象」としての世界に限定し、「モノ」としての世界をそれから除外し、もってかの「三幅対」をフマニテートの聖殿から締め出してしまった。では、何ゆえにゲーテは、モノとしての世界を排除することに執心であったのか。リットは、その点においては、他のフマニテート思想家たちと同様、ゲーテにとっても、もしモノとしての世界をフマニテート形成の条件とするならば、そのことによって「調和」（Harmonie）が打ち破られると思われたからであるとする。「何といったところで存在している世界は、調和をめざす人間の努力と余すところなく一致しない。可能な調和の輝きは、ひとが人間的生のこの部分を人為的に遮断するかぎりにのみ保持される——したがって、おそらく生徒を『教育州』の自然保護公園に置くかぎりにのみ保持される。逆に、人間的生のこの部分が弱められず、また言い繕われないで現存在へと受け入れられるならば、調和は駄目になり、人間生成を促進する生の傾向と人間生成にとって脅威的である生の傾向との間の分裂が、排除することのできない現存在の契機として承認されるのである」（BK,S,56）。要するに、リットのゲーテ論の最終的なねらいは、かの「三幅対」によって規定された近代世界を受け入れるか、その場合には「調和」は断念しなければならない、あるいは、「調和」を保持しようとするか、

その場合には近代世界を拒否しなければならない、という二者択一の問題、つまるところは、リットみずからが取り組むことになる問題を浮き立たせることにあるといえるだろう[15]。

第4節　フンボルトにおける人間と世界の関係

　フマニテート理念の思想家たちの中で、人間陶冶の問題に深く沈潜し、文字通り古典的な陶冶理想を完成させるとともに、それをもって後世に多大な影響を及ぼしたのは、やはりフンボルト（Wilhelm von Humboldt）であろう。したがってリットが、『ドイツ古典主義の陶冶理想と近代の労働世界』において、ゲーテの後にこのフンボルトについて1章を割き、彼の人間観ならびに陶冶観について検討していることは、蓋し正当な取り扱いであると評してよい。

　さて、ゲーテにおいては、「世界と結合しつつ一全体を形成する」ことが人間に求められたのであるが、このことは、人間と世界を相互関係においてとらえ、それゆえに、世界を人間のパートナーと見なすことを意味している。リットはゲーテの見解の中に、その「世界開放性」に限界を認めつつも、人間と世界の相互性に関するみずからの人間学の根本テーゼが具現化されていると見なしているのである。これに対して、フンボルトの場合、人間と世界の関係はいかにとらえられているのであろうか。

　リットの見るところでは、フンボルトの場合には、なるほど世界は人間の自己生成の過程から排除されてはいないが、しかし世界の存在は、それが人間の諸能力を活動させるための「材料」であるかぎりにのみ、これが認められているにすぎない。いわば、「世界は、フィヒテの有名な表現を変化させれば、『自己陶冶の材料』となる」（BK,S.58）というのである。このことは、フンボルトのめざしたことが、世界を「彼の所有物へと変形させること」、それどころか「彼の孤独へと変形させること」であったところに典型的に現れている[16]。したがって、「もはや世界は人間が『一全

体を形成』すべく『結合する』パートナーではない。人間そのものが全体であって、世界はその全体へと取り入れられて形成されるべきものである。世界は同化の犠牲となり、この同化の中で、世界は征服者に委ねられつつ、自分自身を放棄しなければならない」(BK,S.58)。けれども、世界に一段低い位置が与えられているとはいえ、人間は世界とかかわることによって、場合によっては、世界を自分の所有物へと変形させるのではなく、逆に自分が世界の所有物となるリスクを抱え込むことになる。そこでフンボルトは、こうした危険性を防止するために、「外的なもの」(Äußeres) と「内的なもの」(Inneres) の峻厳な区別を要請するのである。

　したがって、フンボルトにおいては、フマニテートは「外的なもの」ではなく、「内的なもの」において実現されるとされる。かくして、「フマニテート理念は、フンボルトによって、『内的なもの』が『外的なもの』に対して無条件的に上位に置かれる一面性へと完成されることによって、かの『人間中心的』な考え方の極端な表現となる」(BK,S.61)。であるならば、「外的なもの」の典型であるモノ世界が、フマニテートに敵対するのは当然ということになる。このゆえに、かの「三幅対」によって規定された外的世界は、まさに人間が用心しなければならない「外的なもの」の典型として、フマニテート形成から除外されざるをえないのである。

　フンボルトの陶冶思想は、他のフマニテート思想家たちのそれ以上に、彼が現実的に教育制度の改革に関与したこともあって、ドイツ人の人間形成観に決定的な作用を及ぼした。リットは、フンボルト的なフマニテート理念の具現化の典型ケースとして、ニートハンマー（Friedrich Immanuel Niethammer）の名を挙げている。ニートハンマーは、その著『われわれの時代の教育教授の理論における汎愛主義とフマニスムスの闘い』(Der Streit des Philanthropinismus und Humanismus in der Theorie des Erziehungsunterrichts unserer Zeit)、つまり「フマニスムスの陶冶理想の弁護人たちがその理想の敵対者に対して戦いを挑んだ、その数ある論駁書の中の最も激しいものの一つ」において、フンボルト的に、「内的なもの」に専念する「人間陶冶に奉仕する教育学」と「外的なもの」に隷属する「人間陶冶

に背く教育学」を対立させ、「汎愛主義」を後者の典型と見なし、これを激しく攻撃した。そしてその際、「産業および手工業の優勢な方向」は、当然のことながら、唾棄すべき「外的なもの」に属するとし、それを推奨する「汎愛主義」の教育には、「動物性」(Animalität) への教育、さらには「野獣性」(Bestialität) への教育という極印を押したのである。

　こうして、「ドイツの教育者の世界でフマニテート理念が、フンボルトによって解釈がなされ、ニートハンマーによってその披露がなされた、まさに特殊形式で規範的な妥当性を達成したことが、確かに近代ドイツの運命における一つの本質的な特徴をなしている」(BK,S.66)。このフマニテート理念は、「近代世界への宣戦布告」によって、みずからの純粋性を守ろうとしたのである。その意味で、フマニテート理念は、科学技術によって規定された「近代世界」を拒否したわけである。

　以上、リットの見解によれば、ヘルダーからフンボルトにいたるフマニテート理念の思想家たちのほとんどは、程度の差こそあれ、新しい産業的・技術的な発展傾向に否定的な態度をとった。彼らがこの発展傾向を否定せざるをえなかったのは、この発展傾向をもし認めるならば、フマニテートとモノとの対立を抱え込むことになり、フマニテートの核心をなす「調和」が崩壊してしまうように思われたからである。つまり、彼らは、フマニテートとモノとの「対立」をまさに「対立」として引き受けることを拒絶したのである。こうした中にあって、すでに触れたように、リットは、このような対立を対立として見据えていた唯一の例外として、ペスタロッチの名を挙げ、みずからペスタロッチの精神でもって、近代世界が提起した教育課題に取り組もうとするのである。ある意味では、後期リットの思想的特徴をとりわけ人間存在の「両義性」および人間陶冶の「二律背反」に求めるとするなら、後期リットの最大の思想モデルはペスタロッチであったといえるであろう。

第 2 部　人間陶冶論の新構築

注

(1) Vgl. Herman Nohl: Die Deutsche Bewegung. Vorlesungen und Aufsätze zur Geistesgeschichte von 1770 — 1830, hrsg. von Otto Friedrich Bollnow/Frithjof Rodi, Göttingen 1970. Hermann August Korff: Geist der Goethezeit. 5 Bände, Leipzig 1954. ノールの「ドイツ運動」概念については、Vgl. Hans Jürgen Finckh: Der Begriff der ≪ Deutschen Bewegung ≫ und seine Bedeutung für die Pädagogik Herman Nohls, Frankfurt am Main 1977.

(2) この「フマニテート」思想については、とりわけ次の書を参照されたい。小栗浩著『ドイツ古典主義の成立』東洋出版、1983 年。藤平憲郎著『ドイツ古典文学試論』教育出版センター、1983 年。

(3) この『ドイツ古典主義の陶冶理想と近代の労働世界』は、『指導か放任か』と並んで、リットの教育学的著作の中で最も読まれてきたものであって、次のようなこの著作をテーマにした書も現れている。Rudolf Lassahn: Theodor Litt. Das Bildungsideal der deutschen Klassik und die moderne Arbeitswelt, Münster 1970. Holger Burckhart: Theodor Litt. Das Bildungsideal der deutschen Klassik und die moderne Arbeitswelt, Darmstadt 2003.

(4) Vgl. Die Befreiung des geschichtlichen Bewußtseins durch J.G.Herder, in: WB,S.94ff.

(5) Vgl. Johann Gottfried Herder: Auch eine Philosophie der Geschichte zur Bildung der Menschheit（1774），Frankfurt am Main 1967, S.74ff. また、ヘルダーの人間観および歴史観については、次の書に詳しい。大村晴雄著『ヘルダーとカント』高文堂出版社、1986 年。

(6) ナチズム批判を企てたこの書においてリットは、次のように、シラーが芸術家について述べたことはそのまま精神科学者にあてはまるとして、精神科学者が時代に迎合することを厳しく戒めた。「芸術家については、今日でもまだ、シラーが『美的教育に関する書簡』の第 9 信で……芸術家に戒めたことが妥当する。『芸術家はなるほどその時代の息子であるが、しかし、彼が同時にその時代の生徒、それどころかその時代の寵児であるならば、彼にとってよくない』。彼は芸術家に『つかの間の瞬間に足跡を押したがる空しいまめまめしさ』を警告している。そして彼は、芸術家に、警告し懇願しつつ、次のように呼びかける。すなわち、『君の世紀とともに生きなさい。しかしその産物であってはならない。君の同時代の人々に尽くしなさい。しかし、彼らが必要としていることをしてやるのであって、彼らがほめることをするのではない』」（SG,S,11）。この点については、次の拙論を参照されたい。宮野安治著「リット政治教育思想の研究（III）——ナチズムとの対決——」『大阪教育大学紀要』第 IV 部門第 47 巻第 2 号、1999 年 1 月、303 — 316 頁。

(7) Friedrich von Schiller: Briefe über ästhetische Erziehung des Menschen. 邦訳 小栗孝則訳『人間の美的教育について』法政大学出版局、1972 年、46 — 55 頁参照。

第1章　フマニテート理念と近代世界

(8) ペスタロッチー著、大槻正一訳「わが時代およびわが祖国の純真者に訴う」長田新編『ペスタロッチー全集第11巻』平凡社、1960年、164頁参照。
(9) ヘルダーリン著、手塚富雄訳「ヒュペーリオン」手塚富雄編『ヘルダーリン全集第3巻』河出書房新社、1966年、145－146頁参照。
(10) ゲーテ著、山下肇訳「ウィルヘルム・マイスターの遍歴時代」小牧健夫他編『ゲーテ全集第6巻』人文書院、1962年、34頁参照。
(11) たとえばトーマス・マン（Thomas Mann）は、次のように指摘している。「一方ゲーテですが、彼の晩年の大作である社会的な長編小説『ヴィルヘルム・マイスターの遍歴時代』には、ある種の直観力と鋭い広大な視力によって……十九世紀のあらゆる社会的経済的発展、即ち、古い耕作・農業国家の工業化、機械の支配、組織された労働者階級の臺頭、階級間の闘争、民主主義、社会主義、さらにはアメリカニズムさえもが……すでにあらかじめ描きだされているということは、特に私たちの感歎を誘うのであります」（トーマス・マン著、山崎章甫／高橋重臣訳『ゲーテとトルストイ』岩波文庫、1992年、21－22頁）。
(12) ゲーテにあっては、ニュートン理論は、「色彩現象に対する自由な見方をこれまで圧倒的な勢いで妨げてきた」ものであるが、「もはや不用となったことがわかっている仮説」であって、したがって、この「古い謬見」を取り除くことが肝要であるとされている。ゲーテ著、木村直司訳「色彩論」登張正實他編『ゲーテ全集第14巻』潮出版社、1980年、308頁参照。
(13) ゲーテ自身次のように述べている。「人間は自分の健康な感覚を用いる限り、それ自身、存在し得るもっとも偉大でもっとも精密な物理学的器械である。そして、人が実験をいわば人間から切り離して、人工の器具に示されるもののなかにのみ自然を認識し、いや、そればかりか自然のなし得ることをこれによって制限したり証明したりしようとすることこそ、近代物理学の最大の不幸にほかならない」（ゲーテ著、岩崎英二郎／関楠生訳「箴言と省察」登張正實他編『ゲーテ全集第13巻』潮出版社、1980年、303頁）。
(14) ゲーテ著、芦津丈夫訳「ヴィンケルマン」登張正實他編『ゲーテ全集第13巻』158頁参照。
(15) リットは、『ドイツ古典主義の陶冶理想と近代の労働世界』に先立って、すでにゲーテの自然観について、みずからの見解を開陳している。Vgl. Goethes Naturanschauung und die exakte Naturwissenschaft, in: NM,S.133ff.
(16) フンボルトの「世界」概念については、フンボルト著、K. ルーメル／小笠原道雄／江島正子訳「人間形成の理論」C. メンツェ編『人間形成と言語』以文社、1989年、47－53頁参照。

第2部　人間陶冶論の新構築

第2章　人間陶冶の二律背反

第1節　リットと弁証法

　フランスの教育哲学者ルブール（Olivier Reboul）は、その著『教育哲学』（La philosophie de l'éducation）の「結論」において、次のように述べている。「読者はこの本によって何を得たであろうか。おそらく、真理に出会ったというよりも、問題点や矛盾ばかりが目についたのではないだろうか。それらをもう少し正確に表現して、二律背反と呼びたい。……アンチノミーというのは、矛盾しているという意味のみならず、二つの原理が譲れずに対立し合っているという意味である。……わたしが或る理論をどんなに高く評価しようとも、対立する理論をも考察してみなければ、わたしは単に一意見、それも臆見をもっているにすぎず、決して確実性に至っているとはいえないだろう。教育は、何にも増して確実性を要求する。なぜなら、わたしたちにまかされている存在を、わたしたちの幻想や気分や偏見の犠牲にすることは許されないからである。わたしたちにとってもっとも大切な任務は、アンチノミーを知ることである。そうしてこそはじめてアンチノミーを乗り越えられるであろう」[1]。

　このルブールの言にもうかがえるように、われわれは、「教育」や「陶冶」と称される事象の本質をとらえようとするならば、「対立」（Gegensatz）とか、「矛盾」（Widerspruch）とか、「二律背反」（Antinomie）といった事態に直面せざるをえない。まさに、「教育現実は、あらゆる現実領域と同じように、対立や緊張や軋轢に満ちている」[2]といわなければならない。だとすれば、教育現実を決定づけているこうした対立の一方のみにまなざしを向け、他方を無視することは、たとえそこからいかに深遠な理論が構築されようとも、一面性の謗りを免れないだろう。教育現実の全体を把握

するには、対立そのものを注視し、それを根底から認識する必要がある。しかも、対立の認識は、対立の放置あるいは甘受でなく、それの克服の努力でなければならない。もし「弁証法」（Dialektik）なるものを、「対立関係の認識であり、認識を通しての対立関係の克服であり、対立関係を通しての認識の発展」[3]とひとまず理解するなら、ここに教育学において、「弁証法的方法」が一つの有力な認識方法として浮かび上がってこざるをえないであろう。

ところでリットは、すでに触れたように、いわゆる「精神科学的教育学」の代表者の一人と目されているが、そのかぎりにおいて、リットはこの派に共通する本質特徴を有している。しかしながら、彼はこの派の中ではかなり異色な位置にあり、したがって他方では、この彼の異質性を可能にしている彼固有の特徴を指摘することができる。クラフキ（Wolfgang Klafki）は、こうしたリット独自の特徴として以下の5点を挙げている[4]。

まずその第1点は、「多数の彼の教育学的出版物に見られる……教育哲学的（とりわけ、認識論的、科学論的、倫理学的、歴史哲学的、人間学的）な強調」であり、次いで第2点は、「すでに20年代のはじめ以降観察されうる、リットの見解に従えば、教育学的（と同様、哲学的）な根本問題に唯一適切な把握法としての、はっきりと現れた弁証法的な思考形式の展開形成」である。そしてクラフキは、以下、第3点として、「リットが……彼の陶冶理解や陶冶理論に関して……1945年後遂行し、特に第2次世界大戦後の連邦共和国における教育学的思考に決定的な影響を与えることができた強力な展開」を、第4点として、「彼が……今世紀の最初の3分の1の時期の教育改革運動のあらゆる学校組織的、社会教育的、教授学的な部分潮流に対して見せた、批判的‐懐疑的距離」を、第5点として、「彼が1933年後ナチズムに対してとった、一義的ではっきりと現れた反対の態度」を、それぞれ挙げているのである。

ここで注目すべきことは、クラフキがリットの特徴の一つとして「弁証法的な思考形式」を示していることである。もっとも、精神科学的教育学の内で、弁証法的方法はリットにだけ見いだせるというものではない。一

第2部　人間陶冶論の新構築

般に精神科学的教育学の研究方法といえば、「解釈学的方法」が有力な方法としてまず挙げられる。けれども、これのみが唯一の方法というわけではない。「解釈学的方法」ほど決定的ではないにせよ、「現象学的方法」および「弁証法的方法」も用いられており[5]、とりわけ「弁証法的方法」についていえば、ノールあたりにも、これを顕著に認めることができる。だが、「弁証法的方法」の最典型例ということになれば、やはりリットを指名せざるをえない。このゆえにリットは、精神科学的教育学の範囲のみならず、広く「教育科学の枠内における弁証法的方法の典型的な代表者」[6]と見なされてきたのである。

　実際、弁証法的思考はリットの思想全体、とりわけその教育思想全体を貫徹している。たとえば、「前期」段階を見渡してみると、その顕著なケースとしてまず取り出せるのが、すでに触れた、哲学と教育学の関係について論じた『現代哲学と陶冶理想へのその影響』と題された著作である。この著作においては、当時の支配的な教育学説が、時間的な「プシュケー」を原理とする「心理主義」と、核心を超時間的な「ロゴス」に置く「論理主義」とに区分けされ、それら両者の対立の克服が、「心理主義」に傾いたいわゆる「生の哲学」にあっては失敗に帰することが宣言された後、それに代わって、「弁証法的解決」(die dialektische Lösung)が求められている。「弁証法的思考のみが、特に、われわれの論議全体を支配していた根本的対立、すなわち、意識と内容、主観と対象性、時間的過程と無時間的理念、抽象的理性と歴史的に具体化された理性との対立を正当に評価することができる」(PhG,S.64)。つまり、リットによれば、「精神は分裂における統一にして、統一における分裂である」(PhG,S.70)以上、こうした精神によりもたらされた対立は、一方に偏した立場ではなく、まさしく「弁証法的思考」によってのみ真に把握され、その対立項が否定し合いつつ「一体をなしている」(zusammengehören)ことが明らかにされるというのである。

　だが、弁証法家としてのリットを何よりも高名たらしめたのは、かの『指導か放任か』であるのはいうまでもない。ここではリットは、教育行為として対立する「指導」と「放任」の各々が、教育そのものと同一視される

のを拒否しつつ、それらが教育全体において必然的な契機として位置づけられることを、弁証法的立場より究明している。そして、次のような周知の結論を引き出している。「責任を意識した指導において、自分の根拠から成長する生命に当然帰する権利を決して忘れないこと——畏敬の念に満ちた辛抱強い放任において、教育行為の意味が根拠づけられているところの義務を決して忘れないこと——このことが、教育学的英知にとって、究極の結論である。両方の動機に完全な権利を許すことは……意欲のまっすぐさや行為の果断さを気の抜けた妥協の犠牲にすることではなく、永遠に競い合う動機の拮抗から、精神の純粋な本質をつくり出すことを意味するのである」(FW,S.81f.)。

　今挙げた例から明白なように、リットの弁証法は「精神の弁証法」である。この点において、それは極めてヘーゲル的である。一般に、精神科学的教育学は、ディルタイの影響下に成立・発展したのであるが、リットの場合、ディルタイよりも、むしろヘーゲルの影響の方が著しく、とりわけ弁証法への傾斜に、そのことが看取される。ヘーゲル同様、リットにあっても、精神はそれ自身対立を本質的な契機として含み、その対立の運動を通して発展するものとされている。とはいえ、「対立」とか「矛盾」すべてが「弁証法的」なわけではない。「矛盾の様々な種類や現象形式が、そして、対立を展開し、それを戦い抜く様々な仕方が存在する。……人間および人間集団の相互の戦いのすべての動機、すべての対象、すべての形式が弁証法の名において語られるべきではない。……対立であるにせよ、決して弁証法的ではない、すなわち、精神の発展にとって本質的ではない、人間および人間集団の間の葛藤は、数が少なくない」(PhG,S.81)。要するに、リットにとっては、精神の発展にとって本質的な対立のみが弁証法的なのである。

　だが他面では、コーン (Jonas Cohn) の『弁証法の理論』(Theorie der Dialektik) も、リット弁証法の形成に大いにあずかっていることも、看過されるべきではない。この著でコーンは、弁証法を「一極弁証法」(unipolare Dialektik) と「二極弁証法」(bipolare Dialektik) とに区分した。この

内前者にあっては、ヘーゲルに典型的に現れているように、対立は一なる理念のごとき一者そのものより生じ、それが「合」段階で止揚され、一切がまた一者へと帰入するが、これに対して、後者の場合には、対立は最初から対等な両極より起こり、両極が相互浸透するにしても、対立そのものは一者において止揚されることはない[7]。コーンの『弁証法の理論』を、弁証法的思考方法の解明において「私を……本質的に援助した書」(IG,S.18)と評するリットの場合、その弁証法の型は、たとえば先の『指導か放任か』に示されているように、決してヘーゲル的な「一極弁証法」ではなく、コーンがみずからの弁証法とも見た「二極弁証法」である。つまり、リットにあっては、対立する両極は、互いに否定し合うとともに互いに交差するという緊張関係において、「精神の純粋な本質をつくり出す」のである[8]。

　ところで、1920年代のリット弁証法が関心を寄せた問題の一つに、「宗教」めぐる対立の問題、すなわち「宗教と文化」「宗教的原理とフマーンな原理」「信仰と陶冶」といった対立の問題がある。もちろん、これにはそれなりの理由が存在する。というのも、いわゆる「学校妥協」(Schulkompromiß)により成立したヴァイマル憲法の教育条項は、「超宗派学校」の原則を掲げつつも、「宗派学校」の存続を許したがために、20年代には宗教と教育の関係に関して論議が白熱し、この論議に対してリットも発言せざるをえなかったからである[9]。実際リット自身、宗教と教育との関係の問題を、「まさしく目下最高に現実的な問題」(MG,S.18)と呼んでいる。そして、この問題に具体的に取り組んだのが、「教育の現状とその要求」(Die gegenwärtige Lage der Pädagogik und ihre Forderungen) や「宗教と文化」(Religion und Kultur) といった著作にほかならない。

　リットの見解によれば、「宗教と文化」の二つの力は、「宗教優位」あるいは「文化優位」の「見せかけの和解」によって一体化されたり、「宗教的ラディカリズム」におけるように敵対させられるべきではなく、対立するとともに一体をなす力として認識されなければならない。なぜならば、文化なくしては、宗教はその本来の力を引き出すことはできず、また逆に、宗教なくしては、文化はその創造力を失うからである。両者の対立は、「精

神の自分自身に対する矛盾であり、より高い生に内在する弁証法的自己二分」(RK,S.78) にほかならない。したがって、宗教と文化との「特に徹底的で原則的な性格をした出会いと対決の場」(RK,S.82) である「教育」の場合、ことに「かの究極的で最も深い弁証法」(MG,S.24) が要請されてくる。「学校をめぐる戦い」で主張されているような、教育を宗教の精神によって浸透させる方向も、宗教を文化財の一部として教育に組み込む方向も、いずれも「見せかけの和解」にすぎない。「現実の教育の全体を、宗教的生の中心からも、文化的生の中心からも、部分課題がかみ合ったうまく構造づけられた体系として構成することはできない。あらゆる秩序づける骨折りの背後には、フマーンな原理と宗教的な原理の二律背反論(Antinomik)が和らげることなく鋭く対立している」(RK,S.83f.)。ただし、リットはこうした原則に立って、具体的な提案を行うことはしてはいない。むしろ彼のねらいは、宗教と教育の対立という範例を通して Antinomik を顕現させることにあったと考えられるのである。

いずれにせよ、「宗教と文化」とか、「宗教と教育」といった問題は、文化哲学的・文化教育学的段階におけるリットの格好のテーマだったのだが、しかしながら、彼の思想が文化哲学的・文化教育学的レベルを越えるに及んで、つまり「後期」段階にいたって、この問題はある意味で立ち消えとなってしまう。もっとも、弁証法的思考そのものは、その後も一貫して堅持されることになる。このことは、『人間と世界』における、「……弁証法的思考に対する決心は問題そのものによって要求されている、という確信を私はますます強くした」(MW,S.298) とするリット自身の言からも明白である[10]。そして、この期において、ある意味で「宗教」に代わって、リット弁証法の格好の題材として登場したのが「自然科学」だったのである。しかも、この「自然科学」をめぐる論議の中で、リット後期教育思想の根本概念たる「二律背反」概念が提示されてくるのである。

第2部　人間陶冶論の新構築

第2節　調和 vs 二律背反

　リットは1952年に『自然科学と人間陶冶』なる書を公刊した。この書は、その後増補されて54年に第2版、59年に第3版が出され、68年までに5版を重ねることになるが、「科学技術時代における人間陶冶」というリット後期教育思想の根本テーマが最初に本格的に論究された書として、彼の教育思想の歩みの中で画期的な意義を有している。しかも、この書において、前述のように、リット後期教育思想の根本概念である「二律背反」概念が、はじめて本格的に示されたのである。リットは、弁証法的構造を表示する語として、当初はGegensatz, Widerspruch, Spannung, Antinomie, Entzweiung等の語を用いていた。したがって、Antinomieという語は、すでに初期の著作に見ることができるが、しかしその場合には、必ずしも自覚的に使用されていたわけではない。ところが、『自然科学と人間陶冶』以降この語は、彼の弁証法的な教育把握を特徴づける決定的なタームとして際立ち、1955年に初版が出た『ドイツ古典主義の陶冶理想と近代の労働世界』等においても、重要な役割を演じることになる。その意味で、「後期著作の陶冶論の理解のためには、二律背反という概念、つまり後期陶冶論の根本概念の一つの解明が必要である」[11]といえるのである。

　さて、リットによれば、自然科学、とりわけ自然を数学的関係へと還元する「数学的自然科学」に対しては、近代におけるその台頭以降、賛否両論が凌ぎを削り、その「教育価値」をめぐって激論が展開されてきた。中でも、すでに見たように、「フマニテート」理念の運動は、ニュートン物理学を激しく攻撃したゲーテに典型的にうかがえるように、自然科学を「非人間的」として「人間陶冶」の領域から排除した。こうした新人文主義的な伝統は、その後ドイツの思想界・教育界を長きにわたって支配することになるが、けれども、自然科学の飛躍的発展に直面しては、もはやその教育的意義を認めないわけにはいかなくなり、ついには「フマニテート」と

「自然科学」との対立は「時代錯誤的」と称され、「フマニテートの教育学は、自然科学および技術という現代生活を支配している力と講和を結んだのである」(NM,S.97)。

がしかし、第2次世界大戦を通して科学技術の脅威を痛感したリットは、このような「講和」に疑義を投じ、その証左として、イタリアの哲学者クローチェ（Benedetto Croce）が、「最初の原子爆弾の投下の後」に書き留めた次のことばを引き合いに出している。「自然科学の発見は真理の光明ではない。解明し、励まし、人間の精神に役立つかの唯一の真理、つまり、科学的発明者ではなく、ナザレのイエスとかソクラテス、ホーマーとかシェイクスピアのような宗教的・哲学的・文学的天才のみが寄与するかの唯一の真理、このような真理の光明ではない。彼らのみがわれわれを内面的に人間にする。自然科学の発見は、事物に対する人間の支配、すなわち、人間の精神（！）ではなく、人間の手の支配を増大させ、ますます知的動物を、偉大ではあるが同様に危険な知でもって武装させる」(NM,S.97)[12]。リットの見るところでは、このクローチェのことばほど、自然科学を人間性の聖殿からあからさまに追放しているものはなく、それゆえに、クローチェのような指導的人物に自然科学と人間陶冶との矛盾が顕現している以上、こうした矛盾を無視するわけにはいかないのである。

そこでリットはこの矛盾を取り上げ、ここに「二律背反」概念を導入する。「『二律背反』とカント以来われわれが名づけているのは、人間の内面に現れる矛盾、しかも、決してその都度の心的あるいは歴史的状態の特殊性から生じるのではなく、人間の精神的本質の根本構造の内に据え置かれ、指定されている矛盾である。この二律背反の重大さと生命意義は、それが決して、心理学的あるいは社会学的に条件づけられた葛藤のように、計画的反作用によって和らげられたり、いわんや除去されうるのではなく、人間の内にある可能性を現実化することに人間が気にかけるのが切実であればあるほど、ますますはっきりと現れ、ますます敏感に感じられる、ということに基づいている。この意味で、自然科学と人間陶冶への衝動との関係において感知される緊張は、真の二律背反と称してよいのである」

(NM,S.97f.)。

　こうしてリットは、人間性と自然科学との「講和」を否定するのであるが、そのことは断じて、彼が新人文主義の伝統へと逆行し、自然科学の陶冶価値を拒否したことを意味するものではない。そうかといって、彼は単純に自然科学賛美の立場も採らない。もしいずれか一方に与して、他方を排斥するならば、そもそも「二律背反」ということはいわれないであろう。「二つの原理が譲れずに対立し合っている」（ルブール）場合にのみ、「二律背反」は可能である。リットに従えば、第1部で述べたことからも明らかなように、自然科学は「人間の全く独自の本質に発し、これに絶えず属している」（NM,S.98）のであって、まさに「人間の世界意義」の表出にほかならず、その意味ですぐれて「フマーン」、つまり「人間的」と特徴づけられてよい。「われわれが『フマニテート』のもとに、精神的な可能性や要求として人間の内に含められているものすべての総体を理解するなら、自然科学を生み出す思考は、『フマーン』という属性に対して完全な権利をもっている」（NM,S.98）。しかし他面、自然科学的思考は、人間を「悟性」へと脱人格化することによって、情意に満ちた人間性を解体しもする。その点では、自然科学は極めて「インフマーン」、つまり「非人間的」といわなければならない。「人間的」であるとともに「非人間的」でもあり、したがって、「陶冶価値」を認めざるをえないとともに拒まざるをえない、「自然科学と人間陶冶」の関係より生じるこうした錯綜に対してこそ、「二律背反」という語はふさわしい。

　ところで、リットにおいては、このような「二律背反」概念は、いわゆる「調和」（Harmonie）概念に対置させられて提示されている。「ハルモニー」に対して「アンチノミー」なのである。周知のように、古来教育目的として掲げられてきた「諸能力の調和」は、とりわけフマニテートの陶冶理想にあっては、中核概念の位置に祭り上げられ、まさに人間性の決定的なメルクマールと見なされた。しかしながら、上述のように、二律背反の不可避性を是認するならば、こうした「調和」をもはや教育あるいは陶冶の目的として追求することはできない。「人間によって実現されうる調和の要

求は、人間を内面的に二分する二律背反の承認と合うだろうか。疑いもなく、この問いは否定されうる。一方あるいは他方への決定を不可避にするあれかこれかに、ここでわれわれは直面している。努力目標としての本質形成の調和を人間に見せるのをよしとするか——その場合には、調和を不可能にするということを自分の本性の内にもつ二律背反の存立を容認できない。あるいは、この二律背反の不可避性を自白するか——その場合には、またすでに調和の理想を放棄してしまっている。第三のものは存在しない」(NM,S.100)。「二律背反の不可避性を自白する」リットとしては、「調和の理想を放棄」せざるをえず、そのかぎりにおいて、彼は新人文主義と決別することになるのである[13]。

　もっとも、フマニテートの思想家たちの場合（ペスタロッチを例外として）、二律背反の不可避性の表明が見られないとしても、十分な理由が存在していた。なぜなら、当時にあっては、自然科学が招来する危険性は、まだ萌芽的にしか感知されていなかったからである。しかるに、自然科学によって徹頭徹尾規定されている後の世代は、もはや二律背反を看過するわけにはいかない。「全く重々しく自白するのを古典主義の思想家たちがためらった二律背反は、われわれにとっては見のがされえなくなってしまった。どれほどこの二律背反がわれわれの現存在を規定しているかを、おそらく最も決定的に教えるのは、実存の根本的な二分によってこの二律背反を避けようとする、自分の時代に不満を抱くかの作家たちのひきつった骨折りである」(NM,S.101)。この場合、二律背反の不可避性の反面教師として持ち出されている「自分の時代に不満を抱くかの作家たち」の名は、具体的に示されてはいないものの、おそらく、ゲオルゲ（Stefan George）、ユンガー（Ernot Jünger）、ベン（Gottfried Benn）、ネーベル（Gerhard Nebel）、ブリューハー（Hans Blüher）、メンデルスゾーン（Perter de Mendelssohn）等といった、自然科学に対して激しい敵意を示した作家たちが念頭に置かれていると推察される[14]。わけても、ベンが1950年に出版した自伝『二重生活』(Doppelleben) は、その書名が端的に表現しているように、「実存の根本的二分」によって二律背反を回避しようとする「ひきつっ

第2部　人間陶冶論の新構築

た骨折り」の最たるものとして、リットの強く関心の寄せるところであったと思われる[15]。リットのこの「二重生活」理論との対決は、『ドイツ古典主義の陶冶理想と近代の労働世界』の第2部第7章において展開されることになるのである。

　ともあれ、新人文主義の思想家たち、そして彼らと軌を同じくする「かの作家たち」、これらの人々との決定的な相違点を、リットは「二律背反についての知」に求めている。上記の人々にとっても、萌芽的であれ、顕現的であれ、「二律背反」という事態はすでに存在していた。ただ、彼らはこの事態を直視し、認識しなかったまでのことである。これに対して、われわれの世代は、「いかなる先行の世代とも違って、えぐるような経験によって、この二律背反を覚知した世代」(NM,S.99)であって、ゆえに、「二律背反についての知」こそ、現代において特徴的といわなければならない。が、ここで疑問となってくることは、先程のリットの規定にもあるように、二律背反は「計画的な反作用によって和らげられたり、いわんや除去されうるのではない」以上、それについて知ることが何の意味をもつのか、ということであろう。だが、「思考」と「存在」の密接な結合を強調し、「人間は、自分自身を思考することによって、とにかく彼がすでにあるものについての理論的知を得るだけではない——否、彼はこの知を所有することにおいて、この知がない場合にあるのとは違ったものである」(DS,S.148)と説くリットは、次のように述べる。「人間の生を自身において二分する矛盾にとっては、その矛盾が知られず制御されずにその作用においてのみ感知されうるか、あるいは、それ自身が見られ、その根底へと還元されるか、ということが一切をなしている。……決定的なことは、この矛盾が、そのものとして知られれば、なるほど消去されえないが、しかし監督され、暗黒の中でえぐるように妨げられずにさらにはびこって魂を困惑させ、意志を誤り導くことを妨げる形式で解決されうる、ということである」(NM,S.103)。まさしく、ルブールのいうように、「わたしたちにとってもっとも大切な任務は、アンチノミーを知ることである。そうしてこそはじめてアンチノミーを乗り越えられるであろう」というわけなのである。

第3節 「二律背反」概念の特徴

　以上明らかなように、リットはその後期教育思想において、「二律背反」概念を導入することにより、「人間陶冶の弁証法」[16]を展開したのである。その意味で、「二律背反」概念は、「労働世界」「自然科学」「技術」等の語と並んで、前期リットにはいまだ認められない「新しい研究領域および関心領域」[17]を示しており、「後期陶冶論の根本概念の一つ」[18]というるが、ここで、この「二律背反」概念について考察を加え、その特徴を明らかにしてみることにしたい。

　そこでまず、「二律背反」という語そのもののもつニュアンスである。弁証法的構造を表示する語としては、たとえばノールに見られるように、「両極性」（Polarität）といった語もしばしば使用される[19]。では「二律背反」と「両極性」とではどう違うのか。「教育学における弁証法的思考」（Dia-lektisches Denken in der Pädagogik）という論文を物しているクラフキの見解によれば、「両極性」の場合には、「両極」をそもそも成立せしめている「根源的関係」が前提として存在し、この「根源的関係」によってそれぞれの極は「極」たりうるのであって、したがって、「両極は……いかなる対立でもなく、互いに排除し合うのではなく、互いに求め合う」。これに対して、「二律背反」においては、両面はそれ自身独立したものであって、根源的に結ばれていないがために、「互いに矛盾し合い……互いに排除し合う」[20]。あるいは、ヴェーバー（Erich Weber）に従えば、「両極性」について語られるのは、「敵対的な緊張関係をうわべの対立としてのみ解釈し、しかもこの対立にあっては、いかなる相容れない構造にかかわっているのではなく、両極が一体を成しており、互いに頼り合い、指示し合い、したがって相補的にふるまう相関的構造にかかわっている」場合であるのに、「二律背反」として言い表されるのは、「二つの対立的立場を権限あるものと見なすが、それらの矛盾の止揚を不可能と考え、その結果、止揚で

第 2 部　人間陶冶論の新構築

きない矛盾性を承認し、耐えなければならない場合の緊張関係」ということになる[21]。

　これを総合していえば、「両極性」の場合には、互いに対立し合う両者は、一方あっての他方、他方あっての一方、という具合に根源的には結ばれており、したがって、相互依存的で、究極的には統一状態にあるが、これに対して、「二律背反」においては、互いに対立し合う両者は、元来は他方とは無関係に独立しており、それゆえに、相互独立的で、決定的に排除し合っている、ということになろう。要するに、対立そのものが、「両極性」では見かけ上にすぎないのに、「二律背反」では止揚不可能なのである。そこで、「自然科学」と「人間陶冶」とについて考えてみるなら、両者は、たとえば「プラス」と「マイナス」のように、一方がすでに他方を予想させる関係にあるのではなく、あくまでそれ自身独立的である。しかも、相互独立的であるとともに、排他的で、その対立はいかんとも克服しがたい。そうだとすれば、「自然科学と人間陶冶への衝動との関係において感知される緊張」を表示するには、「両極性」概念より、「二律背反」概念の方が適切である。それどころか、こうした緊張こそが「真の二律背反」の名に値するといえよう。このような意味で、リットの用語選択は至当だったわけで、と同時に、そこに自然科学をめぐる厳しい状況に対する彼の思いを見ることができるのである。

　ところで、そもそも Antinomie という語は、ギリシャ語の antinomia に由来し、元は「同一の法典における個々の法律の間の矛盾軋轢」を意味していたが[22]、これを哲学用語として確立したのはカントであった。周知のようにカントは、人間理性が世界そのものを認識しようとして陥る自己矛盾を「純粋理性の二律背反」と呼び、そうした「二律背反」として 4 組の相矛盾する対命題を挙げ、その内の 2 組については、「定立」「反定立」いずれも偽、残り 2 組に関しては、「定立」「反定立」ともに真であるとした。「カント以来……」という表現にうかがえるように、リットの「二律背反」概念も、直接的にはカントをモデルにしている。実際、「自然科学」と「人間陶冶」とは、カントにおいて「定立」と「反定立」がそうであっ

166

たように、同等の権利をもって自己主張し、相互に矛盾する関係にある。しかも、「自然科学」「人間陶冶」のいずれもが「真」であるならば、この両者の関係は、カントが「定立」「反定立」とも「真」とした対立関係に等しいであろう。

　しかしながら、リット自身の言明にもかかわらず、カントとリットの相違にも注意が払われなければならない。というのも、カントの場合、「二律背反」は理性の誤用より生じたのであり、そのかぎり、理性がその本分を守りさえすれば回避できたのであるが、リットの「二律背反」は、和らげられることはあっても、決して「除去」されえないことを特徴としているからである。したがって、カントとリットの「二律背反」概念は断じて同じではない。この点に関して、フシュケ・ラインは次のように指摘している。「……リットがカントを引き合いに出していることは……正しくない。なぜならば、カントにとっては、二律背反は、その使用が正当ではない領域での理性の使用から発しているからである。カントの二律背反は、それゆえに、誤った理性使用の回避によって、原理的に解消可能、ないしは『除去』しうる。だが、リットの『二律背反』は、彼にとっては、まさしく解消可能ではない。というのも、その必然性は、理性の誤った使用からではなく、逆に……理性の正しい使用から帰結するからである」[23]。

　さらには、カントの二律背反が「認識論的」であるのに対して、リットのそれは「存在論的」だといえる。カントの場合、二律背反はあくまで思考レベルのことであった。しかるに、リットにとっては、それは「人間の精神的本質の根本構造の内に据え置かれ、指定されている矛盾」、あるいは、「人間の生の精神的本質の根本構造に不変の定数として指定されている矛盾」（DK,S.114）を意味している。だから、ラサーンのことば通り、「カントの二律背反は認識論的であり、これに対して、リットのそれは生に根ざし、存在に属している」[24]ということになる。この点に関していえば、リットの二律背反は、むしろフロム（Erich Fromm）が「実存的二分性」と呼ぶものに近いであろう。フロムは、「人間によってつくられ、その生起の時、また史上のもっとも後の時機において解決が可能になるような、個人生活

および社会生活における矛盾」を「歴史的二分性」と名づけ、これから、「人間の存在に根ざし」、「種々のしかたで反応できるにもかかわらず……完全に解消することができない」「実存的二分性」を区別している[25]。リットの二律背反が、「心理学的あるいは社会学的に条件づけられた葛藤」のように、「その都度の心的あるいは歴史的状態の特殊性」から生じ、除去されるのではなく、「生に根ざし、存在に属している」ことを考えるならば、その意味するところは、まさにフロムの「実存的二分性」と等しいと見てよいであろう。

　先には、リットの弁証法が「二極弁証法」である旨を述べた。この二極的性格は、「二律背反」概念の本格的導入によって、後期思想において一層強化されたと見ることができよう。が他方、弁証法の性格に関しては、「観念弁証法」か「唯物弁証法」か、「概念弁証法」（Begriffsdialektik）か「実在弁証法」（Realdialektik）か、といった文字通り弁証法的な対立的問題をめぐって論議が戦わされてきた。「二律背反」が人間存在そのものに、つまり「存在」自体に属しているのであれば、リット弁証法はいわゆる「実在弁証法」に与することになる。しかし、問題はそう単純ではない。というのも、リットにおいて二律背反は、人間が「世界認識」から「自己認識」へと進行するに際して陥る必然的なアポリアにほかならず、その意味で、「概念弁証法」的性格をも認めうるからである。この点に関してラサーンは、「概念弁証法」か「実在弁証法」か、という問いの立て方そのものが誤りだとして、次のように指摘している。「弁証法に対するリットの言明を調べるならば、あたかも彼が、二つの違った仕方を、すなわち、一方では精神の発展過程で見えるようになる『実在弁証法』を、他方では弁証法的思考、つまり概念弁証法という意味でのこの発展過程を模写する『解釈活動』を、心に抱いているかのようかもしれない。……究極的にこの分離は……一面では存在および生成と、他面では認識および思考との間の分裂に帰する。……思考と存在とは……根拠と結果といった論理的結合に基づいて一体をなしているのではなく、同一の精神の二つの現象形式として、本質的に結ばれているのである」[26]。

実際、人間存在における「思考」と「存在」の密接な結合を説き、「観念論」と「実在論」の対立を克服しようとするリットの立場よりすれば、彼の弁証法を「概念弁証法」あるいは「実在弁証法」のいずれか一方に組み込むことはできないだろう。それどころか、むしろリットのねらいは、これら両弁証法の統一にこそ存する。そして、このことは二律背反についての「知」において一層明確になる。なぜならば、この知は「理論知」であるだけでなく、自己形成を可能にする「実践知」でもあるからである。この知は、「決してあきらめる知（ein resignierendes Wissen）ではなく、自己生成へと通じ、あらゆる緊張と矛盾に、人間の最も深刻で究極の脅威にも勇敢な態度をとる活動させる知 (ein aktivierendes Wissen)」[27]である。このように、「知」が「行為」、「反省」が「活動」でもあるならば、しかも、そこにリット弁証法の終点が求められるのであれば、この弁証法を、もしそう名づけることが許されるのなら、「自覚的行為の弁証法」として特徴づけることができるであろう。

第4節　二律背反の自覚——リットと田辺元

リットと同時代のドイツの思想家で、自然科学がもたらす教育上の対立問題を、リットほどに深く考究した者はほとんどないといってよい。けれども、リットとほぼ時期を同じくするわが国の思想家で、リット同様にこうした対立問題を根底的に論じた者として、田辺元（1885年〜1962年）の名を挙げることができるであろう。田辺が、その哲学が田辺哲学と称されるように、西田幾多郎等とともにわが国有数の独創的な哲学者の一人であることは、ここで詳言を必要としない[28]。だが彼は、大学では最初数学を志したこともあって、元来数学や自然科学への関心が強く、その哲学活動の出発点は、特に近代自然科学の「科学批判」に置かれていた。こうした関心から彼は、1930年代後半に、「思想史的に見たる数学の発達」（1936年）、「自然科学教育の両側面」（1937年）、「徳性としての科学」（1938年）

といった、講演に基づいた一連の科学教育論を公表するのであるが、中でも「自然科学教育の両側面」は、リット同様の問題提起や解決方向が見られて、注目に値すると判断される。

その田辺の見るところによれば、今日自然科学教育をめぐっては、一方では、自然科学的なものの考え方が奨励されなければならないという「積極的側面」と、他方では、それが制限されなければならないという「消極的側面」の「両側面」が存在している。その場合、この「両側面」というのは、「何らの矛盾なく並び行はれるところの二つの側面」ではなく、「一見矛盾する二つの側面といふものが、しかも同時に両立しなければ、自然科学の教育はその意義を充実することが出来ない、さういふ意味に於ての両側面」である。そして、こうした「両側面」の問題こそが、「今日の自然科学の教育に就いて、留意せらるべき重要なる問題の一つ」を意味しているのである[29]。

そこで田辺は、この「両側面」の関係を説明するにあたって、「自然科学の理論に含まれているところの概念」、つまり量子物理学における「相互補足性」(Komplementarität) という概念を「借用」しようとする。「今日の量子論で申しますところの相互補足性といふのは、単に足りないから補ふといふだけでなくして、実は一方が現はれる立場に於ては他方は現はれることが出来ないものが、しかも相互に補足し合ふといふ関係をいふのであります。……でありますから、補足性といふものは、排他的な相互補足である。……相互補足性と排他性といふものは、今日の量子物理学に於ては、くっ付いてゐるのであります」[30]。これを自然科学教育に適用すれば、自然科学的なものの考え方は徹底されなければならない反面、「精神の問題」とか「価値の問題」といった「自然科学の権能の及ばない問題」が現れたときには、この考え方は退場しなければならず、しかも、両面のそれぞれは他面を媒介してのみ存在しうるということになる。要するに、「自然科学教育の両側面」は、互いに否定し合うとともに互いに媒介し合う「排他的相互補足性」の関係に置かれているのである。

このように一方が登場するときには、他方は退場するのであるから、両

側面は連続的につながってはいない。したがって、両側面は中間において「折中」されるのではなく、他方への「転換」によって「執中」されなければならない。では「執中」、すなわち「中を執る」とはどういうことか。「『中を執る』といふことは、むしろあれでもあり、これでもあるのではなくして、あれでもなく、これでもないといふところを境にして、こちらを問題にする時には、それに徹底して行く、あちらを問題にする時には、また反対の方に徹底して行く。……しかも中を執るといふことは、一方の立場を執ってゐる時には、それは一方の立場なのであって、全部ではないのである、反対の側面があるといふことを自覚して、一方の立場を徹底するといふことであります」[31]。それゆえに、自然科学的思考の主体としての人間に要求されることは、「積極的側面」を徹底すると同時に、「反対の側面」、つまり「消極的側面」を「自覚」し、「両側面」があってはじめて全体が完成するということを「自覚」することである。そして、究極的に田辺は、両側面を一方から他方へと転換する中間のところ、「あれでもなく、これでもないといふところ」は、「『無』といふ言葉で言ひ現はすより外にない」と述べる。「無を媒介にして、我々はあちらにも自由に入り、こちらにも自由に入る、さういふことが自然科学の教育に於ては必要ではないかと思ふのであります」[32]。一般に田辺哲学の特色は、田辺自身によって「絶対弁証法」と称されるその独自の弁証法にあるとされるが、上記の論議においても、「媒介」や「転換」や「無」や「自覚」をメルクマールとするこうした弁証法が貫徹されていることは明らかであろう。

　以上の田辺の見解を、リットのそれと突き合わせてみればどうなるであろうか。田辺の場合には、その著作が書かれた時期が早いこともあって、リットほど自然科学に対する危機感は深刻ではない。その上、「相互補足性」という自然科学的概念で精神界の事柄を解明することは、リットの側からいえば、それ自身が「数学的自然科学の帝国主義」に毒されているということになるだろう。逆に、田辺の立場に立つなら、リットの場合は、他の西洋の思想家と同じく、「有」の立場に終始していて、「無」の自覚に達していないということになろう。が、それにもかかわらず、両者に共通して

認められることは、いずれもが自然科学をめぐって生じる教育上の矛盾を、弁証法的見地より鮮明に描出し、解決しようとしていることである。

しかも、そうした解決に際して、とりわけ両者が軌を同じくしているのが、矛盾あるいは二律背反の「反省」とか「自覚」ということの強調である。思うに、自然科学の興隆は人類に不可避的な矛盾を結果し、ひいては、それがいわば「モダン」の運命を形づくることとなった。今日、この矛盾の克服が様々に模索されているが、その克服のためには、まず何よりも矛盾そのものを徹底的に「自覚」し「反省」する必要があろう。そして、この「自覚」とか「反省」とかに注意を傾けることは、とりもなおさず、人間における「自省作用」（リフレクション）を重視し、人間を「ホモ・リフレクト」として把握することに連なり[33]、自然科学によって拡大された「外界」から、方向を人間の「内界」へと転ずることを意味するだろう。と同時に、「二律背反」概念を核心とする晩年のリットの教育思想も、こうした今日的視点より改めてその重要性を評価することができるのである。

注

(1) ルブール著、石堂常世訳『教育は何のために──教育哲学入門』勁草書房、1981年、195─196頁。

(2) Hermann Röhrs: Forschungsmethoden in der Erziehungswissenschaft, Stuttgart/Berlin/Köln/Mainz 1968, S.53.

(3) 茅野良男著『弁証法入門』講談社現代新書、1969年、5頁。

(4) Wolfgang Klafki: Die Pädagogik Theodor Litts, S.394.

(5) 精神科学的教育学の研究方法に関しては、Vgl. Helmut Danner: Methoden geisteswissenschaftlicher Pädagogik, München/Basel 1979.

(6) Hermann Röhrs: Forschungsmethoden in der Erziehungswissenschaft, S.60.

(7) Vgl. Jonas Cohn: Theorie der Dialektik, Leipzig 1923, S.259ff.

(8) リット弁証法の二極的性格に関しては、杉谷雅文著『現代哲学と教育学』155─159頁参照。

(9) ヴァイマル期における教育と宗教をめぐる論争については、次の拙論を参照されたい。宮野安治著「精神科学的教育学と『教育の自律』論──雑誌『教育』における一連の論議をめぐって──」大阪教育大学教育学教室『教育学論集』第30号、2002年12月、39─49頁。

⑽ リット弁証法について論じたものは数多いが、ここでは代表的なものとして次の労作を挙げておく。Herwig Heinrich Schulz-Gade: Dialektisches Denken in der Pädagogik Theodor Litts, Würzburg 1996.
⑾ Rolf Bernhard Huschke‐Rhein: Das Wissenschaftsverständnis in der geisteswissenschaftlichen Pädagogik. Dilthey — Litt — Nohl — Spranger, S.220.
⑿ リット自身はこのクローチェのことばの出典を明示していないが、おそらくは『政治と道徳』(1946年) からのものであろう。Vgl. Rudolf Lassahn: Naturwissenschaft und Menschenbildung. Ein erkenntnistheoretisches Problem in der Sicht Theodor Litts, in: Theodor Litt. Pädagogische Analysen zu seinem Werk, hrsg.von Friedhelm Nicolin/ Gerhard Wehle, Bad Heilbrunn 1982, S.125.
⒀ 「調和と二律背反」という視点からリット教育学全体を考察した研究として次のものがある。Vgl. Gerd Baluch: Das Problem von Harmonie und Antinomie in der Pädagogik Theodor Litts, Phil. Diss., Aachen 1983.
⒁ Hans-Otto Schlemper: Reflexion und Gstaltungswille.Bildungstheorie, Bildungskritik und Bildungspolitik im Werke von Theodor Litt, S.88.
⒂ ゴットフリート・ベン著、山本尤訳「二重生活」『ゴットフリート・ベン著作集第1巻』社会思想社、1972年参照。
⒃ Wolfdietrich Schmied‐Kowarzik: Dialektische Pädagogik, München 1974, S.69.
⒄ Rolf Bernhard Huschke‐Rhein: Das Wissenschaftsverständnis in der geisteswissenschaftlichen Pädagogik. Dilthey — Litt — Nohl — Spranger, S.208.
⒅ ibid., S.220.
⒆ ノールの「両極性」概念に関しては、次の拙著を参照されたい。宮野安治著『教育関係論の研究』渓水社、1996年、69—86頁。
⒇ Wolfgang Klafki: Dialektisches Denken in der Pädagogik (1955), in: Denkformen und Forschungsmethoden der Erziehungswissenschaft, hrsg. von Siegfried Oppolzer, München 1966, S.172.
㉑ Erich Weber: Erziehungsstile (1970), 6.Aufl. Donauwörth 1976, S.391f.
㉒ 林達夫他監修『哲学事典』平凡社、1971年、1064頁。
㉓ Rolf Bernhard Huschke‐Rhein: Das Wissenschaftsverständnis in der geisteswissenschaftlichen Pädagogik, Dilthey — Litt — Nohl — Spranger, S.222.
㉔ Rudolf Lassahn: Das Selbstverständnis der Pädagogik Theodor Litts, S.45.
㉕ エーリッヒ・フロム著、谷口隆之助／早坂泰次郎訳『人間における自由』東京創元社、1972年、62—68頁。
㉖ Rudolf Lassahn: Das Selbstverständnis der Pädagogik Theodor Litts, S.40.
㉗ ibid., S.47.
㉘ 田辺哲学は、特に西田哲学と比較した場合、これまで必ずしも十分に取り扱われてきたとはいいがたいが、近頃次のような田辺哲学評価の書が現れたことをここで指摘しておきたい。中沢新一著『フィロソフィア・ヤポニカ』集英社、2001年。
㉙ 田辺元著『田辺元全集第5巻』筑摩書房、1963年、145—146頁。

第2部　人間陶冶論の新構築

(30) 同書、148頁。
(31) 同書、153 — 154頁。
(32) 同書、156頁。
(33) 今田高俊著『モダンの脱構築——産業社会のゆくえ』中公新書、1987年、187 — 216頁参照。

第3章　自然科学と人間陶冶

第1節　現代文化における自然科学

　ある文明史観によると、人類文明は「人類革命」「農業革命」「都市革命」「精神革命」「科学革命」の五大革命を経て、現在は、「五番目の『科学革命』が一つの袋小路に入って新しい文明の形態が模索されている六番目の大きな転換期」に差しかかっているとのことである[1]。実際、近代西欧における自然科学、あるいはこの科学をモデルとする科学、いわゆる「近代科学」の成立は、まさに「革命」の名に値する人類史上の画期的な出来事であった。だが、こうした自然科学は、人類に多大の恵沢を施すと同時に、核兵器や環境問題に象徴されるように、人類をかつてない深刻な危機に陥れた。したがって今日、自然科学を文化全体においていかに位置づけるのか、またその人間形成的意義、すなわち「陶冶価値」（Bildungswert）をどう評価するのかという問いは、従来以上に人類にとって焦眉の問題となっているのである。

　ところで、自然科学を文化の中で積極的に生かそうとする試みの典型として、少し古いところでは、たとえばスノー（Charles Percy Snow）の「二つの文化」（the two cultures）論を挙げることができる。その際スノーのいう「二つの文化」とは、一つには、これまでヨーロッパを支配してきた伝統的な文化、要するに「人文的文化」であり、もう一つには、特に20世紀に入って急速の進歩を遂げた自然科学によって創出された新しい文化、つまり「科学的文化」である。スノーの見解では、現代文化はこれら「人文的文化」と「科学的文化」に分極し、それぞれの文化の担い手たちは、他方の文化には無理解、ときには敵対的ですらあり、断絶がもたらす損失は致命的である。これら二つの文化の内、スノーは「科学的文化」につい

て、「知的な意味からだけでなく人類学的な意味からも真の文化といえる」[2]とこれを称揚し、この文化が唯一貧しき者に希望を与えると断じ、これに対して、科学的文化を理解しようとしない人々を「ラダイト」と非難している。そして彼は、二つの文化の溝を埋めるために、科学教育の浸透を主張しているのである。

　1959年にケンブリッジでの講演で展開されたこの「二つの文化」論は、賛否両論を含めて、当時非常な反響を呼び起こすとともに、文化全体における科学の位置づけに関するその後の論議に対して一つの範例的枠組みを提供した。とりわけ、科学批判の矛先を突きつけられた当の自然科学者にとっては、「人文的文化」と「科学的文化」の統一という思想は、つまるところ、みずからの営為の存在意義の確証に通じ、大いに好都合であった。たとえば、ノーベル物理学賞の受賞者でもあるラビ（Isidor Isaac Rabi）の場合であるが、「科学こそ今世紀において人間性を共通に、また普遍的に維持し発現した偉大なもの」[3]と見る彼は、スノー同様に、知的生活が「人文的文化」と「科学的文化」とに分裂し、科学が人類共通の文化の核心になりえていない現状を嘆じ、その克服のために、「科学と人文の二つの文化の相互浸透」[4]を次のように強調した。「科学と人文学を融合させることによってのみ、われわれはわれわれの時代にふさわしい知恵に到達することを望むことができる。……科学と人文学がいっしょになって努力してはじめて、すべての人類を圧迫する暗黒と混乱からわれわれを引きだすことができるような思想の世界を見つけだすことに成功するであろう」[5]。

　スノーにせよ、ラビにせよ、「科学的文化」を唯一絶対と見なしているわけではないが、根本的には自然科学を肯定する立場にある。その意味で、当然のことながら、彼らは科学擁護論者であり、科学を文化発展の推進力として讃えるところから、その科学観はあくまで楽天的といえる。しかしながら、現代において文化と科学との関係が論じられる際には、こうした楽天主義は必ずしも優勢ではなく、むしろ議論の出発点をなすのは科学への批判である。もっとも、近代科学の成立以降、それへの批判は様々な形態をとってつねに存在してきた。けれども、そうした科学批判が活発化し、

科学賛美と拮抗、さらにはそれを凌駕するようになるのは、原子爆弾の投下を契機に、科学文明そのものが徹底した懐疑にさらされる局面に入ってからである。そして、1960年代後半より70年代前半に興隆を見た「対抗文化」(counter-culture) 思想ないしは「反科学」(antiscience) 論において、科学批判は一つの絶頂を経験したのである。

今挙げた「対抗文化」思想の唱導者であるローザック (Theodore Roszak) によれば、科学的文化は、人間性を形成し、人類文化の発展に資するどころか、逆に、人間をテクノロジーの偏狭な独房に閉じ込め、豊かな精神文化を枯渇させるものでしかない。彼は、スノーに関して、「われわれは、C.P.スノーが『二つの文化』という概念を打ちだしたことに感謝しなければなるまい。とはいうものの、科学的プロパガンディストであるスノーは、それら二つの文化を分け隔てているおそるべきパトスを把握していない、といっても差支えない」[6] と述べ、「二つの文化を分け隔てているおそるべきパトス」こそが問題だとして、科学的文化に真っ向から対立する文化、つまり「対抗文化」に真の文化の将来を見ようとした。その際、ローザックの唱える「対抗文化」とは、「少なくとも17世紀の科学革命以来われわれの社会の本流に乗ってきた価値と前提から根本的に逸脱する文化の型」[7] にほかならない。ともあれ、このような対抗文化の主張を通して、いわば「人文的文化」の再生が企てられたのである。

だが、こうした反科学主義的な対抗文化思想は、科学至上主義に歯止めをかける功績はあったものの、その抽象性のゆえに、「現実の科学や科学界の構造の変革に向けて、何ら実践的な方向の示唆を与えるものではなかった」[8]。現代の科学文明がいかに問題を孕んでいようとも、人類が科学以前の時代にもはや戻りえない以上、科学を抜きにして人間性の形成や文化の創造を云々することはできない。それゆえに、より効果的な科学批判は、科学の存在そのものを否定するのではなく、科学に内在する矛盾を摘出し、そこからあるべき科学の理想を追求する方向をとらざるをえない。対抗文化思想が退潮した70年代後半に登場した新しい科学批判、ラベッツ (Jerome Ravetz) の「批判的科学」(critical science) やローズ夫妻 (Hilary & Steven Rose）の「ラディカル・サイエンス」（radical science）等の構想は、まさに「現実の科学や科学界の構造の変革」を志向したものといえよう。

　上述の新しい科学批判は、科学固有の論理よりも、かつてバナール（John Desmond Bernal）が企図したように、「科学の社会的機能」を問うところに最大の特色を有している。が、バナールと決定的に相違するのは、バナールの場合、科学そのものはイデオロギー的に中立で、その利用の仕方で善用あるいは悪用されると考えられていたのに対して、これらの新しい科学批判にあっては、そもそも科学の「中立性」が否認され、科学自体のイデオロギー性が強調されている点である。たとえば、科学を発生順に「アカデミズム科学」「産業化科学」「批判的科学」の3形態に分類しているラベッツによれば、今日の「産業化科学」のもとでは、「アカデミズム科学」で主張されたような中立性はもはや不可能で、国家や産業に取り込まれ、技術と直結することによって、科学そのものが腐敗し、それがひいては人類の危機を招いている。したがって、人類を危機から救い出すためには、この「産業化科学」の進行を抑止しなければならない。そこでラベッツは、「暴走するテクノロジーが人類や自然にもたらすさまざまな危害を、発見し、分析し、批判を行」[9]う新しい科学として、「批判的科学」なるものを提唱するのである。また、これと同様に、科学の「体制化」から「ラディカル化」への転換を説くローズ夫妻にあっても、「ある特定の社会秩序の下でなされた科学は、当然その社会秩序の規範とイデオロギーを反映する」[10]とされ、科学のイデオロギー的中立性が否定されている。

　いずれにせよ、こうした科学批判は、科学を無下に排撃しない点で、同じ科学批判といっても、ローザック流の対抗文化思想とは本質を異にしている。事実、「ラディカル・サイエンス」の立場からは、「ローザックのような対抗文化のアナーキストは、産業以前の黄金の時代へ回帰するよう求めているが、大衆にとって、そうすることは、単に欠乏と早熟死を意味するにすぎない」[11]と指摘がなされている。西欧近代科学の唯一絶対性への疑念が深まりつつあることを考えれば、この科学を社会との関係におい

て解剖し、そのイデオロギー性を暴露することによって、いわば歴史の奔流に投じてみることは、科学の本質を問う上で必須の作業の一つとなろう。そのかぎりにおいて、「批判的科学」や「ラディカル・サイエンス」の構想は、それなりの意義を有する。けれども、これでもって万事が解決済みになったわけではない。というのも、「批判的科学」にせよ、「ラディカル・サイエンス」にせよ、科学を逆に極度に政治化・イデオロギー化してしまうことによって、科学の自立性や固有の論理を見失ってしまうという問題が、反対に持ち上がってくるからである。

　以上、1960年代から80年代にかけての科学、つまりは自然科学の評価をめぐる思想状況を一瞥してみたのであるが、現在においても、事態は根本的には変化していないと見てよいだろう。一方では、依然としてこの科学を賛美し、その文化創造的および人間形成的意義を積極的に承認しようとする方向があるかと思えば、他方では、様々の色合いを帯びた科学批判が存在し、文化創造および人間形成への寄与が制限あるいは否認されている。まさに、肯定と否定の両極の間を、評価は浮動しているのである。もとより、このような評価の対立は決して新しいことではなく、ことに第2次世界大戦の直後の時期においては、その対立は極めて尖鋭化したものであった。そしてリットが、従来までの文化哲学的地平を越えて、深く哲学的人間学に根を下ろし、人間と自然の関係をその考察の主たる対象とすることによって、ドイツ教育学において逸早く、自然科学の本質およびその陶冶価値を正面切って問おうとしたのは、まさしくこうした時期だったのである。

第2節　自然科学批判の諸相

　リットが「自然科学」(Naturwissenschaft) という場合、それはもちろん、かの「科学革命」により成立した自然科学をさしており、とりわけ、物理学を典型とする「数学的自然科学」(die mathematische Naturwissenschaft)

が念頭に置かれている。世界を「モノ化」し、その内実を数学的関係に還元することによって最高度の普遍性と厳密性を達成するこの科学を、時としてリットは、「計算的自然科学」(die rechnende Naturwissenschaft) あるいは「厳密自然科学」(die exakte Naturwissenschaft)、または端的に「物質科学」(Körperwissenschaft) とも呼んでいる。リット思想の歩みの中で、こうした自然科学がテーマとして浮上してくるのは、すでに触れたように、第2次世界大戦後である。それ以前の「文化哲学」の段階では、自然科学は諸文化領域の一領域たる「科学」の更なる一部門として取り扱われていたにすぎない。ところが、科学文明による人類の危機への認識が深化するにつれて、彼にとって自然科学は、もはや単に科学の一部門ではなく、それ以上のものを意味することとなった。『自然科学と人間陶冶』をはじめとした一連の著作は、まさにこうした見地から、自然科学の本質およびその陶冶価値について究明しようとしたものにほかならない。

　今述べたように、リットによれば、数学的自然科学は「他の部門と並んだ一専門部門よりはるか以上のもの」(NM,S.6) であり、「その問題と方法から極めて離れていると思っているところでも、人間の心を象る一つの精神的な大きな力」(NM,S.6) となってしまっている。実際、他の科学と比較してみると、この自然科学はその成果において比類なく、その力において圧倒的で、まさに「科学そのもの」という感が強い。だとするならば、それが人間を高め、形成するのは必然的で、その「陶冶価値」は疑えないように思われる。けれども、事実はそうでなく、「今日にいたるまで、この自然科学が人間の内的世界の構築に対して何を寄与し、また、どのような関係がこの自然科学に分配される寄与を他の陶冶的な精神諸力の総体と結びつけるかについて、いかなる明確さも、いわんや一致も存在していない」(NM,S.13)。否、さらにいうならば、数学的自然科学に対する反対、すなわち科学批判の声が、この科学の「陶冶価値」の承認を妨げている。特に科学批判ということでリットがしばしば引き合いに出しているのは、「生の哲学」「実存哲学」「現代物理学」によるものである。これら批判は、リットの自然科学観を理解する上で重要なので、彼自身の叙述になるべく

即しながら、ここでやや詳しく取り上げておきたい。

そこでまず、「生の哲学」による批判であるが、自然科学的世界観に反発し、合理性より非合理性を強調し、悟性に対する感情の優位を説くこの立場は、数学的自然科学には当然否定的な態度をとる。生の哲学の言い分では、数学的自然科学が企てる自然の「数学化」、したがって「量化」は、「自然の偽造」(die Verfälschung der Natur)、もしくは「自然の暴行」(die Vergewaltigung der Natur) にほかならない。人間の感覚に映ずる、質的に多様な自然こそが、本来の自然であるのに、しかるに、数学的自然科学においては、「自然は認識されるのではなく、むしろ暴行を加えられている」(MW,S.111) というのである。

だが、生の哲学がより激しく攻撃するのは、数学的自然科学に読み取れる「自然のこの暴行へと人間を指示したモティーフ」(DS,S.46)、つまり「自然支配への意志」(der Wille zur Beherrschung der Natur) である。人間がこの科学に深い関心を寄せるのは、純粋に理論的な見地よりも、それが目的を確実に実現する知を授けてくれるからである。それで、数学的自然科学の発展の推進力は、自然そのものに向けられた認識努力にではなく、自然を支配しようとする実践的意志、要するに技術的意志に存在している。そして、自然を支配することは、とりもなおさず、「自然を処理と搾取のこの形式に従わせる論理的図式を自然に押しつけること」(NuM,S.426) を意味する。ゆえに、生の哲学者の多くは、数学的自然科学の概念体系の内に、「自然そのものを開示する真理」ではなく、「実践的欲求によって厳命された、自然のデータのアレンジ」(NuM,S.426f.) のみを見たのである。このような生の哲学による批判の最たるものとして、リットは、数学的自然科学に、「敵対者」として「心」を破滅でもって脅かす「精神」の体現を看取したクラーゲス（Ludwig Klages）の名を挙げている。

次に、「実存哲学」による批判としてリットが特に詳しく取り上げているのは、ヤスパースとハイデガーによるものである。この内ヤスパースは、自然科学を、なるほど「論理的に強制的な知」(das logisch zwingende Wissen) ではあるが、「実存的に無拘束的な知」(das existentiell unverbindliche Wissen）をもたらす科学の範囲に入れている。「その正しさを私が証明することができる真理は、私自身がいなくても存立している」[12]。「正しさ」（Richtigkeit）としての自然科学的真理は、その普遍妥当性のために、私の人格の投入に頼らない。私の人格とともに生成し、私がそれから生きる真理のみが「実存的に重要」(existentiell relevant)であって、その意味で、自然科学的真理はこのような「実存的重要性」を欠くことになる。かくして、「普遍妥当的真理かあるいは実存的真理か、というこの厳格な選言とともに、自然科学は、なるほどあからさまにその妥当性を奪われるのではないが、それが本来の重点を失うほどに、その妥当性が制限される。自然科学は、人間的現存在の周辺へと押しのけられるのである」(NM,S.51)。

　こうした実存哲学による批判は、ハイデガーにおいて究極の帰結までに達している、とリットは考える。ハイデガーにあって特徴的なことは、近代自然科学批判がその由来、すなわち「技術」、しかも自然の本質を覆い隠すと性格づけられる近代技術との関係で展開されていることである。科学と技術との関係については、一般的な見解では、科学の成果の応用として技術が科学に続くとされるが、ハイデガーはこの関係を逆転させ、技術こそが近代科学を引き起こした原動力だと主張する。つまり、科学は技術の結果というわけである[13]。そうであるなら、自然科学は、客観支配をめざす技術的主観が前もって描いた設計の遂行にほかならず、そこには世界全体を設計にはめ込もうとする命令が表明されている。「計算的自然科学をこの根源へと還元するなら、この科学は、それが進行するにつれて、人間を世界へと導き入れないだけでなく、『世界から締め出す』という結論に到達する。……かくして、自然に関するこの科学が描く像によって、自然の本質が『隠される』ということは、事実当たっている」(NM,S.51f.)。これを要するに、自然の本質を隠す技術より出た科学においては、当然のこととして、同様に自然の本質は隠されたままなのである。

　ところで、以上の「生の哲学」および「実存哲学」による批判は、自然科学にとっては外部からのものであった。スノー流にいえば、「人文的文化」の立場からの批判である。これに対して、リットが引き合いに出している

今一つの批判、つまり「現代物理学」による批判は、いわば内部批判である。「科学的文化」の内で、従来の科学に対して異議が唱えられたのである。「奇妙にも、この科学（数学的自然科学——引用者注）のごく最近の発展は、この科学がその敵によるのと同様、その味方のかなりの者によっても苦境にはまるということを必然的に伴った。……果てしなく巨大なものの物理学と目に見えない微小なものの物理学、相対性理論と量子論、これらは一つとなって、古典物理学が自然の全体を描出できると思った、明確で、見渡せて、矛盾のない像を、なるほどあからさまに破壊するのではないにしても、空間的生起の中間ぐらいに制限し、そうして、その像の普遍妥当性を奪い取った」(DS,S.47)。現代物理学より眺めれば、ニュートン的な古典物理学の法則性は、「空間的生起の中間ぐらい」の次元にのみ妥当し、「天文学的次元」や「原子的次元」においては、その効力を失ってしまう。こうして、現代物理学が古典物理学の閉ざされた世界を打ち破ることによって、自然科学内部で「自分自身への信頼をひどくぐらつかせざるをえなかった熟慮」(NM,S.120)が生み出されることになる。

　こうした熟慮は、とりわけ自体的に存在する客観世界の不可能性を暴露した。客観世界の成立に主観が深く関与していることが判明したのである。この点でリットがことに注目しているのが、ハイゼンベルク（Werner Karl Heisenberg）の『現代物理学の自然像』（Das Naturbild der heutigen Physik）である[14]。ハイゼンベルクがこの書で述べているところでは、微視世界の究明に際しては、研究対象を観測経過から切り離せないがゆえに、「われわれが量子論で数学的に公式化する自然法則は、もはや素粒子自体を扱っているのではなく、素粒子に関するわれわれの知識を扱っている」[15]。であるなら、「研究の対象は、もはや自然自体ではなく、人間の質問にかけられた自然であり」[16]、そのかぎりにおいて、「人間は……自分自身に出会っている」[17]。したがって、「現代の厳密自然科学の自然像について語られるなら、実際問題であるのは、もはや自然の像ではなく、自然に対するわれわれの関係の像である。……自然科学的世界像は、そのために、本来的に自然科学的な世界像であることをやめる」[18]。ハイゼ

ンベルクのこのような見解からすれば、「自然科学的方法は、それが自然科学そのものを破棄することでもって、その仕事を終える」(NM,S.124)ことになり、結局のところ、「自然科学は自然科学であることをやめる」(NM,S.125)といわざるをえないであろう。

以上のような多方面よりの批判に直面すれば、自然科学の存在意義およびその陶冶価値を無条件に認めるわけにはいかなくなる。かといって、自然科学を全面的に否定し、人間陶冶の範囲から排除するのも賢明ではない。そこで重要なことは、単に心情的に自然科学に賛成あるいは反対するのではなく、より高い視座よりこの科学の本質、可能性、限界等を問い、この科学を人間全体の内に位置づけることである。「賛美あるいは破門に惑わされることなく、人間の精神的世界の中での位置を、純粋に事柄そのものから規定するときにはじめて、疑いもなくわれわれは、自然科学を人間陶冶との正しい関係に置くことができるであろう」(NM,S.54)。かくしてリットは、科学論反省、彼自身のいわゆる「精神論的省察」に基づいて、自然科学の核心に迫ろうとするのである。

第3節　方法と陶冶価値

リットの確信に従えば、自然科学を自然科学たらしめているものは、まさにそれ独特の「方法」(Methode)に存するのであって、そのゆえに、自然科学の本質構造はこの「方法」の解明を通してはじめて可能となる。では、「方法」とは一体何であるのか。広く流布している見解では、方法は対象加工のために主観が用いる「道具」(Instrument)とされている。だとするならば、そもそも一般的に道具がそうであるように、方法は主観あるいは対象のそれぞれから任意に切り離すことができる。この方法道具説は、自然科学の賛美者にも、逆に反対者にも、等しく都合がよい。なぜならば、前者の立場よりすれば、方法が対象から切り離せることは、その方法の他の対象への転移可能性を示し、こうした拡大に自然科学の長所を

見いだせるからである。また、後者の見地に立てば、方法が対象から切り離せることは、その対象にとって方法が本来疎遠なことを意味し、そこに自然科学の弱点を発見できるからである。

　しかしリットは、自然科学にまつわる謬見は方法のこのような道具的解釈に発すると見て、これを峻拒する。主観と方法、対象または客観と方法は、互いから切り離すことができないのである。たとえば、主観と方法の関係を考えると、人間がまずもって主観となり、しかる後に、その主観から離されていた方法を使用するというのではない。そうではなくて、方法の指示に従いつつ、人間は自分を主観へと形成するのであって、「主観への変形と方法の使用の両者は同一の出来事」(NM,S.56) なのである。また、客観と方法の関係については、方法が客観から切り離された道具でないことは、いわゆる「実験的方法」を反省してみれば明白である。もし方法が客観にとって外的であるなら、実験において正しい仮説と誤った仮説とが区別されるのが不可能となるだろう。「実験で尋ねられた自然が、それに適切な仮説とそれに外れた仮説との間に峻厳な区別をなし、この区別をまたそのように間違いなく知らせるということ、このことはまさしく、自然からこの表明を引き出すのを知っている方法と自然そのものとの間に、合致の関係としてのみ言い表されることができる関係が存立していることを証明する」(NM,S.58)。こうした結果、主観と方法と客観との関係は次のように規定される。「主観と方法と客観とは三幅対を形成しており、この三幅対はその部分を極めて厳密な交互関係という意味において結びつけている。この三幅対にあっては方法が中心で、これによって外の両方の部分は互いへと関係づけられる。人間は、方法の教示に従って客観へと向けられることによって、主観となる。現実的なものは、方法の教示に従って主観に対して形成されることによって、客観となるのである」(NM,S.59)。

　方法の本質をかくとらえるリットは、そこで、先に挙げた「生の哲学」の批判に反論を呈する。この哲学は、数学的自然科学の内に、自然支配の意志の押しつけを見ようとしたのであるが、仮説と実験の関係よりするならば、こうした押しつけを認めることはできない。たとえ意志が自然を数

学化しようとしても、もし仮説が誤っているならば、実験において自然は拒否的な態度をとることになる。正しい仮説に対してのみ、自然は然りの応答を返すのである。自然がこのようにふるまうことは、「研究によって自然に、自然そのものによそよそしいものが加えられる、あるいは押しつけられるのではなく、自然そのものに置かれ予定されていたものが、自然から取り出されること」(NuM,S.428)を立証している。だから、数学的自然科学を「自然の暴行」とか「支配意志の押しつけ」とする見方はしりぞけられなければならないのである。

　そもそもリットにとって、数学的自然科学に現れた主観と客観の関係は、人間と世界の関係の一形態にほかならない。すでに触れたように、リットにおいて人間と世界の関係は、「人間が世界を頼りとしているように、世界も人間を頼りとしている」(WM,S.187)という具合に公式化されて表現されている。すなわち、人間と世界の関係は、人間が世界に依存するという一方的な関係ではなく、同時に世界も人間に依存するという相互的な関係として把握されている。そしてリットは、とりわけ世界の人間への依存性の中に、世界に対する人間の意義、つまり「人間の世界意義」を見いだしていたのであった。とすれば、数学的自然科学は「人間の世界意義」の一表出にほかならず、そのために、この科学を実存的に重要でないとする実存哲学的批判は無効とならざるをえない。「人間が自然を認識する能力をもち、それを使命とするだけでなく、また自然も、人間によって認識されるのをねらいとし、そのことを申し出る。自然は人間の求める努力にいわば自分を差し出す。そして、この関係はまことに圧倒的で雄大な相互関係なのであるが、『実存的に重要でない』とでもいうのか」(NM,S.62)。人間が自然を科学的に認識することは、「人間の内的な運命」であって、たとえその認識内容は普遍妥当的で、非実存的だとしても、その認識行為そのものは極めて実存的だといわざるをえないのである。

　と同時に、自然科学を自然の本質を隠蔽する技術から導出するハイデガーの見解にも異が唱えられる。実験的方法の構造分析より帰結することは、実験はある意味でそれ自体すでに技術であり、逆に、技術は実践へと

受け入れられた実験にほかならず、科学と技術とを前後的に分断することはできないということである。だから、「自然科学は技術に続いたり、技術から結果として出てくるのではない」(NM,S.61)。しかも、自然科学において、「自然は人間の求める努力にいわば自分を差し出す」のであれば、どうしてこの科学によって自然の本質が隠されることがあるだろうか。「その出現が自然の本質の表明であるものが、同時に、この本質をどうして覆うことができよう。自然を『現象』としてふるい分けることによって、人間は前景的なものに引っ掛かったままであり、この前景的なものの『背後』に求められたものが隠されているとする意見ほど誤ったものはありえないのである」(NM,S.66)。

さらにリットは、人間と世界の相互関係からして、現代物理学の主観主義的解釈にも反対している。彼によれば、古典物理学から現代物理学への移行は、何ら根本的な変化ではない。ただ、古典物理学では主観と客観の関係が度外視されていたのに、しかるに、現代物理学ではこの関係に反省が加えられ、ために、自然科学的認識における「主観」の役割が浮き彫りにされたにすぎない。主観と客観、つまり人間と世界とが相互関係にあることは、両物理学において認識構造論上同じである。それゆえに、現代物理学にあっても、人間はやはり他者たる自然にかかわり合っているのであって、ハイゼンベルクのいうように、「自分自身に出会っている」のではない。「人間は依然として『他者』に直面しているのであって、認識が成立するためには、彼はこの他者に目を向けなければならず、そしてそのかぎりにおいて、彼の認識はもっぱら人間的なものの圏内で経過する要件ではないだろう。この他者によって人間は自分自身を越えるのであるが、だがまたこの他者は、ハイゼンベルクによって人間から取り去られている」(NM,S.129)。要するに、自然科学は自然科学であることをやめる必要はないわけである。

かくしてリットにとっては、数学的自然科学は、人間と世界の関係の一つの可能性の実現であり、「人間の世界意義」の一つの表現であって、したがって、その存在は肯定され、その「陶冶価値」は承認されることにな

る。「現実的に、この科学（数学的自然科学——引用者注）によって、人間と世界との原初的な関係の内に可能性や要求として置かれていた一つの関係が実現される、すなわち思想的に完成されるということであるのなら、この実現を引き起こす精神的活動を、人間の最も内面にとって外的な、あるいは全く彼の人間性に有害な営為として、彼の現存在の周辺へと追いやるどの権利もなくなる」（NuM,S.429）。このかぎりにおいて、リットは科学擁護論者だといってよい。けれども、彼は科学を一方的に礼讃し、たとえばラビのように、それを文化の中心に据え、人文的文化と科学的文化を統一する方向はとらない。陶冶価値の一応の承認は、ただちに、この価値の全面的な保証につながるわけではない。自然科学が孕む矛盾はあまりにも根が深いので、単なるオプティミズムは事柄の本質を逸するしかない。数学的自然科学の「権利と妥当性」を明らかにするだけでは不十分であって、さらにこれを越えて、この科学の「限界」が問題とされなければならない。

　リットに従えば、数学的自然科学の限界は方法の射程範囲によって定められる。逆にいえば、方法の限界が、とりもなおさず、この科学の限界となるのである。ところで、先に「方法」と「客観」が密接に結合している旨が述べられたが、そのことは、数学的自然科学の方法はある種の現実には極めて適切だが、他の現実にはさほどではないことを意味している。これをもう少し具体的に説明すれば、数学的自然科学の方法は、「無機界」には絶対的に有効であるけれども、「植物界」「動物界」「人間界」へと順次上昇するにつれて、これら世界について何がしかの認識をもたらしはするものの、その世界の本質部分に立ち入ることからますます遠ざかる。とりわけ、「人間の内的世界」に関しては、この方法によるアプローチは適当ではない。要するに、数学的自然科学の方法は、科学的認識の一方法にすぎず、断じて方法そのものではありえないわけで、そこにまた、数学的自然科学そのものの限界が存在しているのである。

　しかしながら、数学的自然科学の方法はあまりにも効果的なので、人間は「拡大衝動」に駆られて、この方法をすべての現実の本質認識へと適用

しようとする。事実、数学的自然科学はその本来の権限を越えて、「有機的生命」「意志の自由」「宇宙論」「宗教」等の問題にまで手を染め、いわば「認識の独占の要求」を掲げつつある。リットは、この肥大化を「数学的自然科学の帝国主義」と称し、そこにこの科学の最大の危険を見て取る。が、ここで誤解があってはならないことは、このような帝国主義的衝動は、数学的自然科学そのものに固有に内在するのではなく、あくまで人間存在の内面に根を張っているということである。すでに見たように、リットの人間観に基づけば、人間が自然との関係に入ることによって、その結果、彼自身の内に解消できない「両義性」が現れるが、数学的自然科学にかかわって生じる矛盾は、そうした両義性の一形態、しかも最も恐るべき形態なのである。だから、数学的自然科学を人間全体の内にしかるべく位置づけ、その陶冶価値を認めるにしても、それは決して調和的人間の形成ということには帰着せず、それどころか、人間内部は分裂せざるをえない。「人間陶冶の二律背反」という後期リット陶冶論の根本思想が、まさに自然科学の陶冶価値をめぐる考察において典型的に現れる所以である。

　ところで、リットは科学擁護論者だと先にいった。だが、「数学的自然科学の帝国主義」を厳しく批判している側面からすれば、彼は反科学主義者でもある。とはいっても、その反科学思想はローザックほどに極端ではない。パスモア (John Passmore) は反科学を、「科学総体に向けられている」反科学と、「科学そのものではなく、科学本来のきわめて限定された領分を越えて科学の支配を拡張しようとするあらゆる企てに向けられている」反科学の二形態に区分しているが[19]、リットの立場はこの内の後者に属すると見ることができる。したがって、リットにおいては、いわゆる「科学原罪説」は否定され、悪は科学を絶対化する人間の拡大衝動にあるとされる。しかも、こうした衝動が容易に除去できず、「人間陶冶の二律背反」が必然であるならば、要は、二律背反をしかと認識し、衝動の抑止に努めることであろう。その場合、なるほど二律背反についての知は、二律背反そのものを抹消はしないが、「ありうべき誘惑に用心する絶えざる注意深さ (Wachsamkeit) へと人間を教育する」(MW,S.250)。そして、「教育が、

この自己危機の性質と範囲への洞察を共同所有するという本分を果たすときにのみ、われわれを脅かす自己破壊の運命から免れる希望をわれわれはもってよいのである」(BK,S.144)。以上、つまるところリットは、科学的知の教育ではなく、科学についての反省的知の教育に、換言すれば「注意深さへの教育」(die Erziehung zur Wachsamkeit) というところに、人間教育の究極課題を求めるとともに、それに科学文明によって招来された人類の危機からの脱出の希望を託しているわけである。

第4節　ラサーンのリット批判をめぐって

　幾度か述べたように、リットは学説的にはいわゆる「精神科学的教育学」の代表者の一人と目されているが、1950年代当時、このグループに属する人たちの中で、自然科学をめぐる問題に正面から精力的に取り組んだのは、リットだけであったといっても過言ではない。それどころか、この派以外を見渡してみても、この時期にリットほどに自然科学への傾注がうかがえる教育学者は見当たらない。この点で、ブリュゲマン (Otto Brüggemann) は、「自然科学的陶冶の根本問題に対して……1952年以来公刊されたテーオドール・リットの著作が、最も重要な刺激を与えることとなった。……この寄与が、生涯の大部分を『精神科学的』哲学と教育学に捧げた人物から発したことは、注目に値する」[20] として、リットを高く評価している。まず何はともあれ、ドイツ教育学において自然科学をめぐる論議に先鞭をつけたところに、リットの功績があるといえるだろう。

　が、自然科学をテーマとしたということだけでは、リットを十分に評価したことにはならない。リットにあって特徴的なことは、この問題に対する人間学的・科学論的根拠づけの深さである。彼は自然科学を単なるトピックとして取り上げたのではない。すでに考察したところから明らかなように、リットにおいて自然科学をめぐる問題は、彼の哲学の根底から必然的に歩み出てくる問題であり、逆にいえば、この問題の基礎は『人間と世界』

や『思考と存在』といった彼の人間学的‐科学論的著作においてすでに据えられている。だからこそ、「リットは、第2次世界大戦後の彼の世代の教育学者の内の他のだれにも達せられなかった論議の水準を獲得した」[21]と評しうるのである。

さらに内容的に見た場合、リットの卓越した点はどこにあるかと問えば、それはおそらく、彼が自然科学をめぐるアムビヴァレントな状況を鮮明化したことに求められるだろう。彼が自然科学に関する問題に従事していた時期には、反科学的な雰囲気が蔓延しており、ことに新人文主義的な人間観や陶冶観の影響が残存していたドイツ思想界においては、こうした雰囲気は一層濃厚であった。このような状況下で、あえてリットは自然科学の存在意義とその陶冶価値の摘出に努めたのである。これははっきりと押さえておかなければならない点である。がしかし、彼はこの科学に全幅の信頼を寄せることはしなかった。他方では、彼は人類の危機が自然科学に帰することを確信していた。「人文的文化」と「科学的文化」との対立は、彼にとってはやはり決定的で、この対立を彼は安易に克服しようとするのではなく、対立を対立として受け止めることが必要だと考えた。それを彼は「人間陶冶の二律背反」という思想に込めたのである。今日、このような自然科学をめぐるアムビヴァレントな状況が一層尖鋭化していることを考慮するならば、「リットの立場は依然として現実味があり、彼の問いと答えを追求することは、現在において、文献学的な哲学研究以上のことである」[22]と結論づけることができるのである。

ここまでのところでは、リットの所論の積極面を取り出したわけであるが、他方そこにはまたいろいろな問題点も含まれている。リットの自然科学論を深く理解するとともに、それと批判的に対決することは、リット研究においてこれまでほとんどなされてこなかったが、そうした中で、数少ない試みの一つとして挙げられるのがラサーンの試みであろう。ここで、このラサーンのリット批判を取り上げ、リット自然科学論の問題点について検討することにしたい。

さてラサーンは、「自然科学と限界――テーオドール・リットの自然科

学規定に対する論評」(Die Naturwissenschaften und die Grenze. Anmerkungen zu Theodor Litts Bestimmung der Naturwissenschaften) と題した論文において、リットの現代物理学理解に批判を向けた。すでに述べたように、リットは古典物理学から現代物理学への移行を認識構造上の根本的変化と見なさなかった。これに対してラサーンは、このような移行はやはり根本的な変化だとして、リットが現代物理学を正しく把握していないと非難する。では、リットの誤りはどこにあるのかといえば、それは彼が現代物理学の「対象」概念を十分に理解していない点にある。古典物理学の世界で「対象」とは、要するに、認識主体たる人間ではない何ものかであった。しかし、現代物理学ではこうした「対象」概念は疑問となってしまい、対象が「状況拘束的」(situationsgebunden) で「方法依存的」(methodenabhängig) であることが判明した。つまり、ラサーンにいわせれば、リットはカント的な枠で現代物理学をとらえようとするから、根本的な変化が見えないというのである。「リットは、自然科学的研究の記述とともに、完全にカントの枠内にいる。けれども、まさしくこのカント哲学からハイゼンベルクは距離をとったのである」[23]。

そこでラサーンは、ハイゼンベルクをはじめとした現代物理学者の言明を引きつつ、現代物理学にあっては「同一的な対象」が否定されていることを強調し、そこに古典物理学との決定的な相違があるとする。したがって、「リットの物理学との対決は、つねに、古典物理学の考えにあてはまる。こうした対決は、それゆえに、この古典物理学とちょうど同じく、それ自身他の体系に関しては『相対的』であり、絶対化し、一般化することはできない。量子物理学の方法や実験や自己理解へと、こうした対決は転移できない」[24]。そうして、リットの陶冶論について、次のように断を下す。「リットが自然科学の陶冶価値に関して詳論したことは、古典物理学がその妥当性を保持するちょうどそれだけ、その妥当性をもつ。この陶冶価値は、実際、研究の方法に関係するのではなく、研究者がとる態度に関係している。リットが引いた鋭い限界は、古典的な思考体系に対しては正当と証せられる。量子物理学が用いる新しい器具類に対しては、新しい対決が

差し迫って必要であり、リットが試みたのとは違ってはじめなければならない」[25]。このようなリット批判を踏まえて、結論的に、ラサーンは現代物理学の方法を教育科学に適用しようとするのである[26]。

このラサーンの批判に対して、リットを弁護し、逆にラサーン論駁を試みたのがクラフキである。クラフキは「リットは、私の考えでは、依然としてヴェルナー・ハイゼンベルクに対する彼の批判に関して正しい」[27]と断言する。なぜならば、現代物理学において、主観と客観の関係性がどれほど次元的に拡大され、複雑化され、徹底化されようとも、こうした関係性は、すでにカントが証明しているように、古典物理学についても妥当するからである。ゆえに、ラサーンの批判は不当である。クラフキによれば、ラサーンの誤りの原因は、「主観性」概念や「状況」概念の誤解にある。「ラサーンの決定的な誤りは……私には、『主観性』や『状況』等の概念を、ミクロ物理学的研究の規定にかかわって使用するに際して、これらの語が日常語および――方法的に仕上げられたカテゴリーとして――精神科学や社会科学でもつ意義と混同していることにあるように思える。ミクロ物理学的研究の『主観』は、厳密には間主観的である。すなわち、この研究の方法や方法的規則によって定められ、そのかぎりにおいて『普遍的』な認識主観であって、知覚や情動や認知や努力の統一としての、その都度一回的で、歴史的‐社会的な個人ではない。類似のことは、『状況』等の概念にもあてはまる」[28]。

それでは、リットをめぐるこの対立をどう考えるべきであろうか。もちろん、そこにはかなり複雑な問題が横たわっており、容易に結論が出るものではないのは確かであろう。が、あえてリットの立場に立つならば、彼が力説しようとしたことは、古典物理学であれ、現代物理学であれ、人間と自然との認識的関係においては、主観と客観は方法を介して相互的に結ばれており、そこに「人間の世界意義」、さらには自然科学の陶冶価値が存する、ということである。「対象」の性格がどうであろうとも、人間が世界を対象化して認識するかぎり、それは世界自身の要求の実現であると同時に、人間みずからの形成でもある。だから、「陶冶価値は、実際、研

究の方法に関係するのではなく、研究者がとる態度に関係している」というラサーンの言は当たらない。それに、ラサーンが「リットが引いた鋭い限界」を越えて、現代物理学の方法を教育科学の次元に、つまり人間世界に適用しようとしているのは、ある意味ではこの方法の絶対化につながり、「数学的自然科学の帝国主義」の格好のケースとなるだろう。実は、クラフキの反論も、こうした認識方法の一元化——これがラサーンの本意ではないにしても——に関係している。ただ、ラサーンが指摘したように、古典物理学から現代物理学へのいわゆる「パラダイム転換」が、リットにおいて十分踏まえられていたかどうか、その点は疑わしい。ドイツ観念論の思考様式に根を下ろしていたリットにとっては、自然科学的認識の構造モデルは、やはり古典物理学であったと見てよい。その意味で、リットの自然科学論を新しい科学論から検討してみる余地は、当然残されてくるのである。

ところで、ラサーンは、今取り上げた論文以外の著作にあっても、リットの自然科学論についてかなり立ち入ったコメントを試みているが、たとえば、リットの『ドイツ古典主義の陶冶理想と近代の労働世界』に関する解釈書においても、リットの自然科学観が「新実証主義的な科学観の一つの極端なケース」[29]だとして、その「社会的条件」の無視を批判している。「新実証主義的な科学観の表現としてのリットのモデルは、科学と技術の社会的条件を隠している。この隠蔽は、技術的進歩を、われわれが免れることのできない運命と言い表すことに通じうる」[30]。そしてラサーンは、ここからさらに歩を進めて、「リットにとっては、技術的-科学的世界の構造を変革することは問題となっていない」[31]という。したがって、こうしたリットの難点はその陶冶論にも現れてくる。「リットによって理解された意味での『注意深さへの教育』というのは、あまりにも足りない。教育には、リットが彼の端緒に基づいて認めえているよりもはるかに大きな空間が依然としてある。リットの端緒は、あけておかれた空間の有意味な形成への可能性のみならず、構造変革への可能性もまた、人間に依然としてある、ということへのまなざしを塞ぐものである」[32]。つまり、「社

会的条件」の無視が変革意志の欠如を結果しているというわけである。この点では、リットは対抗文化論者と同類で、反面ラサーンの視点は、本人がそれを認めるかどうかは別として、「批判的科学」のそれに近いということになるだろう。

　リットの自然科学観が「新実証主義的」とは一見奇妙に聞こえるが、彼が「科学のイデオロギー的中立性」を信奉していたことには間違いない。だから、彼は「科学原罪説」を否定し、悪を人間の「拡大衝動」に、つまりは人間の「両義性」に求めたのである。彼の科学観がこのような帰結にいたったのは、おそらく、その出発点が「方法」の構造分析にあったからだと考えられる。方法という論理的形式を手がかりとすることから、彼は自然科学をイデオロギー化から守り、自然科学の自律性を解明することができた。それが彼の理論の強みであった。しかしながら、科学が技術と密着し、「巨大科学」が支配することになるその後の状況を含め入れるならば、自然科学の「社会的条件」を無視した見解は一面性の誇りを免れないだろう。もっとも、自然科学の中立性を信じるリットとても、自然科学がかかわる他の条件を全く無視していたわけではない。それが証拠に、彼は自然科学の問題とともに、「技術」や「労働」ないしは「生産」の問題を論じているし（この点で、彼の究極関心は、「自然科学」にあったわけでもないし、孤立体としての「自然科学」「技術」「生産」のそれぞれにあったのでもなく、これらの「三幅対」にあったといえる）、加えて、共産主義国家における自然科学の在り方にも鋭いメスを入れている。それゆえに、リットの自然科学論を深め、発展させるためには、彼の「技術」や「労働」や「政治」に関する論議へと踏み込んで行かなければならないのである。

———————————

注

(1) 伊東俊太郎著『比較文明』東京大学出版会、1985年、14頁および51－78頁。
(2) C.P. スノー著、松井巻之助訳『二つの文化と科学革命（第3版）』みすず書房、1984年、17頁。

第2部　人間陶冶論の新構築

(3) イシドール I.ラビ著、松井巻之助訳『文化の中心としての科学』紀伊國屋書店、1971年、72頁。
(4) 同書、52頁。
(5) 同書、47頁。
(6) シオドア・ローザック著、稲見芳勝／風間禎三郎訳『対抗文化の思想』ダイヤモンド社、1972年、288頁。
(7) 同書、VIII頁。
(8) 中山茂著『科学と社会の現代史』岩波書店、1981年、115頁。
(9) J.R.ラベッツ著、中山茂訳『批判的科学』秀潤社、1977年、297頁。
(10) H.ローズ／S.ローズ編、里深文彦他訳『ラディカル・サイエンス』社会思想社、1980年、308頁。
(11) 同書、40頁。
(12) Karl Jaspers: Der philosophische Glaube (1948), 6.Aufl. München 1974, S.11.
(13) Vgl. Martin Heidegger: Die Technik und Kehre(1962), 6.Aufl. Pfullingen 1985, S.22.
(14) リットにとってハイゼンベルクは、ナチス期に彼を擁護してくれた数少ない人物の一人であったといわれている。Vgl. Wolfgang Matthias Schwiedrzik: Lieber will ich Steine klopfen…. Der Philosoph und Pädagoge Theodor Litt in Leipzig 1933-1947, S.37.
(15) Werner Heisenberg: Das Naturbild der heutigen Physik(1958), Hamburg 1972, S.12.
(16) ibid., S.18.
(17) ibid., S.18.
(18) ibid., S.21.
(19) ジョン・パスモア著、野田又男／岩坪紹夫訳『科学と反科学』紀伊國屋書店、1981年、13頁。
(20) Otto Brüggemann: Naturwissenschaft und Bildung. Die Anerkennung des Bildungswertes der Naturwissenschaften in Vergangenheit und Gegenwart, Heidelberg 1967, S.84.
(21) Rudolf Lassahn: Theodor Litt. Das Bildungsideal der deutschen Klassik und die moderne Arbeitswelt, S.15.
(22) Rudolf Lassahn: Naturwissenschaft und Menschenbildung. Ein erkenntnistheoretisches Problem in der Sicht Theodor Litts, in: Theodor Litt. Pädagogische Analsen zu seinem Werk, hrsg. von Friedhelm Nicolin/Gerhard Wehle, S.121.
(23) Rudolf Lassahn: Die Naturwissenschaften und die Grenze. Anmerkungen zur Theodor Litts Bestimmung der Naturwissenschaften, in: Sinn und Geschichtlichkeit. Werk und Wirkungen Theodor Litts, hrsg. von Josef Derbolav/Clemens Menze/Friedhelm Nicolin, S.44.
(24) ibid., S.46.
(25) ibid., S.46.
(26) Vgl. ibid., S.46f. なお、こうした視点をさらに発展させたものとして、Vgl. Rudolf

Lassahn: Gegenstand und Methode, in: Die Erziehungswissenschaft und die Pluralität ihrer Konzepte. Festschrift für Wilhelm Flitner zum 90. Geburtstag, hrsg. von Hermann Röhrs, Wiesbaden 1979, S.65ff.

(27) Wolfgang Klafki: Die Pädagogik Theodor Litts, S.445.
(28) ibid., S.446.
(29) Rudolf Lassahn: Theodor Litt. Das Bildungsideal der deutschen Klassik und die moderne Arbeitswelt, S.60.
(30) ibid., S.61.
(31) ibid., S.61.
(32) ibid., S.62.

第2部　人間陶冶論の新構築

第4章　技術と人間陶冶

第1節　技術の光と影

　ギリシャ神話におけるいわゆる「プロメテウス」の物語は、人類の運命を象徴的に表現したものとして、極めて教訓的である。すなわち、人間の悲惨な生活を憂えた「人間の友」プロメテウスは、人間に火と技術を授けたが、ゼウスの逆鱗に触れ、カウカソス山の頂きに縛りつけられて、肝臓を大鷲についばまれる羽目となったのである。これに対して、火と技術を得た人間は、その生活を一変させ、町や城を築き、田畑を耕し、船を操り、戦車を駆って戦に赴いたというのである。ここには、「技術」の根本的変革力というものが、そして、人類の発展がこの変革力に深く負うものであることが、見事に描出されているとともに、技術の有する危険な性格、いわば「技術の魔力」(die Dämonie der Technik) が、すでに意味深く示唆されていると見ることができる。

　ともあれ、「自然の最もよるべない孤児」[1]である人間は、「技術」の創出とその使用によって、自然の圧制から次第に脱し、ついには自然の支配者となって、この地上に君臨するに及んだ。現代の人間学は、こうした技術の成立をしばしば「人間の器官欠陥」(der Organmangel des Menschen)に求めている。たとえば、ゲーレンは次のように指摘している。「マックス・シェーラーに続いて、現代の人間学は、人間は、特殊化された器官や本能の欠如のゆえに、種に特別な自然的ないかなる環境世界にもはめ込まれておらず、その結果、任意に見いだされた自然状態を知的に変えることに頼っている、ということを明らかにした。感覚が乏しく、無防備で、無毛で、外的特徴全体が胎児的で、本能が不確実なので、人間は実存的に行為に頼った存在である。このような考察の精神で、W. ゾンバルトやP. ア

ルスベルクやオルテガ・イ・ガセット等は、技術の必然性を人間の器官欠陥から導出した。製作活動の最古の証拠の一部を、事実、器官として欠けている武器がなしており、これにまた、同様に安全という理由から、あるいは保温として行われるなら、火の使用も数えなければならないだろう」[2]。よくいわれるように、「技術は人間と同じだけ古い」のであって、その意味で、まさに技術は「ホモ・ファーバー」たる人間の本質奥深く根差しているのである。

　しかしながら、今日「技術の時代」といわれる場合の「技術」は、直接的には近代西洋の産物にほかならない。このいわゆる「近代技術」が太古来のものと決定的に区別される点は、それが近代における「自然科学」、つまり「近代科学」と提携したところに存する。近代の自然科学は、「実験」等の方法によって、自然界を支配する客観的法則の認識に努めるが、この認識の成果に基づいて、自然界に働きかけ、それを変化させようとするのが「近代技術」の立場である。したがって、「科学」の発展なくして「技術」の進歩はありえないことになる。あるいは逆に、「実験」そのものがすでに技術的であるとするならば、加えて、望遠鏡とか顕微鏡といった技術的発明品が科学の発見を助成したことを考えるなら、「科学」の発展には「技術」の進歩が不可欠でもある。いずれにせよ、この「科学と技術の一体化」は、「理論と実践」の結合を徹底的に押し進め、「ホモ・サピエンス」と「ホモ・ファーバー」の統一を可能にすると同時に、生産様式や社会構造の根本的改変に甚大な影響を及ぼすことによって、いわば「近代文明」の原動力となったのである。

　こうした「近代技術」に関しては、その誕生期以来種々の論議が存在していたが、それが哲学的反省へともたらされ、体系的・原理的に究明されるようになったのは、20世紀に入ってからである。とりわけドイツにおいては、ツィンマー（Eberhard Zschimmer）やデッサウアー（Friedrich Dessauer）等によって、「技術哲学」（Philosophie der Technik）という新しい哲学のジャンルが確立されるまでになった。なかでも、デッサウアーが1927年に公刊した『技術哲学』（Philosophie der Technik）は、この新しい

分野の方向と立場を端的に示すものであった。すなわち、この書において彼は、カントの哲学体系にはいまだ見いだせない技術の領域を、カントが3批判書を通して提示した3つの王国を越える「第4の王国」として把握し、この技術の王国にあってはじめて、イデーが感覚的現象界に実在化され、「物自体」が人間に開示されるとしたのである[3]。デッサウアーのこの構想を支配している濃厚な観念論的性格の是非はさておき、そこに基本的に認められるのは、技術に信を置く楽観主義的な見解であろう。このようなオプティミズムは、思想やイデオロギーを異にする様々な立場によって、今日にいたるまで表明されてきていると見ることができる。

　これとは逆に、近代技術に対する批判の声も、決して途絶えることはなかった。それどころか、技術の発展が進行すればするほど、その発展が反対に招く矛盾もそれだけ増大し、したがって、技術批判もますます尖鋭化することになる。かような近代技術批判が顕著な哲学上の立場としては、たとえば「生の哲学」や「実存哲学」を挙げることができる。ことに後者は、近代文明の病根を技術に求め、人間の主体性の抑圧をこれに帰するところから、その批判は徹底したものである。なかでもハイデガーは、近代技術の本質を深く洞見することによって、それに対する独自の批判を展開した。この彼の独特の表現によれば、近代技術の本質をなしているのは「立て-組」（Ge-stell）というものである。「立て-組」とは、現実を「手入れ」（bestellen）して、これを「在庫品」（Bestand）として「露にする」（ent-bergen）ように人間を「立たせる」（stellen）ものを称するが、この「立て-組」は根源的真理への道を閉ざすものであって、それゆえに、「立て-組が支配するところに、最高の意味で危険が存するのである」[4]。こうした技術批判は、近時の「反技術思想」にいたるまで、技術賛美と同様に、これまた様々な立場によって投ぜられてきていると考えてよいであろう。

　以上のような技術をめぐる評価の分裂に対応して、技術の人間形成的ないしは教育的意義の査定も割れてくる。技術賛美に立てば、その意義の積極的承認になるし、技術批判に立てば、その意義の制限もしくは否認になるのは当然である。この問題は、今日においてもいまだ決着がつけられて

いない、それどころか、技術化が一層拍車をかけつつある今日においてますます焦眉となっている、まさに教育の根本問題であるといってよい。思うに、技術に関する評価が対立し、またその教育的意義をめぐって見解が分かれてくるのは、技術そのものが本質的に「二律背反的性格」[5]を有しているからであろう。そこで、ドイツ教育学において、人間と自然との関係への深い哲学的洞察に基づいて、こうした技術の「二律背反的性格」を注視しつつ、技術の人間形成的意義の問題に一石を投じたのがリットなのである。

ところで、このリットの「技術」への言及であるが、すでに早い時期の著作にこれを認めることができる。たとえば、1921年の「教育学的思考の方法論」(Die Methodik des pädagogischen Denkens) と題された――これは後に「教育学的思考の本質」(Das Wesen des pädagogischen Denkens)と改題されるが――論文においては、教育あるいは教育学の本質を究明するに際して、「技術」あるいは「技術学」(Technologie) が対比物として持ち出されている。その場合、技術は「科学的認識に依拠した、外的自然における人間の行為」(FW,S.90) と規定され、「外的現実領域と内的現実領域の二元論」を主張する立場から、「外的現実領域」を対象とする「技術」と「内的現実領域」にかかわる「教育」とは、断じて構造を同じくするものではなく、それゆえに、「教育学」は「技術学」たりえないことが強調されている。また、同年に著された、文字通り教育学について体系的に考察した「教育学」でも、技術について触れられているが、その取り上げ方は上記論文とほぼ同一で、教育および教育学の根本性格を規定するにあたって、それらの対立物として技術が引き合いに出されているのである[6]。

しかしながら、この時期、つまり「文化哲学的・文化教育学的」段階のリットは、これ以上技術の問題には立ち入ってはいない。すなわち、この段階の彼にとっては、技術はあくまでも一つの文化領域にすぎず、それが人類を左右するものであるという認識はいまだ十分に成熟してはいないのである。教育さらには人間自身が技術化されえないという点は、そのまま後年にも繰り返されるにしても、技術の教育的意義を根本的に問うという

ことはまだ見られない。リットがこの問いに専心するようになるのは、「技術は人間にとって実に運命を意味する」(SS,S.555)ことを深く認識するようになった第2次世界大戦後、つまり、「哲学的人間学」に基づいて「人間陶冶論」が展開される「後期段階」に入ってからである。その意味で、技術は、「自然科学」や「労働世界」等と同様に、前期のリットには見いだせない「新しい研究領域および興味領域」[7]といってよいのである。

第2節　自然科学と技術

　後期思想においてリットが「技術」という場合、その語は近代的な意味に限定されて使用されている。そもそもTechnikという語は、ギリシャ語のtechne（テクネー）に由来し、元来は芸術や医術や政治術をも含むものであった。この語を自然に対する人間の関係に限って用いる場合でも、先の「技術は人間と同じだけ古い」という命題に集約されるように、太古来のものをも含めて表示するのが一般的である。しかるにリットは、「『技術』という名称を、人間のすべての道具使用に、したがってすでに、先史人が見いだされた自然物を利用したところの非常にぎこちない試みにも添えるべきだと考える言語使用」(WO,S.126)を拒否し、近代において成立した「自然科学」、とりわけ「数学的自然科学」と結合した自然への人間のかかわりにのみ、この名称を制限すべきだとしているのである。つまり、リットにあっては、「技術」という語は極めて狭い意味で用いられているわけである。

　「技術」概念の外延が狭められることによって、ここに「前技術的な自然との出会い」(die vortechnische Naturbegegnung)と「自然科学的‐技術的な自然との出会い」(die naturwissenschaftlich‐technische Naturbegegnung)とが鋭く区別されることになる。リットの見るところでは、これら両者のいずれの自然との出会いにおいても、「理論」と「実践」との関係が問題になってくるが、その場合、まず前者にあっては、「理論」と「実

践」とはいまだ未分化の状態にある。「前技術的な人間の『理論』は、『実践』の中で、そして『実践』とともに、つまり『実践』の契機として形成される。また、前技術的な人間の『実践』は、行為へと延長された『理論』である。後ではじめてなされる『応用』として実践がそれに続くようないかなる理論も存在しないし、また、自己完結的な『基礎』として理論がそれに直列接続されているようないかなる実践も存在しない。両方は互いにおいて、かつ互いを通して発展する」（BK,S.18）。このような人間の前技術的な自然との対決を表示するのに、リットは「交わり」（Umgang）という語を用いてもいる。

このいわば自然との「交わり」においては、自然は意味に満ちたものとして人間に語りかけ、人間は自然のアピールを全身全霊でもって受け止める。自然と人格的に結びつけられた人間は、機能が分化した存在者としてではなく、まさしく「全体的人間」として活動する。「『交わり』は、人間と、人間に対峙するものとの間に、一つの関係を打ち立てるが、この関係は……数多くの分離した個別機能に精通することを人間に決して要求しないし、したがって、この対峙するものによってその個人的存在が征服され、圧殺され、抹消されるという危険に人間をさらさない」（BK,S.21）。このゆえに、前技術的な自然との交わりにあっては、「理論」機能と「実践」機能との分離は存在しないのである。

これに対して、「自然科学的‐技術的な自然との出会い」は、人間と自然との関係の構造を根本的に転換させ、「理論」機能と「実践」機能との分離をもたらすことになる。リットは、この機能的分離の原因を、「数学的自然科学」そのものの方法的性格に求めている。すなわち、この科学は、自然を数学化することによって、自然から豊かな質や意味を剥奪し、人間と自然との人格的結合を断ち切って、人間を非感覚的な純粋思考へと「脱個人化」（Entindividualisierung）し、自然を純粋理論の形式にはめ込もうとする。「自然は、数学化により感覚性から解放されることによって、非感覚的思考、つまり『純粋』思考によってのみ把握されうる理念的なものの形態をとる。それでもって、自然は『純粋』理論の形式へともたらされ

る——そしてこのことは、理論が実践から分離され、独立したことを意味する。……関係はかの形式、通常の表現方法によれば、実践が理論によって持ち込まれた知識を『応用する』ことにその本質がある形式をとったのである」(BK,S.24)。ここに、自然科学が理論的に認識したものを技術が実践的に「応用する」、という例の図式が成立することになる。もしこの図式が正当であるなら、技術は、その認識成果の人間生活における有用性を問わない自然科学に後から接続する「後発的要件」(eine nachträgliche Angelegenheit)であろう。換言すれば、技術は、技術による「応用」なしにもそれでありうるところの自然科学、そうした自然科学の利用にほかならない。近代における自然科学の本格的成立を17世紀、技術のそれを18世紀と踏むならば、技術を「後発的要件」とする見解はもっともだと思えるかもしれない。

この技術を「後発的要件」と見る通説に反旗を翻したのが、先に名を挙げたハイデガーである。彼の述べることには、近代技術以前に近代自然科学がすでに成立している点からすれば、発生的には後者は前者に先行し、あたかも後者から前者が生じたかのようだが、このことは、「史学的」(historisch)には正しいものの、「歴史的」(geschichtlich)には真実ではない。近代自然科学は近代技術の開拓者であるよりも、むしろその本質の開拓者にすぎない。なぜというに、この科学に前触れとして看取されるのは、近代技術の本質たる「立て‐組」にほかならないからである。この「立て‐組」こそが、近代における人間と自然との関係を、したがって近代自然科学をも決定的に規定しているのである。だとすれば、「史学的確認にとってはより後のもの、つまり近代技術は、そこで支配している本質に関しては、歴史的により先のものである」[8]といわなければならない。近代技術が近代自然科学に拠ったのは、この科学の内にすでに「立て‐組」が発露していたからである。「近代技術の本質が立て‐組の内に基づいているがために、近代技術は厳密自然科学を利用しなければならない。このことによって、あたかも近代技術が応用自然科学であるかのような、欺瞞的見せかけが成立する」[9]。要するに、技術を科学の「応用」と見る通説は、

ハイデガーにいわせれば、「欺瞞的な見せかけ」というわけである。

これに対してリットは、技術を科学の後からの応用と見る通説を批判すると同時に、「自然科学は技術に続いて生じたり、技術から結果として出てくるのではない」(NM,S.61)として、ハイデガーの説をもしりぞけている。自然科学と技術とは、一方がより先で、他方がより後という前後関係に置かれているのではない。両者は、「互いとともに、そして互いを通して発展する」(BK,S.14)。この「自然科学と技術との同一性」を、彼はいわゆる「実験」(Experiment)を手がかりに明らかにしている。すなわち、近代自然科学に固有の方法である「実験」は、人間と自然との間に非感覚的な中間項、つまり「仮説」(Hypothese)を挿入する点で、自然との「交わり」でなされる「試行」(Ausprobieren)から区別されるべきである。実験は自然の単なる観察ではなく、自然に対するまさしく一つの行為である。実験が成功すれば、それによって仮説が「検証」(verifizieren)されるが、この仮説の検証に、研究者の実践的有用性の意図の有無とかかわりなく、すでに「実践への指図」が含まれている。というのも、実験が検証によって、たとえば、aという「原因」に基づいてつねにかつ必然的にbという「結果」が生じることを教えるならば、逆に、bという「目的」を実現するためには、aという「手段」を投入すればよいことが明白だからである。それゆえに、「実験は理論的に先取された技術であり、技術は実践へと引き受けられた実験である」(NM,S.61)。

かくしてリットにおいては、自然科学と技術との関係は、次のように規定される。「自然科学は、それの『応用』としてはじめて、技術を呼び起こすのではない。つまり、自然科学は、それ自身において、かつそれ自身として、すでに潜在的な技術である。逆に技術は、無数に繰り返される自然科学的実験である」(NuM,S.432)。もちろん、自然科学は技術ではなく、技術は自然科学ではない。両者は当然カテゴリー上区別されなければならないが、かといって、このことは、自然科学が技術「的」であり、技術が自然科学「的」であることを排除するものではない。自然科学における「原因‐結果」関係が、技術にあっては「手段‐目的」関係に逆転されるまで

である。そうであるなら、自然科学と技術とは、「一つの根から出た芽」（SS,S.561）であり、いわば「双生児」（Zwillingspaar）と見ることができよう[10]。

　ところで、「自然科学的‐技術的な自然との出会い」の場合には、理論と実践とは機能的に分離するものとされていた。けれども、その分離は人間個人のレベルにおける統一の破棄ということであって、自然科学と技術の両者が等しく「モノ」にかかわっていることからすれば、理論と実践とは「モノ」において統一されているといえる。すでに指摘したことであるが、リットの後期思想で重要な役割を演じているこの「モノ」という概念は、カント哲学でそうであったように、「人格」（Person）に対立する概念として用いられている。「モノ」とは、対象化され、脱感覚化され、法則へと還元された自然を意味している。自然科学にせよ、技術にせよ、それを成立させうるのは「モノへの意志」（der Wille zur Sache）であり、それが課題とするのは自然の「モノ化」（Versachlichung）にほかならない。そのかぎりにおいて、両者はともに「モノの論理」（die Logik der Sache）によって支配されている。ただ違いは、自然科学が「モノ認識」（Sacherkenntnis）もしくは「モノ究明」（Sachergründung）に努めるのに対して、技術の立場は「モノ加工」（Sachbearbeitung）あるいは「モノ利用」（Sachverwertung）に置かれている点にある。それでは、「モノ利用をめざす実践の極み」であるこうした技術の「人間的意義」さらにはその「陶冶価値」は、リットにおいていかに考えられているのであろうか。そしてまた、その危険な性格や限界はどこに求められているのであろうか。

第3節　技術の陶冶価値と手段の魔力

　上述のように、技術は「モノへの意志」に基づいて自然を「モノ化」し、それを利用する人間の行為である。リットは、この「モノ化」の営為こそが、ある意味で人間を他の動物から本質的に区別する標識であると見てい

る。なぜなら、動物は「環境世界」に没入し、それに拘束されたままであるので、そこから脱して、自然を対象化し、それをモノへと変形できないからである。これに対して、精神的存在である人間は、自然の束縛を突破し、これをモノとなすことによって、自然を利用・支配して、自分の生活に役立てることができる。しかも、この自然のモノ化は、人間の外面生活にのみ有意義的なだけではない。自然をモノとなしうるには、人間は全精神的エネルギーを傾けて、「人間を自分自身に縛りつけ、自分自身に制限し、自分自身の内に閉じ込めようとする衝動や傾向や激情の抵抗」(BK,S.96)に打ち勝ち、虚心に自然法則に従う必要がある。自己を否定するために、自己を傾注しなければならない。だとすれば、「人間がモノを思考において見つめ、行為において支配することは、人間を変えないではおかない出来事である」(TM,S.42)。したがって、技術的なモノ化は、人間の外的維持のために不可欠なだけでなく、人間の内面生活にも形成的な作用を及ぼすことになる。そこで、リットは技術の陶冶的意義を次のように指摘するのである。「自己がモノ的成果に自分について発見しうることが少なければ少ないほど、それだけますます確信をもって自己は、この成果をめぐる骨折りにおいて自分自身を推進した、それどころか実際自分自身を『陶冶』したと信じてよい。モノ把握で完成される『外面化』には、全体として見られた人間性の『陶冶』においていっしょに働いている諸々の活動の範囲の中で、上座がふさわしいのである」(BK,S.98)。

　そもそもリットの人間学的知見に基づけば、人間と自然の「技術的関係」は、人間と世界の関係の一形態にほかならない。それは、他のすべての関係と同様に、「世界の根底に据え置かれた関係」である。この関係においても、人間と世界は、いわば「パートナー」として対面し、相互に協調し合っている。換言すれば、世界を技術化することが人間の本質に属しているだけでなく、人間によって技術化されることが世界の本質に属してもいる。技術による自然のモノ化は、断じて人間の独り舞台ではない。自然がモノ化されるのは、人間のモノ化への意志を受け入れるところが自然にあるからである。このゆえに、この意志は「人間の側にある関心を満足させ

るだけでなく、反対側、つまり世界から人間に発する要求もかなえる」(TM,S.40)。この点でリットは、技術を人間の堕落、自然への暴行と見る見解に反対し、その人間形成的ならびに世界形成的な意義を積極的に認める立場に立っているといえよう。

加えてリットによれば、技術の陶冶価値は、「技術の図式」である「手段‐目的‐行為の図式」に即して明らかになる。すでに述べたように、彼にあっても、技術の世界は手段の世界として把握されていた。科学によって理論的に認識されたモノは、技術によって手段へと変形され、しかも、「技術において……『手段』をめぐる骨折りは方法的に完成された形式へと、そのために全くまばゆいばかりの成果へと高まる」(TM,S.57)。が、手段はそれ自身として価値を有するものではない。手段はつねに何ものかのための手段である。つまり、「目的」あっての手段である。手段を投入しうるには、目的が存在していなければならない。逆にいえば、目的の実現のために、手段が講じられるのである。であるなら、手段も目的も、いずれも他を欠いては意味をなさぬことになる。手段と目的とのこの関係を、リットは「手段‐目的‐相互関係」(Mittel‐Zweck‐Korrelation) と呼んでいるが、技術的に思考するということは、この「手段‐目的‐相互関係」において思考するということにほかならない。

リットは、目的を設定し、手段を規定するこの技術的思考が、それ自身陶冶的であると主張する。その内のまず目的設定に関してであるが、手段が外的世界に属するのに対して、目的は人間の内面で表象されるものである。どのような目的が設定されるかは、ひとえに人間の決断に拠っている。人間はみずからの責任において、みずからの人格を賭して目的を決定するのであって、そこには「陶冶概念から切り離せないもの、つまり自由」(BK,S.103) が現出している。このかぎりにおいて、技術は「必然的な自然法則の世界」と並んで「自由な人格の世界」を洞見させるのであって、いわば「自然の世界と自由の世界との結合点」ともいえる[11]。要するに、人間は技術的な目的設定において、いわば自由な「自己」へと突き返されるのであり、このような人間の内面に遡及する行為は当然人間を形成する

ことになるのである。

　これに対して、手段を規定する思考はどうであろうか。一般的な見解では、手段は外的世界に属し、それ自身は価値を欠いており、中立的であるので、手段を規定する思考は「道具的」(instrumental)で、人間の人格には直接かかわらないとされている。すなわち、「技術的知性」(die technische Intelligenz)は非陶冶的知性と見なされている。けれども、手段と目的との相互性を力説するリットは、「目的だけを陶冶の領域に受け入れ、それに反して手段をこの領域から排除する者は……一体を成しているものを引き裂いている」(BK,S.100)とし、目的設定的思考と同様に、技術的知性も決して「道具的」ではなく、人間の内面を形成するものと考える。手段そのものは「道具」だとしても、その「道具」を規定する知性も「道具」だということにはならないというわけである。「人間は……技術的知性を『使用する』のではない——人間は技術的知性で『ある』のである。そして、彼は技術的知性として活動するものであるので、あらゆるその活動には……彼の人間性が総力をあげて現前し、関与している。そして、技術的知性を働かせるときには、その知性で『もって』仕事をしているだけでなく、その知性の『中に』生きているので、その知性を働かせることにおいて、その知性がない場合にあるのとは違ったものにみずからなることなしには、彼はその知性に少したりとも活動を求めることはできない。……かの知性の主体として働いているときには、彼は自分自身を形成している」(TM,S.58f.)。目的を設定する思考も、手段を規定する思考も、つまりは「技術的思考」が、人間にとって陶冶的なのである。

　このように技術に陶冶価値を付与するかざり、リットは技術を肯定評価しているのであるが、しかしながら、彼は、科学賛美論者でなかったと同様、技術賛美論者ではない。否、技術への深い反省を彼に促したのは、むしろ技術のはらむ危険な性格であった。このゆえに、彼にあっては、技術の可能性が強調されると同時に、他方で技術批判が展開されることになる。そこで、この彼の批判に従えば、技術の危険な性格はまず「手段の魔力」(die Dämonie der Mittel)に起因している。といっても、手段が価値否定的な

力を内在させ、それがおのずから発現するというのではない。モノとしての手段は、内容的には「没価値的」(wertfrei)で、「中立的」(neutral)で、いわば「無関心的」(gleichgültig)である。手段自体は、それが投入されるべき目的を断じて指示しない。目的を定めるのは、価値中立的な手段ではなく、決断する自由存在としての人間である。ところが、人間の自由は、「両義性」あるいは「アムビヴァレンツ」を属性としている。なぜならば、人間が自由でありうるのは、決断内容があらかじめ決定されていないからである。人間は、肯定的なものに向かっても、否定的なものに向かっても、決断することができる。このことは、目的設定の決断についても当然妥当する。人類にとって建設的な目的を設定するか、はたまた破壊的な目的を設定するか、それは人間の自由意志の裁量に委ねられている。目的を指示しえない手段は、どのような目的にも奉仕しうる。「『手段』という概念にあることは、個々の場合手段がどのような目的のために投入されるべきかについて、手段がほんの少したりとも述べないことである。……手段の世界は、光の力にも、闇の力にも、同じようにためらうことなく奉仕する」(MW,S.121f.)。建設と破壊という全く対立する目的に対して、いずれにも役立つのは同じ手段であり、それゆえ、「一つの根から祝福と呪いが生じる」(TM,S.64)。リットはこうした「手段の魔力」の範例を、ありきたりではあるが、いわゆる「原子力」の利用法に見いだしている。「原子科学が解き放つことをわれわれに教えたエネルギーの自由な使用は、一方では戦闘によって人類を地上から抹殺するという可能性を、他方ではその経済的利用によって人類の生活と福祉にとって必要な向上を与える可能性をわれわれに授ける。存在かあるいは非存在か——そのように問われるのであるが、この問いに人類は世界のモノ化の究極的『成果』によって直面しているのである」(TM,S.52)。

　このような「技術の悪用による人類の自己破滅」と並んで、今一つリットが技術の危険な性格を看取しているのが、「技術の限界踏み越え(Grenzüberschreitung)による人類の自己歪曲」である。リットの確信によれば、技術が本来対象とするのは、自然の世界、それも無機物の世界である。と

ころが、この「自然の技術」が多大の成果を収めたがために、技術の触手は生命や心や精神の世界にものび、つまりは、限界を踏み越して人間をも支配しようとするに及んだ。ここに成立するのが、「人間処理の技術」としての「心理技術」であり、「社会技術」にほかならない。がしかし、これら技術は精神的存在である人間をモノとして取り扱い、人間を手段化し、その人格的存在を否定するものである。一切が「手段‐目的」の図式にはめ込めるなどと考えるのは妄想にすぎず、たとえ強引に人間を技術化したとしても、人間そのものの解体を結果するまでである。こうした観点から、リットは技術の越権行為を断罪し、いわゆる「テクノクラシー」を厳しく批判している。「ひとが今日『テクノクラシー』という名のもとで総括しているあらゆる侵害は、人間の現存在のかの解体の表出にほかならない。この解体が必ずや起こりうるのは、技術的思考がそれに割り当てられている領域の制限を越えてはびこるときである」(BK,S.80)。

ともあれ、以上より明らかなように、リットにおいては、技術の陶冶的意義が説かれるとともに、他面ではその危険な性格が指弾されているわけである。技術をめぐるこの両面的状況を教育的にいえば、次のようになるだろう。すなわち、技術の時代である今日、教育の領域から技術をもはや締め出すわけにはいかない。それどころか、成長過程にある者を積極的に技術へと教育しなければならない。けれどもまた、技術の危険性が切迫してもいる今日、技術的思考を身につけさせ、技術的処理の方法を教授するだけでは、要するに、「技術への教育」だけでは不十分である。それでは、リットは教育の究極課題を一体どこに見ようとしているのであろうか。

第4節　技術時代における「注意深さへの教育」

技術と人間陶冶をめぐる論議でリットが究極的な教育課題として示したのは、自然科学と人間陶冶とに関する考察で彼が引き出した結論と同じく、「注意深さへの教育」ということである。それどころか、この「注意深さ

第2部　人間陶冶論の新構築

への教育」というのは、ある意味でリットの後期教育思想の究極的帰結とさえいえる。彼によれば、ここにいわれる「注意深さ」とは、「全く予期せずに人間を襲う打撃の犠牲に人間がならないために人間に必要な徳」（BFM,S.86）であって、通常の注意深さが外部からの攻撃に向けられているのとは趣を異にして、人間の内面に生起する危険に、しかも人間を高めるものが同時に人間に見舞う危険に向けられた「特別な在り方をした注意深さ」（BFM,S.86）である。こうした注意深さが人間に不可欠なのは、すでに取り上げたように、そもそも人間が自由存在として「アムビヴァレンツ」に引き渡されており、いたるところで危険に直面し、それと対決しなければならないからである。「人間は、自分自身を失う危険に絶えずあり、それゆえに、この危険に対処するために不断の注意深さを必要とする存在である」（TM,S.63）。したがって、「ありうべき誘惑に用心する絶えざる注意深さ」（MW,S.250）へと教育することが、人間教育の最重要課題として要請されてくることになる。

　リットは、この「注意深さへの教育」こそが、技術時代にとってまさに切要だとするのである。「人類の歴史の中で、自分自身を忘れ、そのことによって、人間をモノへとおとしめんとする者の陰謀に手を貸す危険が、究極の可能性にまで突き進んでいる技術の時代ほど大きなことはなかった。ゆえにまた、人間は、自分自身への関係において、不断の注意深さをもつように努めてもらいたい、とする要求が切実なこともなかった。この注意深さというのは、危険が差し迫って、モノが彼の人格的現存在を否定するまでに彼を支配するやいなや、彼を驚いて跳び上がらせるものである」（TM,S.84f.）。教育が、「後続世代を、そこでやがてその世代が立派に任を果たすべき世界へと導き入れて形成する」（TM,S.94）のを使命とするのであれば、技術時代にあって「技術への教育」は不可避である。しかしながら、技術の不可欠性とともにその危険性も確実である以上、そうした危険性に対処しうるためには、「単なる『モノ-管理人』（Sach-Walter）へと干からびることから人間をひとえに守りうるかの注意深さ」（TM,S.92）へと後続世代を教育することが必要となる。このことは、リットの考えでは、

いわゆる技術教育に直接かかわっている領域だけでなく、あらゆる学校段階の教育において留意されるべき事柄なのである。

　それでは、リットの説く「注意深さへの教育」の意義はどこにあるのか。先に述べたことから明白なように、技術に対する彼の立場は、決してペシミズムのそれでもなければ、オプティミズムのそれでもなく、いわば「リアリズム」とでも称すべきものである。技術の力をまさにリアルに認識するがゆえに、技術の可能性もその危険性もともに立ち現れてくる。もし技術の可能性を否定して、危険性のみを指摘するならば、そもそも「技術への教育」は成立せず、したがって「注意深さ」は不要であろう。また逆に、技術の危険性に目を閉ざし、「技術への教育」のみを唱えるならば、これまた「注意深さ」は必要ないだろう。必然なるものが同時に危険であるために、その危険に対する「警鐘」あるいは「歯止め」として「注意深さ」が要請されてくるわけである。「注意深さへの教育」という考えは、技術の「二律背反的性格」を注視した、まさにリットのこうした複眼的思考の当然の帰結であって、このような視座は、技術と教育の問題を考えていく場合に、今もって重要と判断されるのである[12]。

　さらに加えて、この「注意深さ」というのは、リットのいわゆる「省察」（Besinnung）思想と深く結びついている。ヘルバルトは、「専心」（Vertiefung）によって獲得された表象を反省・統一する作用をBesinnung（「致思」と訳されたりする）と名づけ、その教授学上の重要性を強調したが、リットにあっても、外的対象から自分自身に転じた精神の反省作用がBesinnungあるいはSelbstbesinnung（自己省察）と称され、人間存在におけるその決定的意義が力説されている。一般にある種の危険性に注意深くありうるためには、まず何よりもその危険性をもたらすものについて深く反省がなされていなければならない。技術の危険性に関しても同様であって、それに対する「注意深さ」は、技術そのものへの「省察」を媒介にしてはじめて可能となる。逆にいえば、技術についての反省知が、技術の危険性を明らかにし、それに対して注意深くさせ、その暴挙を制止するのである。つまりは、「技術の魔力は、それを見抜く途上でのみ克服されうる」[13]とい

うわけである。この点でリットみずから、「自己省察まで突き進む精神は、それ自身が加えた傷をいやす」(SS,S.563) と語っている。要するに、「ホモ・テクニクス」、より今日的にいえば「ホモ・テクノロジクス」[14]としての人間のアポリアの打開が、「ホモ・リフレクト」[15]としての人間に求められているのであって、こうした方向は、脱テクノロジー時代に向けての一つの人間モデルを提示するものといえるであろう。

しかしながら、このようなリットの「注意深さへの教育」という思想が、反面いろいろな問題点を内蔵させていることも、また看過されるべきではない。このことについては、すでに自然科学と人間陶冶に関する箇所で触れたところである。ここでは、技術とのかかわりでこうした問題点について検討を加えることにしたい。

それで、まず問題点として指摘しなければならないのが、「注意深さへの教育」が有している個人主義的な性格である。この性格は、リットの「技術」把握と深くかかわっていると察せられる。既述のように、彼は技術を、自然科学と同様に、超社会的な「モノ」という観点からとらえようとした。したがって、論議は勢い「技術的モノ化」と「人格的実存」との関係に集中し、技術的モノ化の危険性の克服の方途が、このモノ化に抗する人格的実存の「注意深さ」に求められることとなった。しかしこれは、ある意味で技術の「社会的条件」を軽視するものにほかならない。だから、件の「注意深さ」という要請も、あくまで個人的課題としてのみ示されるにとどまっている。この点で、クラフキは次のように批判している。「……リットによって再三再四要求されている『注意深さ』は……独特に抽象的なままであり、リットによって主として……個々の人間への要求として公式化されており、だが同時に政治的 - 社会的課題としては公式化されていない」[16]。技術が巨大化し、政治や経済や軍事と密接にからみ、その矛盾が人間社会全体の問題となっているまさに今日、リットの志向している方向はあまりにも個人主義的で、それだけでは不十分といわざるをえないかもしれない。とはいっても、もちろん、技術の「社会的条件」のみに着目することも一面的ではある。それゆえに、技術そのものを、そして技術と教育との関係

を、「個人的・人格的次元」と「社会的・政治的次元」とのいわば交差において考察することがここに要求されてくるであろう。

次に問題となってくるのは、「注意深さの教育」の受動的な傾向である。これもリットの「技術」把握と関係していると思われる。技術の危険性に用心せよという要求は、考えようによっては、その危険性の防止をもたらすにしても、当の技術そのものは不動のものとして手つかずにしておくところを含んでいる。事実、「技術」概念を終始「モノ」概念と関連づけ、近代的な狭い意味で用いているリットの場合、モノ連関が本質的に不変とされる以上、技術の他の可能性は模索されていないと見てよい。新たな技術モデルを提示し、既存の技術的世界を変革するという姿勢はそこには見いだせないのであって、このために、教育に与えられた任務も、「注意深さ」の徳の涵養という受け身的なレベルにとどまっている。したがって、すでに取り上げたラサーンのように、「リットにとっては、技術的‐科学的世界の構造を変革することは問題となっていない」とし、「リットによって理解された意味での『注意深さへの教育』というのは、あまりにも足りない」とする批判が投げかけられることになる。その後、技術的世界の構造変革が人類の大きなテーマとなり、「中間技術」（シューマッハー）とか「オルターナティヴ・テクノロジー」といった新しい技術モデルが提唱されてきたことを考えるならば、このような構造変革の可能性を教育を通して追求することは検討されてしかるべきだと思えるのである[17]。

ここでこの構造変革の可能性について付言しておくと、その糸口は「技術」と「芸術」との関係の再把握に求められるかもしれない。というのも、元来技術も芸術もテクネーとして同根であり、等しくポイエシス（制作）に属し、人間の「構想力」（三木清）に基づいていると考えられるからである[18]。この点で、リットが「交わりの回復」（die Wiederherstellung des Umgangs）ということを技術時代における教育の重要課題として掲げ、「モノ支配への教育」（die Erziehung zur Sachbemeisterung）に「交わりから生じ、交わりをねらいとする教育」（die aus dem Umgang erwachsene und auf den Umgang berechnete Erziehung）を対抗させ、後者の教育の一契機

として「芸術」を挙げていることは極めて興味深い。「芸術への、そして芸術における教育は……単に、成長過程にある人間を人間的創造の偉大な根本形式に親しませるという課題をもつだけでなく、それを越えて、モノとの結びつきの肥大化によって、交わりとして実現される人間と世界の関係を衰弱の運命に委ねようとする発展を阻止しなければならない」(BK,S.147)。この場合リットがあえて交わりの「回復」と称するのは、交わりの獲得が、「前技術的な自然との出会い」への無媒介的な後戻りによってではなく、「自然科学的‐技術的な自然との出会い」の経験、およびそれへの反省を媒介にしてなされるからである。「疎外から回復された交わりは、疎外の出現以前にあったものとは同一ではない」(BK,S.146)のであって、こうして再獲得された、より高い意識によって照射された交わりは、疎外をもたらした既存の技術的世界に反作用を及ぼすことになるはずである[19]。もし近代技術が、つまりは近代世界が依拠している原理を「プロメテウス的原理」と、これに対立する原理を「エピメテウス的原理」と名づけるなら、技術的世界の構造変革のためには、まずもって教育上この「エピメテウス的原理」を前面に押し出す必要があろう[20]。そしてこの原理は、一つには、「交わりの回復」にかかわる上記のような「芸術への教育」によって具現化されるのではないだろうか。しかも、この「芸術への教育」を通して、逆に技術そのものをとらえなおす新しい地平も開けてくるのではないだろうか。

注

(1) ヘルダー著、木村直司訳『言語起源論』大修館書店、1972年、30頁。
(2) Arnold Gehlen: Die Seele im technischen Zeitalter, Hamburg 1957, S.8.
(3) デッサウエル著、永田広志訳『技術の哲学』科学主義工業社、1941年参照。
(4) Martin Heidegger: Die Technik und die Kehre, S.28.
(5) Werner Linke: Technik und Bildung, Heidelberg 1961, S.12.
(6) Vgl. P, S.276ff.
(7) Rolf Bernhard Huschke‐Rhein: Das Wissenschaftsverständnis in der geisteswis-

senschaftlichen Pädagogik. Dilthey — Litt — Nohl — Spranger, S.220.
⑻ Martin Heidegger: Die Technik und die Kehre, S.22.
⑼ ibid., S.23.
⑽ たとえばゾンバルト（Werner Sombart）も、「近代技術は近代自然科学の双生児である」とし、「自然科学と技術とがこのように本質的に結合している際に、両者のいずれが先に発生し、そのいずれが他をつくったかを問うことは……余計なことであるどころか、誤っている。両者はまさに一つであり、従ってその発展道程は同じである」と述べている。ゾンバルト著、阿閉吉男訳『技術論』科学主義工業社、1941 年、10－11 頁。
⑾ 三木清著『技術哲学』（三木清全集 第 7 巻）岩波書店、1967 年、216 頁。
⑿ たとえばガイスラー（Erich E. Geißler）もこのような「リアリズム」の重要性を強調している。Vgl. Erich E. Geißler: Technik — Partner oder Widerpart?, in: Richtungsstreit in der Erziehungswissenschaft und pädagogische Verständigung, hrsg. von Hermann Röhrs/Hans Scheuerl, S.315.
⒀ Karl Jaspers: Vom Ursprung und Ziel der Geschichte (1949), München 1966, S.159f.
⒁ 「ホモ・テクノロジクス」概念に関しては、中埜肇著『現代文明論としての哲学』法政大学出版局、1988 年、第 7 章参照。
⒂ 今田高俊著『モダンの脱構築――産業社会のゆくえ』第 4 章参照。
⒃ Wolfgang Klafki: Die Pädagogik Theodor Litts, S.344.
⒄ 「技術的世界の構造変革の可能性」という問題については、たとえば次の書を参照のこと。筆宝康之／井野博満／飯島善太郎『現代技術と労働の思想』有斐閣、1990 年。
⒅ 技術と芸術との関係の問題は、たとえばハイデガーやマンフォード（Lewis Mumford）等によって掘り下げられている。L. マンフォード著、生田勉／山下泉訳『芸術と技術（改版）』岩波新書、1985 年参照。
⒆ このリットの「交わりの育成」をレブレがさらに具体化して展開している。Vgl. Albert Reble: Theodor Litt, S.167ff.
⒇ 教育における「プロメテウス的原理」と「エピメテウス的原理」の対立については、Vgl. Werner Linke: Technik und Bildung, S.174f. なお、後者の原理がイリッチ（Ivan Illich）のかの脱学校論の中心原理になっているのは周知のところである。

第5章　職業・専門陶冶と「合理化」の問題

第1節　職業陶冶と一般陶冶

　教育が最終的にめざすのは、「教養」ある人間の形成を目的とした「自由教育」あるいは「一般教育」なのか、それとも、「有用」な職業人・専門家を育成する「職業教育」あるいは「専門教育」なのか、はたまた両者の関係はいかにあるべきか、という問いは教育学の伝統的な根本問題に属している[1]。とりわけドイツ教育学においてこの問いは、「一般陶冶（もしくは人間陶冶）と職業陶冶（もしくは専門陶冶）」のタイトルのもとに、ケルシェンシュタイナー（Georg Kerschensteiner）、フィッシャー（Alois Fischer）、シュプランガーといった代表的な教育学者が好んで取り上げたテーマであった[2]。リットにあっても、この問題には絶えず強い関心が寄せられていたのであるが、「後期」段階においてはそうした傾向が特に顕著にうかがわれうるのである[3]。

　この点でまず見過ごすことのできないのは、1947年に刊行された『職業陶冶と一般陶冶』（Berufsbildung und Allgemeinbildung）と題された著作であろう。職業学校教師の会議での講演を加筆拡大したこの著は、小冊子ながら、「一般陶冶と職業陶冶」というかの根本問題に関する論議にとって極めて重要な意義を有しているのみならず、職業陶冶と一般陶冶の関係という特殊なテーマを取り上げてはいるものの、リットの後期思想の根本モティーフがすでに明瞭に看取され、その意味で、彼の思想行程の上でも極めて注目すべきものであるといえる。

　さて、この著において、その論議の出発点をなしているのは、ナチス崩壊、ドイツ敗戦によっていわば「実存の零点」へと投げ返された状況の中で、「職業」および「陶冶」という語がかつての豊かな内容を失ってしまっ

たということの認識であり、さらには、「職業」を内的人間の陶冶から除外し、もって「職業陶冶」と「一般陶冶」を切り離して、それらを対立させるという伝統的な思考法に対する批判である。こうした前提に立って、リットは改めて「職業陶冶と一般陶冶の関係」を問い直そうとするのであるが、それに際して俎上に載せられているのが、かのフマニテートの陶冶理念にほかならない。リットによれば、かの理念は、内的には創造性豊かであるが、外的には政治的・社会的な活動の場を奪われた「市民階級」によって生きられたもので、それゆえに、外的世界にみずからを閉ざし、内面世界を芸術作品のように形成することにのみ意を注いでいたのであって、「今日の世界ではいかなる居住権も要求することはできない」(BA,S.24)。既述のように、フマニテート理念を戴いた陶冶理想に対する批判は、後期のリット教育学の根本モティーフをなしており、この『職業陶冶と一般陶冶』においては、そうしたモティーフがすでに明確に現れているのである。

　こうした立場からリットは、現状が「生活の必要と生存競争のどん底」にある以上、フマニテートの陶冶理想におけるように、「職業」を人間陶冶から排除するのではなく、「職業活動そのものに人間陶冶の端緒と指示を見いだすことが必要である」(BA,S.32)とする。このことは、「一般陶冶」と「職業陶冶」の分離・対立の克服を意味することになるのであるが、それが成功するのは、「職業活動が、単に専門性の全き徹底さでなされるだけでなく……また、単なる専門主義的なルーティンの一面性、つまり月並みな有用性の狭さから脱して、生活の包括的全体と結びつくはどに、その意味が解明され、深化される場合」(BA,S.32)だけである。すなわち、職業に人間陶冶の基盤を求めるにしても、そのことによって、「一面的に極度に育成された専門家気質の危険」が消え去ったわけではなく、この危険を回避するためには、職業を生活全体において見つめなければならない。「外見上は非常に制限され、非常に厳密に専門化された職業の特殊世界を、国民的全体存在の構造と、それどころか文化世界全体の生活行程と結びつけているすべての糸を見えるようにすることが肝要である」(BA,S.34)。

第2部　人間陶冶論の新構築

　それでは、こうした全体生活への展望に際しては、とりわけ職業学校において何が重視されなければならないのか。ここでリットは「歴史」というものを強調する。なぜならば、「職業生活の現在の形成や区分、職業生活に取り込まれた経験や知識や能力の総体、職業生活の国家的‐社会的および経済的組み入れの形式、職業生活を営む上で働く意志態度や職業生活の評価を基礎づける価値判断の性質——これらすべては、歴史を貫いて何百年にわたっている教育の結果や成果であり、同様に何百年の先を指示する歴史的な継続発展の出発点である」(BA,S.42) からであり、つまりは、「いかなる絶対的な新しいはじまりもない」(BA,S.43) からである。そして、職業生活の歴史的考察に際して是非もって考慮されなければならないのが、職業生活を本質的に規定している「技術と経済」という「2つの力」である。

　これらの力の進行は、「どんなずれも許さない論理」、つまり後にリットがいう「モノの論理」によって指定されている。したがって、職業学校でこれらの力について学んだ生徒は、そこでは「モノ」が完全に充足されているので、「このモノ領域の基盤の上で確実に運動し、成功を収めて活動するのに何ら苦労しない」(BA,S.43) のであって、そのかぎりにおいて、「技術的に訓練され、経済的な処理能力をもった職業の担い手」(BA,S.43) 以上は求められてはいない。が、リットはこれらの力の客観的構造を教授するだけでは不十分であり、まなざしをこれらの力を越えた全体へと向けさせるべきだとする。すなわち、「問題の業績全体を、それがモノによって規定されていることを否定することなく、歴史的発展の全体に入れて眺め、そうして、その成立や成長を、その征服的な前進や運命形成的な介入を短縮せずに見る思考」(BA,S.44) が必要だとするのである。

　ところで、これらの力は、一方では称賛に値するとともに、他方では、その「魔力」によって「誘惑」を仕掛ける危険性を有している。ゆえに、「教育は、若い人間にまた、その援助を彼らが彼らの職業活動のどの歩みにあってもありがたく感じるこれらの力は、しかしながらまた、文化現実の包括的全体を、そして、この文化現実の部分としてのそのささやかな労働世界

をも破滅でもって脅かしていることに対して、目を開かせなければならない」(BA,S.45)。

もし、職業学校の生徒が、このように「技術と経済が隠している爆発力」について知るならば、このケースを通して、「あらゆる人間的な生と努力の両面性」、つまり「アムビヴァレンツ」が明らかになる。ここにおいて、リット人間学の根本カテゴリーであるかの「両義性」あるいは「アムビヴァレンツ」が登場する。「職業学校の生徒に浮かぶことは、人間を単なる『自然的な』存在や力を越えて高める賜物の中で、自己上昇の可能性とともに、自己破滅の可能性をも宿していない唯一のものもない、ということである。自然の後見から脱して成長した者として人間を際立たせる『自由』は、人類の極めて栄光に満ちた光明への自由であると同様に、極めて恐るべき歪曲への自由でもある。人間外の現実全体とは違って、人間は再三再四、選択へと呼びかけられている者として、岐路に立つ。おそらく、近代の人類において、この絶えざる自己脅威の意識が、ますますもって、勝利を収めた理性の高揚した感情によって圧倒されてしまったことが、近代の人類の混迷に対する最深の理由の一つであろう」(BA,S.46)。かくして、教育に対して「アムビヴァレンツ」の覚知という課題が与えられる。「教育は、……この欺瞞的確信にある人間を迫力ある省察によって一層徹底的に揺さぶり、……敵対的な力をその人間に見えさせることに成功するならば、ささやかなことをしたことにならない。職業活動の制限された領域からも、われわれが見るように、これらの不気味な支配へのまなざしはたやすく開かれるのである」(BA,S.46)。

以上のように、『職業陶冶と一般陶冶』という著は、「職業を『越えた』陶冶」ではなく、「職業に『おける』陶冶」を求めることによって、アロイス・フィッシャーのいう「職業学校の人間化」を企てようとしたものであるが[4]、フマニテートの陶冶理想の批判、技術と経済の必然性とその危険性、人間のアムビヴァレンツというとりわけ3点において、後期思想の根本モティーフをすでにそこに認めることができるわけである。

第2部　人間陶冶論の新構築

第2節　専門陶冶と人間陶冶

　『職業陶冶と一般陶冶』においては、上に触れたように、第2次世界大戦後の精神的・経済的な困窮ということが問題意識の根底に存在していた。そこには、後期思想の根本モティーフを認めることができるにしても、自然科学および技術による人間と自然の関係の根本的転換、それと連動した労働世界の変質という後期思想特有のモティーフが前面に出ていたわけではない。この『職業陶冶と一般陶冶』から11年後に、リットは「専門陶冶と人間陶冶」（Fachbildung und Menschenbildung）と題した、同じような問題フレームを有した論稿を著すことになるが、ここでは、文字通り後期思想特有のモティーフがこの著の成立を促しているのである。

　この著の出発点となっているのは、『職業陶冶と一般陶冶』と同じように、ただしこのたびは「専門陶冶」「人間陶冶」という表現が用いられはしているものの、「専門陶冶」と「人間陶冶」とを対立的にとらえる見解に対する批判である。ここでもリットがこのような見解の典型ケースとして持ち出しているのが、かのフマニテートの理念である。リットの述べるところに従えば、フマニテートの思想家たちは、「分割され、分裂し、引き裂かれた人間性」の原因を、「人間を無理強いして、彼の自己に対して無関心なモノの教示に従って、人間の内で一つになっている諸能力の一つを、その他の能力の犠牲のもとに、過度に発達させ、そうして、その実現を彼が使命としていた生きた形態を、強引に前に出る部分機能の犠牲にさせる生活秩序や労働秩序」（BFM,S.51）に求めようとした。したがって、フマニテート理念にとっては、人間を一面化する「職業」や「専門」は、まさに人間から人間性を奪うことになる。加えて、フマニテート理念が「職業」や「専門」に対立せざるをえなかったのは、それらが「有用性」の精神によって浸透されているからであった。「有用に耽るかぎり、人間は自分自身のもとにあるのではなく、『他者』のもとにある。外面的な有用性や合

目的性のどのような考えも払いのけ、高い精神財をただそれ自身のためにのみ、かつ、その骨折りの有用な成果を何ら考慮することなく、尊敬し、育成し、継続形成する場合にのみ、彼は自分自身を成熟させる」(BFM,S.52)。こうして、フマニテートに立つ「人間」の陶冶と、モノに拠る「専門」の陶冶とが対立させられることによって、ここに「二元論」が立ち上がることになる。

　リットは、当然のことながら、このような二元論的対立に根本的には異を唱えるのであるが、それを彼は、ここでは、とりわけ「純粋科学」と「応用科学」の区分を前提とした科学的陶冶をめぐる分裂を取り上げることによって試みようとする。すなわち、科学を「純粋科学」と「応用科学」に峻別し、「人間陶冶」は「純粋科学」によって、「専門陶冶」は「応用科学」によって基礎づけられるとして、「人間陶冶」と「専門陶冶」を分離する考え方に対して、「数学的自然科学」によって典型的に示される、「ラティオ（理性）」(ratio) による「合理化」(Rationalisierung)──彼はRationalisierungということを際立たせるために、「理性」を表示するにあたって、Vernunftといわずに、ratioというラテン語をあえて用いる──という事態を手がかりに批判しようとするのである。

　リットによれば、「生活実践の合理化は、2000年以上にもわたる精神の格闘において、その完成の達成に努めることによって、圧倒的に雄大で、原則的に考えれば、凌ぐのが不可能なほど決定的な突破に達したのであるが、それは、17世紀に、あらゆる現実科学の内で最も合理的な科学、つまり数学的自然科学が、その課題ならびにその解決方法に関して、完全な明確さへと進んだときであった」(BFM,S.64)。この数学的自然科学は、すでに見たように、「実験」という方法を用いることによって、それ自体すでに実践的な性格を有している。すなわち、実験によって検証された仮説は、たとえそのような意図が本来欠いているにしても、そのまま行為に対する指針となるのである。したがって、純粋認識に勤しむ科学と、その科学の認識成果を後から応用する科学、つまり「純粋科学」と「応用科学」という区別は、この合理化する科学にあっては成立しないことになる。

それゆえに、「人間陶冶」にはそれ用の科学知が、「専門陶冶」には同じくそれ用の科学知が別個に存在するのではなく、いずれの陶冶においても現前しているのは、「知の同一の全体」である。もちろん、そのことは、「人間陶冶」と「専門陶冶」の境界線が消失してしまうことを意味するものではないし、誤解のないようにいっておけば、リットも両陶冶の区別の解消を企てているわけではない。この点で、リットは、「この全体は、専門陶冶にあっては、解決をその専門が定めている特殊課題へと尖鋭化し、他方、人間陶冶にあっては、全体の知でありうるためにはその専門が発展してとらなければならない幅と広がりにおいて現れている」（BFM,S.72）としている。

　ともあれ、以上のことから、リットは「2つの相反する誤り」を避けることが重要だとする。すなわち、一方は、「専門に帰属する知が、それ自身で存立し厳格な分離において発展しうるもののように、知の全体から切り離される——換言すれば、生の全体が専門の囲いの背後に消えるという結果をもたざるをえない地平の狭化」（BFM,S.72f.）という誤りであり、他方は、「専門への回帰が見えなくなる——換言すれば、専門の特殊性が生の運動の一般性の内に沈むという結果をもたざるをえない無拘束的なものへの気化」（BFM,S.73）という誤りである。それゆえに、まなざしを、前者の誤りにあっては「狭さから広さへ」、後者の誤りにあっては「広さから狭さへ」と向け変えなければならないが、いずれにおいても、そこにあるのは、「事態の同一の面」である。かくして、「専門の特殊性は、生の一般性と結びつき、生の一般性は、専門の特殊性へと濃縮されるのである」（BFM,S.74）。

　以上をもって、「人間陶冶」と「専門陶冶」とを分離することの誤りが明らかになった。と同時に、それは、この分離を強調するフマニテート理念に教育は定位することはできないという結論を意味している。しかし、これまたすでに見たところでもあるが、リットは、フマニテート理念を批判しつつも、一方ではこの理念に傾聴すべきところがあることを認める。「われわれが古典的な形態をとったフマニテート理念に発見した特徴は、

その理念の中にわれわれの今日の教育努力の指導力を認めることを、われわれに不可能にするものである。……それにもかかわらず、あたかもこの理念がおそらく今日ほどアクチュアルでなかったことはないかのように、私には思われるであろう」(BFM,S.74)。それでは、なぜこの理念はアクチュアルなのであろうか。リットは、その根拠をこの理念が「合理化」に関して発しようとした警告に求めようとする。かくしてここに、「ラティオ（理性）」による「合理化」をいかにとらえるかというすぐれて近代的なテーマが浮かび上がってくるのである。

第3節　合理化とラティオの監視

　古来、人間は animal rationale（理性的動物）、つまり「ratio を授けられた動物」として定義されてきた。もしそうであるなら、人間の人間である所以は、まさに「ラティオ」という能力に求められなければならず、したがって、この能力の発揮、すなわち「合理化」は、人間性の完成への道を切り拓くことになるはずである。「17世紀に、計算的自然科学の台頭とともに、合理化が決定的な段階に入ったとき、この合理化の凱旋行進は、専門家によって、今やはじめて人間は自分自身を手に入れたとまで解釈された。というのも、人間はとにもかくにも animal rationale であり、そして、生来のラティオが支配するのが全面的であればあるほど、ますます純然と彼の本来的本質は、自然な弱点や伝統的な偏見の覆いから抜け出さなければならないからである。このことに従えば、合理化はまさしく人間性の完成への道にほかならないだろう」(BFM,S.76)。が、果たして合理化は「人間性の完成への道」となったのであろうか。

　リットの考えによれば、人間がラティオの器官となるということは、一方では、個人的な特殊性の限定を超えることを、だが他方では、人間をしてまさに人間個人にしているものを破棄することを、つまり「脱個人化」(Entindividualisierung)を意味している。もし、個人的存在としての人間が、

価値の低いものであるならば、「脱個人化」は大いに歓迎されるべきであろう。だが、人間が「人格」としてあるのは、まさに普遍的な純粋主体としてではなく、特殊的な個人的存在としてである。その意味で、「ラティオ」が現出させるのは、「人格」ではなく、いわゆる「モノ」である。「人間が『人格』として、善ならびに悪において、とにもかくにもあるものは、ラティオが彼の中で発言する場合には、沈黙しなければならない。われわれは、ラティオの活動によって見えるものを『モノ』と言い表したが、この命名は、このものにとってすこぶる適切である。というのも、この命名は、『人格』に対する無関心を極めて明確に表現しているからである」(BFM,S.78)。かくして、「脱個人化」は「脱人格化」(Entpersönlichung) を結果することになる。

　しかも、事物を「モノ化」すること、つまりは「合理化」することは、抗しがたい魅力でもって人間をとらえ、そのために、人間は、自然世界のみならず、人間世界をも合理化しようとする。ここに人間は「モノ」として扱われることになるが、そのような扱いに激しい抵抗が生じるのは、当然予想されるところである。「人間的なものの合理化は、とどのつまりまで駆り立てられれば、破壊者となるのであって、この破壊者の喉締めから人間が救出されるのは、ただ謀反によってのみである。この謀反において、人間の合理化が絶えず敵対しているかの根源に近い力、そうした力の火山的爆発が起こる」(BFM,S.82)。そうであるならば、合理化は人間性の完成どころではなく、まさに人間性の破壊になるであろう。

　しかしリットにとっては、かといって人間は非合理的な力に全面的に身を委ねるわけにはいかない。ラティオ以前の状態に戻ることは、人間を無秩序の状態に陥れることになる。したがって要は、ラティオを全面的に肯定するか、全面的に否定するかということではなくて、陰陽両面を有したラティオが本質的に孕んでいる「矛盾」をしかと認識することである。「疑いもなく天賦の才の内で最も驚嘆に値するものの一つであり、その活動によって人間がはじめて真に人間になるところのラティオと——その助力がなければ、人間がルーズな生活の無政府状態のために没落せざるをえない

ものの、そのために、それの突進によって、人間としての人間が、ますます悪く苦境に陥るところのラティオが同じものであることは、まさしく人間存在の矛盾である」(BFM,S.83)。

合理化は、人間にとって、必然的であるとともに解体的でもある。リットはこうした合理化の基本構造について、とりわけその矛盾構造について「反省」することが肝要であるとする。「あらゆる被造物の中で、唯一、ラティオの主体へと高まり、この主体の義務である秩序機能を果たすことができ、またそのことを使命としている人間は、この主体と完全に一つになることにおいて、まさしくこの彼自身の行為を吟味的省察の光にあてる主体でもある」(BFM,S.85)。したがって、「反省の主体としての人間が、ラティオの主体としての人間と違うのではなく、それと同一であるので——ラティオが、そのラティオを省みる反省をそそのかすと同様に、反省は、それが省みるラティオを前提としているので、ラティオの領域においては、反省の歩みを変更しない何ものも起こりえないし——反省の領域においても、ラティオの仕事を修正しない何ものも起こりえない。そのことの結果、合理化の遂行において事実起こることを反省的に確信することによって人間が知るのは、彼の熟慮する判断を問わないし、また、彼の人格的存在に関して問う必要もないような事象についてではない。そうではなくて、この反省の遂行において、彼自身、この反省がない場合に——われわれがこのようなことの可能性を仮定するならば——あったのとは違った者になるのであり、そしてそのために、また彼の行為も、この違った風になることがない場合にあったのとは違ったものになるのである」(BFM,S.85)。

それでは、「この反省の遂行において……この反省がない場合に……あったのとは違った者になる」というのはどういうことであろうか。リットによれば、それはかの「注意深さ」という「徳」を身につけるということである。ここに、やはり論議の決定的な局面において、「注意深さ」ということが持ち出されることになる。繰り返すことになるが、この「注意深さ」とは、「全く予期せずに人間を襲う打撃の犠牲に人間がならないために人間に必要な徳」(BFM,S.86)であって、それは外部から人間を攻撃する敵

ではなく、人間存在そのものの内部より発する誘惑に向けられるものである。そしてリットは、人間がこの「注意深さ」という「徳」を実現しうるためには、人間は「人格」——当然「モノ」ではない——でなければならないことを力説する。このゆえに、「人格」は「そのために注意深さが必要であり、その存在によって注意深さが現実になるところのもの」(BFM,S.87) でもある。人間は、こうした人格が虚弱であればあるほど、それだけ「注意深さ」の「徳」を欠くことになり、「ラティオの監視」を怠って「モノ要求の圧力」に屈し、自己を喪失する。したがって、「正しい人間陶冶」にかかわる教育的課題は、次のようでなければならないことになる。「人間が彼の専門をとらえてなす活動は、とにもかくにも、彼を占有しているモノに彼の人格を失わせることに最も強く誘惑する活動である。専門化はモノ化であり、そしてモノ化は、人格の最も危ない疑問化であり、またそれであり続ける。したがって、正しい人間陶冶は、まず第一に、生の全体から専門を孤立化して分離することを妨げるために、一切をなさなければならないのであるが、この義務に、第二の課題として、かの注意深さへの教育が加わる。この注意深さは、専門自体にある誘惑を人間に見えるようにし、それでもって、なるほど専門に専門のものを与えるが、しかしそれを越えて、あらゆる専門の正当性を超越し、だがまさにそのために、あらゆる専門的な骨折りにはじめてその意味と尊厳を与えるものを忘れないように、人間を励まし、指導するのである」(BFM,S.87f.)。

　以上、リットが、「ラティオ」による「合理化」の分析を通して、「専門陶冶と人間陶冶との解消不可能な共属および相互関係」(BFM,S.87) の解明を試みていることを見たわけであるが、もう一度誤解のないようにいえば、彼の論議のねらいは、「専門陶冶」と「人間陶冶」を対立的に切り離すことにあるのでもなければ、かといって統一的に融合させることにあるのでもない。リットが究極的に問題にしようとしたことは、「専門陶冶」と「人間陶冶」との「緊張関係」であるといってよいであろう。

第4節 「合理化」「理性」論議にかかわって

「専門陶冶と人間陶冶」という著作に典型的に現れているように、人間と自然の関係をめぐるリットの哲学的・教育学的探究が最後段階でとりわけ取り組んだのが、「合理化」の問題であり、この合理化を実現する「ラティオ」、つまり「理性」の問題であろう。もちろん、こうした問題は、すでに後期段階の初発から存在していたのであるが、しかしながら、それが自覚的に問われるようになるのは、やはり最後段階にいたってからである。そしてその場合、このことを証拠づけていると思われるのが、「ラティオ」という用語使用にほかならない。

そもそも「理性」を表示するにあたってリットは、1950年代中頃までは Vernunft という一般的なドイツ語表現を用いていた。しかるに、1957年の論文「現代の自己理解」(Das Selbstverständnis des gegenwärtigen Zeitalters) あたりから、すでに触れたように、Rationalisierung(合理化)とのつながりを明示するために ratio というラテン語を意識的に使用するようになり、と同時に、「合理化」や「ラティオ」についての論議を主題的に展開しはじめるのである[5]。とりわけ「合理化と自己」(Die Rationalisierung und das Selbst) と題された長大な論文は、リットのこうした最晩年の問題関心が集中的に表現されたものと見ることができる。

もっとも、「合理化」や「理性」についての論議は、リットのみならず、近代以降の多くの思想家たちをとらえてきたテーマであるといえるだろう。この点でまず、合理化や理性に対して肯定的な、それどころか礼賛的な立場を表明したのが、いわゆる「啓蒙主義」(enlightenment) の思想家たちである。彼らは、真なる秩序は、伝統や権威に由来するものではなく、「理性」という「光」(light) に照らして認識され、建設されるべきであるとして、理性に絶大なる信頼を寄せ、「理性による合理化」の方向に人類の「進歩」の行方を見ようとした。

第2部　人間陶冶論の新構築

　歴史的にいえば、こうした合理化はある意味で近代の運命を形成することになるのであるが、この合理化の過程をマックス・ヴェーバー（Max Weber）は、「呪術からの世界の解放」（die Entzauberung der Welt）の過程としてとらえ[6]、合理化の構造とその過程の解明に心血を注いだ。「われわれの欧米の社会生活および経済生活は、独特の仕方で、かつ独特の意味で『合理化されている』。この合理化を説明し、この合理化に対応する概念を形成することは、それゆえに、われわれの学問分野の主要課題の一つである」[7]。が、時代が「花咲き乱れる夏の初め」ではなく、「凍てついた暗く厳しい極北の夜」[8]にあることを感知していたヴェーバーの場合、啓蒙主義者たちの場合のようには、そこに理性オプティミズムをもはや見ることはできない。

　この理性オプティミズムを徹底的に批判し、合理化が非人間化であると断じた最たるものとして、かの「フランクフルト学派」（Frankfurter Schule）、就中ホルクハイマー（Max Horkheimer）の名を挙げることができるだろう。ホルクハイマーによれば、元来「理性」は、客観的秩序の原理という側面（客観的理性）と精神の主観的機能という側面（主観的理性）の両面を含みもっていたが、「主観的理性」が「客観的理性」を圧することによって、形式化され、目的に対する手段の適合性にのみ関心を寄せるようになり、つまりは「道具」へと貶められてしまった（道具的理性）[9]。したがって、理性がその本来のあり方を失ってしまった以上、「自己自身を破棄してゆく理性の進展のはてには、野蛮への退行か、あるいは新しい歴史の開始か、それ以外のいかなる道も人間には残されていない」[10]。そして、この「野蛮への退行」のプロセスについての解明を試みたのが、「何故に人類は、真に人間的な状態に踏み入っていく代わりに、一種の新しい野蛮状態に落ち込んでいくのか」[11]という問いを根本モティーフとした、アドルノ（Theodor W. Adorno）との共著『啓蒙の弁証法』（Dialektik der Aufklärung）であることは周知のところであろう。

　いずれにしても、合理化や理性についての論議は、その手放しの称讃からその全面否定にいたるまでの間に張り渡されているのであるが、ここで

第5章　職業・専門陶冶と「合理化」の問題

注意を要することは、「理性」が長きにわたって哲学の根本概念であったにせよ、この概念そのものが必ずしも一義的でなく、かなりの幅を有していることである。たとえば、ホルクハイマーの指摘するように、かつて「理性」は「客観的理性」と「主観的理性」の両者を包含していた。それどころか、理性は第一次的には「客観的理性」であって、近代以降顕著になる「主観的理性」はむしろそれに付随したものであった。また、主観的理性に限っても、カントに範例的に認められるように、広義に認識能力全体を意味する場合もあれば、狭義に判断能力である「悟性」（Verstand）から区別された推論の能力を意味する場合もある。さらに加えて、「理論理性」と「実践理性」というような区別も立てられたりしてきた[12]。今日、哲学的関心は「理性」よりも「理性の他者」あるいは「理性の外部」に向けられているとはいえ、何を「理性」とするかによって、当然のことながら、その「他者」や「外部」の範囲も異なってくるし、これと連動して、「合理化」や「合理性」の概念も変動せざるをえない。理性を容認するか、それならば野蛮へと退行するか、理性を否認するか、それならば非合理に身を投ずるか、いずれしかないということには必ずしもならないのである。

　さて、それではリットの立場はいかなるところに位置するのであろうか。リットが「ラティオ」という場合、それが「主観的理性」という現代的用法に従っていることは明らかである。けれども、その場合重要なことは、その背景に「理性」と「悟性」のかの区別が存在していることであろう。この点に関連して、彼は次のように述べている。「……『ラティオ』という名称がつけられるのは、人間の現存在を『合理化』によって統制し、秩序づけることに努める場合に生活実践がいつも指導を受ける思考形式だけである。まれならず行われているように、『ラティオ』という名称を秩序づけられた思考の全範囲につけるならば、この名称でもって、かの第一の思考の形式および方向と鋭く区別されて、合理化の実践へと継続しないだけでなく、逆にそれに越えられない制限を設けるところの思考の形式および方向もが包括される。……『ラティオ』という概念のより狭い言い回しは、より広い言い回しに対して長所がある。というのも、『合理化』とい

う語に含まれているラティオという概念が、『ラティオ』という名称において自分自身を表明している概念とは違った、より狭い概念である場合に必ず生じるあらゆる混乱をより狭い言い回しは排除するからである」(WO,S.114)。すなわち、リットがラティオと称するものは、「合理化の実践へと継続しないだけでなく、逆にそれに越えられない制限を設けるところの思考の形式および方向」、つまり Vernunft としての理性をも含むのではなく、文字通り「合理化」に直結した思考の形式および方向、つまり、狭義の Vernunft から区別された Verstand（悟性）のことなのである[13]。このかぎりにおいて、ラティオ概念は「合理化」概念と完全に対応しており、このようにラティオ概念が限定されることによって、と同時に、そこにはラティオを超越した思考形式としての Vernunft としての理性が示唆されることにもなるわけである。

　すでに明らかにしたように、リットのラティオ、そして合理化についての評価は両面的である。彼にとって、ラティオはやはり人間の根本能力であり、まさに人間をして人間たらしめるものである。「ラティオは、人間自身の一部、それどころか本質的な部分である」(FP,S.210)。したがって、合理化はある意味では人間化であり、人間にとって必然的であって、直ちに「野蛮への退行」であるとはいえない。しかし他方リットにとっては、モノの能力であるラティオによる合理化は、「脱個人化」であり、「脱人格化」である。その絶対的支配は人間の「脱人間化」(Entmenschlichung)を招来する。「究極の帰結まで駆り立てられた、すなわち全人間生活を包括する合理化は、人間の脱人間化に転落する」(WO,S.169f.)。合理化は「野蛮への退行」の可能性を蔵しているのである。

　そこでリットにおいて必要とされるのが、「ラティオの監視」ということである。そしてこの監視をなしうるのが、先程の彼の表現を用いれば、「合理化の実践へと継続しないだけでなく、逆にそれに越えられない制限を設けるところの思考の形式および方向」、つまり Vernunft としての理性にほかならない。この点でリットみずから、「悟性」と「理性」の区別に立ち返って、「われわれの古典哲学は、『悟性』から極めて鋭く『理性』を区

別し、そして、悟性を監視し、必要とあらばそれを制限するという任務を理性に割り当てた」(WO,S.175) と指摘し、「『悟性』がその権限の制限をないがしろにしないためには、『理性』が部署についていなければならない」(WO,S.184) と述べている。これを要するに、人間が悟性、つまり「ラティオの主体」にとどまるかぎり、「野蛮への退行」はつねに彼を待ち構えているのであって、これを阻止するためには、人間は理性、つまり「反省の主体」へと高まらなければならないというわけである。

リットは、合理化によって宿命づけられた近代世界の行方を、啓蒙主義者のように、バラ色に描きはしないが、かといって、多くの反啓蒙主義者がそうであるように、悲観的に見ているのでもない。彼は、脱人間化の危険を孕んだ合理化を受け入れつつも、その合理化の絶対的支配を阻止し、依然として人間でありうることが人間に可能であると考える。そして、この可能性の実現を、とりわけ Vernunft としての理性の形成、つまるところは「注意深さへの教育」に托しているわけである[14]。

注

(1) この点についての優れた労作として次の書を挙げておきたい。前田博著『自由人の育成と一般陶冶』未来社、1970年。
(2) ケルシェンシュタイナーの職業陶冶論については、とりわけ次の書を参照されたい。山﨑高哉著『ケルシェンシュタイナー教育学の特質と意義』玉川大学出版部、1993年。
(3) たとえば次のように指摘されている。「職業陶冶と一般陶冶との関係への問いは、テーオドール・リットにとって、彼の著作で繰り返し取り上げられてきている。特に第2次世界大戦以後の彼の著作においては、この問いは、いろいろな連関の中で取り組まれ、無視できない役割を演じている」(Clemens Menze: Berufsbildung und Allgemeinbildung. Interpretationen und Überlegungen zu Theodor Litts Schrift: Berufsbildung, Fachbildung, Menschenbildung, in: Theodor Litt. Pädagogische Analysen zu seinem Werk, hrsg. von Friedhelm Nicolin/Gerhard Wehle, S.66)。
(4) Vgl. Aloys Fischer: Die Humanisierung der Berufsschule, in: Die Gewerbeschule, 1925.
(5) 同じ1957年に出版された『技術的思考と人間陶冶』では、Vernuft であって、まだ ratio という語は使われていない。Vgl. TM,S.22 und S.71.
(6) マックス・ウェーバー著、尾高邦雄訳『職業としての学問』岩波文庫、1980年、33

頁等参照。
⑺ Max Weber: Der Sinn der Wertfreiheit der soziologischen und ökonomischen Wissenschaften (1917), in: Methodologische Schriften, Frankfurt am Main 1968, S.263.
⑻ マックス・ヴェーバー著、脇圭平訳『職業としての政治』岩波文庫、1980年、104頁。
⑼ マックス・ホルクハイマー著、山口祐弘訳『理性の腐蝕』せりか書房、1987年、11―69頁参照。
⑽ マックス・ホルクハイマー著、清水多吉編訳『権威主義的国家』紀伊國屋書店、1975年、102頁。
⑾ マックス・ホルクハイマー／テオドール・W・アドルノ著、徳永恂訳『啓蒙の弁証法』岩波書店、1990年、ix頁。
⑿ こうした「理性」概念の「内部的差異化」については、とりわけ次のものが参考になる。E. マルテンス／H. シュネーデルバッハ編著、加藤篤子／中川明博／西巻丈児訳『哲学の基礎コース』晃洋書房、2001年、98―147頁。
⒀ リットみずから、「ラティオ――計算し、計画し、処理する悟性」(FP,S.209) といっている。
⒁ リットは、合理化の絶対的支配に対する「抵抗」(Gegenwehr) を企図するものとして、「教育」と「民主主義」を挙げている (Vgl. WO,S.179ff. und FP,S.230ff.)。この点で、彼の合理化論は彼の政治哲学に関係してくるのであるが、「合理化と民主主義」という問題（リットの場合、合理化が徹底化された政治形態として「共産主義」が俎上に載せられている）については、機会を改めて取り上げられなければならないであろう。

あとがき

　筆者がリットに取り組んで、早30年が経過した。この間の研究の進捗状況といえば、実に遅々たるもので、慙愧に耐えないが、それでも、「哲学的人間学」「科学技術と教育」「政治教育思想」といったテーマに重点を置きつつ、巨大なリット思想の把握解明に筆者なりに努めてきたつもりである。本書はそうしたリットとの格闘のいわばドキュメントでもある。本書の執筆に際して、部分的に、下記のような以前に書いた論文に手を加えて、それらを利用した。

　「リットにおける自然と人間」『教育哲学研究』第33号、1976年5月。
　「テーオドール・リットの哲学的人間学——陶冶論との関連において——」『京都大学教育学部紀要』第23号、1977年3月。
　「現代哲学とリット人間学」『大阪教育大学紀要』第Ⅳ部門第26巻第3号、1978年3月。
　「リットにおける思考と人間」『大阪教育大学紀要』第Ⅳ部門第28巻第2・3号、1980年3月。
　「リットの科学論とその陶冶論的意義」『大阪教育大学紀要』第Ⅳ部門第31巻第2・3号、1983年2月。
　「人間の世界意義——リット人間学の根本問題——」『大阪教育大学紀要』第Ⅳ部門第33巻第2号、1984年12月。
　「リットにおける自然科学とその陶冶価値の問題」『大阪教育大学紀要』第Ⅳ部門第35巻第2号、1986年12月。
　「リット後期教育思想における『二律背反』概念」『大阪教育大学紀要』第Ⅳ部門第37巻第2号、1988年12月。
　「リット人間陶冶論における『技術』の問題」『大阪教育大学紀要』第Ⅳ

部門第 39 巻第 2 号、1991 年 2 月。

　最後になったが、本書の出版にあたっては、『教育関係論の研究』の時と同様、溪水社、特に木村逸司社長に大変お世話になった。深く謝意を表したい。

著者紹介

宮　野　安　治（みやの　やすはる）
1946 年　大阪府に生まれる
1970 年　京都大学教育学部卒業
1975 年　京都大学大学院教育学研究科博士課程単位取得退学
2001 年　京都大学博士（教育学）

現　在　大阪教育大学教授
専　攻　教育哲学

主要著作
『教育関係論の研究』溪水社、1996 年。
『時代と向き合う教育学』（共著）ナカニシヤ出版、1997 年。
「教育の現象学に寄せて」和田修二編『教育的日常の再構築』玉川大学出版部、1996 年。
「教育行為論のために」山﨑高哉編『応答する教育哲学』ナカニシヤ出版、2003 年。
「西田幾多郎と教育学」上田閑照編『人間であること』燈影舎、2006 年。

リットの人間学と教育学
――人間と自然の関係をめぐって――

平成 18 年 11 月 1 日　発　行

著　　者　宮　野　安　治
発　行　所　㈱溪水社
　　　　　　広島市中区小町 1 − 4（〒 730-0041）
　　　　　　電話（082）246-7909 ／ FAX（082）246-7876
　　　　　　E-mail：info@keisui.co.jp
印刷製本　㈱平河工業社

ISBN4-87440-935-0　C3037